湖南省哲学社会科学基金一般项目：16YBA360

湖南省社会科学成果评审委员会一般课题：XSPYBZC044

湖南省党校行政学院系统社科项目：2016DX002

列宁土地理论研究

秦 勃 ｜ 著

GUANGXI NORMAL UNIVERSITY PRESS
广西师范大学出版社
·桂林·

责任编辑：孟建升
助理编辑：尤晓澍
书籍设计：阳玳玮［广大迅风艺术］
责任技编：伍先林

图书在版编目（CIP）数据

列宁土地理论研究 / 秦勃著. —桂林：广西师范大学出版社，2019.11
ISBN 978-7-5598-2353-3

Ⅰ.①列… Ⅱ.①秦… Ⅲ.①列宁主义－土地问题－思想评论
Ⅳ.①A821.66

中国版本图书馆 CIP 数据核字（2019）第 248459 号

广西师范大学出版社出版发行

（广西桂林市五里店路 9 号　邮政编码：541004）
（网址：http://www.bbtpress.com）

出版人：张艺兵
全国新华书店经销
桂林日报印刷厂印刷
（广西桂林市八桂路 1 号　邮政编码：541001）
开本：880 mm ×1 240 mm　　1/32
印张：10.75　　　　　字数：250 千字
2019 年 11 月第 1 版　　2019 年 11 月第 1 次印刷
定价：48.00 元

如发现印装质量问题，影响阅读，请与出版社发行部门联系调换。

目　录

导　论

一、选题的缘起、意义及价值

土地是人类赖以生存的物质基础,是阶级社会中争夺的重要资源。伟大的无产阶级革命导师马克思曾经说过:"土地是一个大实验场,一个武库,既提供劳动资料,又提供劳动材料,还提供共同体居住的地方,即共同体的基础。"[①]在这里,马克思从广义上给土地下了一个精辟的定义,这个定义充分地阐述了土地作为一种维系人类生存和人类社会发展的自然资源所体现的作用的多样性。[②] 在土地的诸多作用中,最基本也是最重要的作用就是土地能够为人类提供食物的来源。因此,土地成为一切自然财富最基本的前提和基础。尽管如此,在没有阶级的社会中,不管土地具有多么重要的自然属性,它都不可能成为人们争夺的对象,因为它在产权上表现为全体社会成员共同占有。如,在原始社会中,土地所有权是以全体

---

①　《马克思恩格斯全集》第46卷上册, 北京: 人民出版社, 1979年, 第472页。

②　在马克思对土地的广义定义上, 更多的是从土地的自然属性的角度出发, 在这个定义中, 土地是一种重要的自然体, 不仅仅包括人们传统思维定势中所认为的地球表面。 为了说明这一点, 马克思进一步指出: "经济学上所说的土地是指未经人的协助而自然存在的一切劳动对象。" 参见《马克思恩格斯全集》第23卷, 北京: 人民出版社, 1972年, 第668页。

社会个体的土地共同所有权的形式存在的。正如马克思在谈到原始公社制度时指出的："人类素朴天真地把土地看作共同体的财产。"①处于这个共同体的每一个个体（成员）都是土地的所有者。随着社会劳动分工的不断发展，生产力不断提高，各种社会关系相互激荡、影响，导致了私有制的产生和原始公社制度的瓦解。当然，其最重要的基本前提是"一些人垄断了一定量的土地，把它作为排斥其他一切人的、只服从自己个人意志的领域"②。

随着原始社会的结束，人类进入到阶级社会。奴隶社会和封建社会的生产方式已经出现了极大的分化和改变，演变为奴隶制生产方式和封建农奴制生产方式。从最基本的生产资料——土地来看，表现为奴隶主和封建地主拥有土地的土地私有制。经过奴隶社会和封建社会，人类进入最后一个人剥削人的社会——资本主义社会。在资本主义社会中，资本主义土地所有制替代了奴隶社会和封建社会土地私有制，其重要的表现就是土地直接生产者的土地所有权失去了，他们要么成为佃农，要么成为雇佣劳动者。但不管是哪一种身份，有一点是共同的，那就是他们通过土地直接生产的成果被土地所有者或资本家无偿占有一部分，甚至全部。在资本主义社会，资本家利用所占有的土地对农民进行残酷的剥削和压迫，他们尽管宣称自己对土地私有权拥有所谓的"财产权的法律根据"，但这种"法律根据"本质上是违背人们意愿的，是缺乏合法性的。仅凭这种"法律根据"就无偿占有土地直接生产者的劳动成果是一种赤裸裸的剥削行径，注定不得人心。"从一个较高级的社会经济形态的角度来看，个别人对土地的私有权，和一个人对另一个人的私

---

① 《马克思恩格斯全集》第46卷上册，北京：人民出版社，1979年，第472页。
② 《马克思恩格斯全集》第25卷上册，北京：人民出版社，1974年，第695页。

有权一样,是十分荒谬的。"①无产阶级作为资产阶级的掘墓人,一直把解决土地问题作为一个重要的奋斗目标,无论是在革命斗争中,还是在社会主义建设时期,土地问题都是一个必须面对和解决的中心问题。

列宁在刚刚投身于无产阶级革命伟大事业时就十分关注土地问题,他非常清醒地认识到土地问题的解决是彻底消灭俄国农奴制,实现俄国农民完全解放的重要路径,也是实现俄国社会主义革命最终取得胜利的重要前提。在革命生涯中列宁对土地问题的研究倾注了大量的精力和心血,列宁的土地理论沿袭了马克思恩格斯关于土地问题的诸多思想。当然,这种沿袭并不是简单的照搬,而是将马克思主义土地理论与俄国实际结合起来,既有继承也有发展。列宁对1861年农奴制改革后的俄国资本主义发展时期、俄国资产阶级民主革命时期和十月革命胜利后苏联社会主义建设时期等不同阶段的土地问题都有着密切的关注和深入的论述,甚至多次亲自执笔制定符合当时俄国社会历史背景的土地纲领。列宁一生著述浩繁,而关于土地问题的文章成为列宁主义理论体系中重要的组成部分,如《社会民主党在民主革命中的两种策略》《社会民主党对农民运动的态度》《社会民主党在1905—1907年俄国第一次革命中的土地纲领》《无产阶级在我国革命中的任务》《全俄农民第一次代表大会文献》《革命的任务》《全俄工兵代表苏维埃第二次代表大会文献》《在农业公社和农业劳动组合第一次代表大会上的讲话》《工人政党和农民》《给农村贫民》《俄国社会民主党的土地纲领》《社会民主党在俄国革命中的土地纲领》《十九世纪末俄国的土地

---

①　马克思:《资本论》(第三卷),北京:人民出版社,1975年,第875页。

问题》《农业中的资本主义》《土地问题和"马克思的批评家"》《对欧洲和俄国的土地问题的马克思主义观点》《"俄国土地问题"的实质》《在土地问题上的马克思主义反对者心目中的"理想国"》等,虽然本书无法将列宁所有涉及土地问题的文章一一列举,但是通过研究发现,列宁有着完整的土地理论。

列宁对土地问题的关注最初动力来源于哪里?列宁在俄国资本主义发展时期、民主革命时期、社会主义革命时期、苏维埃俄国社会主义建设时期的土地理论有着怎样的发展路径?其内在逻辑为何?列宁土地理论对于第三世界国家(如中国)在民主革命和社会主义革命中有着怎样的启示?等等。带着这些问题,本书作者选择了"列宁土地理论"这个主题,希冀通过对经典作家文献和对国内外专家关于该领域研究成果的研读,梳理和总结出列宁土地理论发展的逻辑理路和精神实质。本书作者认为,对列宁土地理论的研究至少具有以下几个方面的重要意义。

第一,有助于深入理解列宁对马克思恩格斯土地理论的继承和发展

马克思恩格斯通过对资本主义社会的深入研究,分析和总结了资本主义的性质。他们认为,相对于封建制度,资本主义在某些方面具有一定的进步性。马克思曾经指出,资本主义生产方式的一个巨大功绩就是将土地所有权"弄成荒谬的东西",资本主义第一次使农业有可能按社会化的方式经营。但是,他同时又指出,资本主义生产方式的这种进步是以直接生产者的赤贫为代价取得的。资产阶级通过占有土地所有权剥夺直接生产者的劳动成果,虽然从形式上看较于封建制度下的生产方式发生了很大的变化,但是其剥削阶级的角色并没有发生改变。因此,人民群众必须通过革命消灭资

本主义土地私有权。在对东方国家土地制度的研究中,马克思恩格斯认为,东方国家社会生产方式与西方国家有着截然不同的特征,属于人类历史上最初的一个社会经济形态。马克思在 19 世纪 50 年代末至 70 年代初期认为,东方社会不存在土地私有制,亚细亚的土地所有制形式属于农村公社土地公有制。但是,当马克思到了晚年,特别是对柯瓦列夫斯基的文献进行了细致的研究以后,他的思想发生了一些转变。他认为东方社会农村公社土地所有制中存在着私有制的因素,并且得出东方社会土地所有制关系二重性的重要结论。恩格斯通过对俄国农村传统土地制度的考察,也得出了与马克思相同的结论,即东方社会农村公社土地所有制中存在着私有制成分。由此进一步表明,通过革命消除土地私有制是转变当时农村自然经济基础、解放农村社会生产力的重要手段,也是实现民族独立的重要前提。列宁对马克思恩格斯关于土地问题的论述有着精准的把握,他将马克思主义土地基本理论与东方大国俄国的实际紧密地结合起来,在革命实践中忠实地继承和发展了马克思主义土地理论。列宁从理论上阐述了在资本主义制度下,由于资产阶级对土地所有权的垄断,严重阻碍了俄国农业生产力的发展,也阻碍了生产积聚的形成,成为导致俄国农业大大落后于工业、农村和城市差距拉大从而严重不平衡的主要原因。因此,必须消灭土地私有制,彻底推翻沙皇君主制,这是符合马克思恩格斯关于解决资产阶级治下土地问题基本思想的。从“收回割地”到实行土地国有化、从重视工农民主联盟到对农业的社会主义改造、从废除地主土地私有制到实行共耕制等革命实践中,列宁都继承和发展了马克思恩格斯所创立的土地理论的诸多思想。因此,对列宁土地理论的深入研究有助于深入理解列宁是如何将马克思恩格斯土地理论科学地运用于俄国革命实践中的,有助于深化对列宁继承和发展马克思主义土地理论的认识。

第二,有助于深化对列宁土地理论的全面了解和完整把握

列宁曾经深刻地指出,土地问题是俄国资产阶级革命的根本问题,它决定了俄国资产阶级革命的民族特点。正是因为认识到土地问题的重要性,列宁对俄国的土地问题一直非常关注。他在领导俄国人民完成社会主义革命任务的不同阶段中都对俄国农村土地状况进行过深入的调查和研究,也把土地问题作为解决农民问题的重要一环。1917 年 11 月 7 日(俄历 10 月 25 日),全俄苏维埃宣布建立苏维埃政府,政权掌握在无产阶级手中,无产阶级成了统治阶级,布尔什维克党成了执政党。随后,革命继续向全国推进,到 1918 年 2—3 月,在全国范围内建立了苏维埃政权。苏维埃政权的建立并没有使列宁对土地问题的关注画上句号,文献资料显示,十月革命以后的列宁依然关注苏俄的土地问题,正是他在长期的革命斗争和社会主义建设中的不断探索,形成了列宁土地理论。列宁土地理论的形成和发展有着深刻的历史背景,换言之,列宁在领导俄国无产阶级解决土地问题的过程中始终没有脱离俄国的国情。而俄国的国情在不同的历史时期有着不同的现实表征。因此,列宁土地理论也随着俄国社会的发展而发展,比如,在十月革命之前和十月革命之后,列宁对待土地问题的态度就发生过较大的转变,这种转变就是他对俄国国情的熟练把握和对俄国经济社会状况深入了解的具体体现。列宁对土地问题的论述形式比较多样,主要表现为土地纲领、会议讲稿和批判文章等,这几种形式所表现出来的观点、方法、结论都比较集中和清晰。但是,关于他的土地理论更多的是分散于其他大量的文献之中,需要阅读者不断地去提炼和总结,要想客观了解列宁的理论,需要对当时的社会历史背景进行考察,还需要对

不同时期列宁土地思想之间的内在逻辑性进行研究，这样才能避免
对列宁土地理论的片面理解和肤浅认识。正是基于此，本书试图通
过对列宁土地理论的萌芽、形成、发展等过程进行比较细致的梳理
和总结，从宏观上展现列宁土地理论的整体架构，从微观上考察列
宁土地理论具体的内容，这样能在一定程度上避免对列宁关于土地
问题论述的断章取义以及对列宁土地理论的片面理解，从而有助于
对列宁土地理论进行全面的了解和完整的把握。

　　第三，有助于深刻认识列宁土地理论对落后国家的指导作用

　　列宁的土地理论是列宁在带领俄国人民推翻沙皇统治，进行社
会主义革命和建设的过程中形成的，是马克思主义与俄国实际相结
合的产物。有人可能会认为，俄国毕竟有俄国的国情，列宁基于俄
国的国情所形成的土地理论并不一定适合甚至有可能不适合他国
的国情，因此不具有什么国际意义。本书作者认为这种看法是对国
际共产主义运动历史的不了解和对列宁土地理论的误读。人类历
史进入 19 世纪，马克思恩格斯通过革命实践创立了科学社会主义
学说，第一次从理论上论证了社会主义从空想到科学的必由之路。
在马克思主义革命理论的指导下，许多马克思主义者在西欧开展了
轰轰烈烈的国际共产主义运动，那时欧洲成为无产阶级革命的中
心。到了 20 世纪，国际共产主义运动的重心发生了转移，从西方转
到了东方。客观地来看，这种国际共产主义运动重心的转移与列宁
所领导的俄国革命有着密切的关系。列宁成功领导的十月革命成
为 20 世纪开天辟地的大事，它为世界上经济文化落后的国家摆脱
封建主义、帝国主义的统治和压迫，跨越资本主义"卡夫丁峡谷"直
接过渡到社会主义提供了良好的范本。许多落后国家的马克思主
义者通过对列宁主义的学习和推介，纷纷结合各自国家的国情走上
了与俄国十月革命相同的道路。比如，列宁主义对中国共产党所领

导的革命影响就非常深远,毛泽东曾经说过:"十月革命一声炮响,给我们送来了马克思列宁主义。十月革命帮助了全世界也帮助了中国的先进分子,用无产阶级的宇宙观作为观察国家命运的工具,重新考虑自己的问题。走俄国人的路——这就是结论。"①列宁在俄国所开创的社会主义道路对以毛泽东为代表的中国共产党人产生了很大的影响,列宁的土地理论也不例外。在中国,农民问题是中国革命所要解决的基本问题,而土地问题又是农民问题的重中之重。因此,无论是在革命战争年代,还是在社会主义建设时期,中国共产党都十分重视土地问题。毛泽东曾经指出:"如果我们能够普遍地彻底地解决土地问题,我们就获得了足以战胜一切敌人的最基本的条件。"②这与列宁对待土地问题的态度是一致的,列宁认为:"土地问题是俄国资产阶级革命的根本问题,它决定了这场革命的民族特点。"③列宁从理论上阐述了在资本主义制度下,由于资产阶级对土地所有权的垄断,严重阻碍了俄国农业生产力的发展,也阻碍了生产积聚的形成,从而导致俄国农业大大落后工业,农村和城市差距不断拉大以至于严重不平衡。因此,列宁指出俄国土地问题的实质"是农民为了消灭地主土地占有制,为了消灭俄国农业制度中以至俄国整个社会政治制度中的农奴制残余而进行斗争"④。1931年,毛泽东通过总结中国共产党在革命根据地开展的土地革命经验,制定了土地革命路线,即依靠贫农、雇农,联合中农,限制富农,保护中小工商业者,消灭地主阶级,变封建半封建的土地所有制为农民的土地所有制。从这个土地革命路线的内容来看,它继承和

---

① 《毛泽东选集》第4卷,北京:人民出版社,1991年,第1471页。
② 《毛泽东选集》第4卷,北京:人民出版社,1991年,第1252页。
③ 《列宁全集》第16卷,北京:人民出版社,1988年,第387页。
④ 《列宁全集》第16卷,北京:人民出版社,1988年,第387页。

发展了列宁的土地革命理论,但又没有脱离当时中国的国情,因此调动了一切积极的革命因素,保存了土地革命的胜利果实。当然,列宁的土地理论不仅仅对中国有指导作用,对其他一些经济文化落后的国家如印度、土耳其、越南等国家也有很大的影响。因此,本书将在对列宁土地理论进行细致而完整的总结梳理基础上,就其所具有的国际意义进行归纳,通过这些研究有助于深刻认识列宁土地理论对落后国家的指导作用。

二、国内外研究状况及述评

纵观国际共产主义运动史,列宁作为布尔什维克党的创立者和苏联的缔造者,成功领导了俄国社会主义革命,结束了俄国人剥削人、人压迫人的资产阶级生产方式,改变了俄国历史的航线,在人类历史上第一次将社会主义从理想变成现实。十月革命的胜利为世界各国被压迫的无产阶级树立了一面旗帜,为殖民地半殖民地国家摆脱阶级统治提供了强大的指导力量和锐利的思想武器。

十月革命以后,列宁成为经济文化落后国家和学者们关注、研究的焦点人物。

我国是较早宣传、推介列宁和列宁主义的国家,从十月革命直到今天,对列宁和列宁主义的研究几乎没有间断。在国外,对列宁和列宁主义的研究也是比较重视的,很长一段时间以来,国外的研究阵地主要是以列宁的祖国苏联为主。此外,西方学术界也有许多学者重视列宁和列宁主义的研究,并且取得了一些重要研究成果,甚至有西方"列宁学"之说。① 由于列宁一生著述浩繁、思想丰富，所涉及的领域、所建构的理论十分广泛，下面仅围绕本书的主题，即列宁土地理论方面的研究状况进行一个简单的归纳和介绍。

（一）国内对列宁土地理论的研究状况

客观地来讲，在中国，对列宁的认识及其著作的推介从时间上来看是在俄国十月革命以后。② 换言之，在十月革命之前，绝大多数中国人并不认识列宁。③ "十月革命一声炮响，给我们送来了马克思列宁主义。"在中国先进分子积极探索国家救亡图存的道路之时，俄国十月革命的胜利无疑给那时千百万中国人民带来了希望。1917 年 11 月 10 日，也就是俄国十月革命胜利的第三天，当时上海的《民国日报》以较长的篇幅报道了十月革命胜利的消息，在这篇报道中第一次提到了十月革命的领导者列宁以及他的几项具体的主张。此后，对列宁本人及其思想的介绍逐渐见诸报端。1919 年 12 月 15 日，北京《新中国》杂志刊载了列宁发表于 1917 年 4 月的《俄国的政党和无产阶级的任务》一文的节译，该文由郑振铎翻译，当时译题为《俄罗斯之政党》，这是在我国刊物上最早发表的列宁著作中译文。自此到中国共产党成立，在中国的报刊发表的列宁著

---

① 我国学者叶卫平是国内较早关注西方"列宁学"的学者之一，在其著作《西方列宁学研究》中，他比较系统地对 20 世纪 80 年代之前西方"列宁学"进行了研究，参见叶卫平《西方列宁学研究》，北京：中国人民大学出版社，1991 年；英国伦敦大学教授罗·塞尔维斯在其《列宁之谜》一文中，介绍了西方列宁学研究者对列宁本人及列宁主义的不同观点，参见［英］罗伯特·塞尔维斯《列宁之谜》，载于《今日前苏联东欧》1993 年第 2 期。

② 关于列宁的著作最早介绍到中国的时间，我国学界基本达成了共识，即在十月革命以后，参见张静庐《关于列宁著作最早介绍到中国来的年代问题》，《人民日报》，1961-03-12。

③ 在这里，其实并不排除当时有一些主张向西方学习的中国资产阶级和小资产阶级知识分子接触过社会主义的思潮，听闻过列宁的名字，但是可以肯定的是中国绝大多数的知识分子认识列宁是在十月革命以后。

作就包括《民族自决》《俄罗斯的新问题》《旧制更新》《列宁对俄罗斯妇女解放的言论》《过渡时代的经济》《全俄经济委员会第三次代表大会上列宁之演说》《加入共产国际的条件》《国家与革命》第一章的一部分等,这些列宁著作的翻译和发表为中国共产党的成立提供了强大的理论基础和思想保障。据统计,从十月革命到新中国成立,我国出版列宁著作约 142 种,其中 9 种为苏联外国文书籍出版局出版;报刊发表列宁著述约 97 篇。新中国的成立更是为马列著作的翻译、出版和传播提供了良好的条件,由于中国与俄国国情具有很大的相似性,我国对列宁著作的翻译和出版非常重视,也不断地走向全面和系统,这为人们了解和学习列宁思想理论提供了优越条件。①

　　列宁土地理论是列宁思想理论的一个重要组成部分,长期以来,我国学术界对列宁的土地理论都有着较多的关注。然而,即使列宁的一生都在关注土地问题,目前学界对列宁土地问题的研究相比较于对列宁农民思想研究的火热却显得冷清许多,所出的成果也非常少(刘从德、向夏莹,2013)。就笔者所能检索到的我国文献资料来看,学界直接以“列宁土地理论”为论题的研究成果其实并不多,更多的是学者们在研究列宁经济思想、列宁革命思想、列宁农民理论、列宁社会主义建设思想等领域论及列宁的土地理论。这些对列宁土地理论的研究表现出时间上的分段性和内容上的分散性等特点,但是这并不影响对列宁土地理论的呈现。笔者认为,正是因

---

　　①　关于列宁的著作在我国整理、翻译和出版的情况,可参考陈有进《列宁著作在中国 90 年》,《中共云南省委党校学报》,2007 年第 5 期;刘志明《列宁文献在我国的整理、翻译和出版》,《湖南师范大学社会科学学报》,2009 年第 6 期;丁世俊《列宁著作在中国的出版和传播》,载于《传播真理,奋斗不息:中共中央编译局成立 50 周年纪念文集(1953—2003)》,北京:中共中央编译出版社,2003 年。

为以"列宁土地理论"为论题的研究少了而不是多了,才使本书的研究更有可能体现出其价值和意义。就我国学界对列宁土地理论研究的情况来看,主要集中在以下几个方面。

1.关于对列宁土地纲领的研究情况

列宁制定(或作为主要参与人制定)的土地纲领是最能体现列宁土地理论的文献之一。国内学术界在对列宁的经济思想、农民理论、革命思想等研究中,往往把列宁土地纲领摆在比较重要的位置。学者们普遍认为,土地纲领是列宁土地理论中十分重要的表现形式,在列宁早期经济理论形成的时候就已经涉及土地纲领,他在民主革命时期所制定的经济纲领主要也是土地纲领,而且这一时期的列宁土地纲领是列宁民主革命纲领的重要组成部分(商德文,1983;俞良早,1997;曹浩瀚,2012)。

列宁十分痛恨沙皇治下的土地制度,认为即使1861年改革为俄国资本主义经济的发展创造了有利的条件,但是俄国农民的悲惨境地并没有因为改革的推进而有所改变。在沙皇政府颁布法令规定农民赎买份地的土地政策后,农民不但被迫出钱赎买自己的土地,而且还被迫赎买自己的自由。针对民粹主义关于俄国土地制度的主张,列宁提出了严厉的批判,在后来的社会民主党的土地纲领中,列宁具体分析了党内关于土地纲领问题形成的四大类意见,[①]并提出了社会民主党的土地纲领草案(张清,2005)。1905年俄国革命以后,列宁在总结革命经验和教训的基础上充分认识到土地问题的极端重要性,他特别注意研究俄国革命中的土地问题。也正是在这个时期,列宁已经比较全面地论证了布尔什维克党的土地国有

---

① 这四大类意见在本书的第四章有专门介绍和分析。

化纲领,这一思想主要体现在列宁发表的《社会民主党在俄国第一次革命中的土地纲领》《社会民主党在俄国革命中的土地纲领》和《十九世纪末俄国的土地问题》等著作中(商德文,1992)。赵振英(1996)重点分析了列宁在俄国第一次革命失败后立即着手研究俄国土地问题以及列宁撰写《社会民主党在1905—1907年俄国第一次革命中的土地纲领》的背景和原因,指出列宁之所以在这个特殊的时间节点上把许多精力放在对土地问题的关注上,其主要目的是修改俄国社会民主党在1903年产生的第一个土地纲领。由于在这个土地纲领中所提出的归还赎金、割地和消灭农奴制残余等主张已经不适应农民的新要求,也不适应革命斗争的需要,列宁才会非常重视对土地问题的研究,才会写就《社会民主党在1905—1907年俄国第一次革命中的土地纲领》。

陆南泉(2007)认为,列宁在1917年4月发表的一篇题为《论无产阶级在这次革命中的任务》的演说提纲(即后来为人们所熟知的《四月提纲》)中蕴含着他对社会主义的丰富设想,其中就包括了布尔什维克的经济纲领。当然,在布尔什维克的经济纲领中必然有土地纲领。陆南泉认为在《四月提纲》中所包含的列宁土地纲领随着后来革命形势的变化,在十月革命爆发前也发生了较大的变化。

俞良早(1997)对俄国十月革命胜利初期列宁关于农民平均分配土地的纲领、国内战争时期提出的共耕制主张和列宁逝世前所提出的在农村建立和发展合作社制度等思想进行了比较系统的研究。他认为列宁在1917—1918年彻底地解决了苏俄农民的土地问题,其主要手段就是苏维埃政权通过了《土地法令》和《土地社会化基本法》。但是,这一时期的列宁土地纲领还带有一定的资产阶级性质。在列宁看来,无产阶级及其政党可以而且不怕实行小资产阶级的土地纲领,无产阶级及其政党之所以要实行小资产阶级的土地纲领,一个重要的原因是大多数农民拥护这个纲领,赞成平均分配土地,农民的意志不能违背,但这并非是无产阶级政党的本意。列宁认为,无产阶级政党关于土地问题的社会主义纲领,应该要求建立共同使用土地的制度。有学者认为,俄国从1905年到1917年短短十余年间就经历了三次革命,俄共的土地纲领,也由促进民主革命深入到领导民主革命进程,再到取得社会主义革命胜利,最后是巩固社会主义政权和进行农业的社会主义改造,其特点是每个阶段的提法,都围绕党的总任务。由于三次革命几乎是连续发生,俄共在农村的根基又素来不深,所以他们的土地纲领存在许多自相矛盾的地方,因此,后人应该摒弃一成不变的思维模式,应当注重其所揭示的规律性(李德硕,1993;曹浩瀚,2012)。①

总而言之,国内学者不仅对列宁在十月革命胜利初期的土地纲领进行了比较详细的研究,在国内革命战争时期、新经济政策时期等不同的历史时期的列宁土地纲领也有着较多的关注。从国内关于列宁土地纲领的研究情况来看,在本书作者所检索和搜集的资料中基本上只要涉及列宁经济思想、土地制度、农村问题等领域的研究几乎都要探讨列宁的土地纲领,这从一个视角可以说明列宁土地纲领的重要性,也足以证明学界对列宁土地纲领的重视程度。但

---

① 从李德硕的文章中我们可以很清楚地看出,作者表述的俄共土地纲领绝大部分就是列宁制定(或作为主要参与者制定)的土地纲领(李德硕:《简析三次革命期间俄共土地纲领的几个阶段》,《江西师范大学学报(哲学社会科学版)》,1993年第2期,第54—59页)。关于列宁土地纲领中所存在的自相矛盾的情况,曹浩瀚也注意到了,他认为列宁提出土地纲领所要遵循的面向过去的和面向未来的两个原则实际上是想把社会主义的、无产阶级的原则贯彻到民主主义的斗争中,它试图把最低纲领和向最高纲领的转变结合起来,这使得这一双重原则包含着一定的矛盾。参见曹浩瀚《列宁革命思想研究》,北京:中央编译出版社,2012年,第35—36页。

是,国内学界大部分对列宁土地纲领碎片式的研究影响了列宁土地纲领的完整呈现,这容易造成列宁土地纲领之间的割裂。从时间上来看,国内学界对 1917 年俄国十月革命以后的列宁土地纲领关注得比较多,特别是对苏联建国初期颁布的《土地法令》研究得很深入,这也许与《土地法令》在废除俄国地主土地所有制后所规定的全部土地归农民代表苏维埃支配的重大意义有关。国内学界对俄国民主革命时期的列宁土地纲领还有待更加全面和深入的研究,其实这一时期的许多有关列宁土地问题的思想理论都体现在其土地纲领中,而这也是国内学界目前还比较忽视的,比如,在讲到民主革命时期的列宁土地纲领时,很多学者都会自然而然地提到 1903 年 8月俄国社会民主工党第二次代表大会通过的土地纲领,因为这是第一个"官方"的土地纲领,然而事实上列宁 1895 年在彼得堡狱中撰写的《社会民主党纲领草案及其说明》中早已提出了他的第一个土地纲领,而且在这个土地纲领中明确提出了 4 条十分重要内容,①这篇《说明》对于研究列宁早期的土地思想理论具有重要意义,却常常被忽视。

2.关于列宁土地国有化思想的研究

列宁土地国有化思想是列宁土地理论中最重要的部分之一,由于学者们的重视,我国学术界对列宁土地国有化思想的研究成果十分丰富。当然,在学者们研究列宁土地国有化思想的过程中,不同的学者对它有着不同的理解,甚至对列宁土地国有化的认识在观点上还存在着比较严重的冲突,典型的例子是前几年复旦大学吕新雨

---

①　这 4 条内容包括:1.废除赎金、对已缴赎金的农民给以补偿。 把多缴入国库的款额归还农民。 2.把 1861 年从农民手中割去的土地归还农民。 3.农民土地和地主土地担负的赋税完全平等。 4.废除连环保以及一切限制农民支配自己土地的法令。

教授与清华大学秦晖教授展开的一场有名的学术论战。① 在这场
论战中,两位学者对列宁土地国有化的关注和争论为我们理解列宁
土地国有化思想乃至列宁的经济思想都拓展了更加宽广的思路和
更加新颖的视角。秦晖在其著作《农村公社、改革与革命:村社传统
与俄国现代化之路》《传统十论》以及论文《土地改革＝民主革命?
集体化＝社会主义? ——马克思主义农民理论的演变与发展》《列
宁主义:俄国社会民主主义的民粹主义化》等著述中都曾经对列宁
土地国有化思想进行了比较深入的探讨,也提出了许多"新锐"的
学术观点。但是,并不是所有人都认同秦晖对列宁土地国有化的理
解和论述,比如曹浩瀚(2012)在其著作《列宁革命思想研究》一书
中就指出,秦晖和金雁在他们的著作《农村公社、改革与革命:村社
传统与俄国现代化之路》中"一起把列宁的土地国有化思想看作仅

---

① 这场学术论战的起源是吕新雨在《视界》上发表了长达七万余字针对秦晖和金雁
的著作《田园诗与狂想曲——关中模式与前近代社会的再认识》的批判文章,吕文对秦晖
著作中的诸多论点进行了批判,其中一个重要的观点就是认为秦在《田园诗与狂想曲》一
书中刻意隐瞒了列宁的最核心观点——土地国有化,参见吕新雨《农业资本主义与民族国
家的现代化道路——驳秦晖先生对"美国式道路"和"普鲁士道路"的阐述》,载于李
陀、陈燕谷主编《视界》第13辑,石家庄:河北教育出版社,2004年。 针对吕新雨和我
国另一位学者杨震的批判,秦晖在《东方早报·上海书评》连载了六篇文章进行回应,即
《有趣的"左右夹击"——答杨震、吕新雨(一)》《在俄国农村公社褒贬上的双簧——答
杨震、吕新雨(二)》《忽左忽右的俄罗斯农村改革——答杨震、吕新雨(三)》《美国式
道路与普鲁士道路——答杨震、吕新雨(四)》《斯托雷平如何造就了列宁——答杨震、
吕新雨(五)》《后人不能篡改历史——答杨震、吕新雨(六)》,六篇文章字数总和在三
万以上,分别参见上海《东方早报》2010年11月21日、2010年11月28日、2010年12
月5日、2010年12月19日、2010年12月26日、2011年1月30日。 对于秦晖的批评,
吕新雨又撰写了回应文章,但是文章最终没有在《东方早报·上海书评》发表,作者转而
发表在个人博客上,参见吕新雨的博文《"东方封建专制主义"与中、俄(苏)二十世纪
的革命与道路之辩——答秦晖先生(上)》和《"东方封建专制主义"与中、俄(苏)二
十世纪的革命与道路之辩——答秦晖先生(下)》,"上海吕新雨的博客"http://blog.sina.
com.cn/u/2569634794。 在吕新雨和秦晖的这场学术论战中,其中一个非常重要的焦点就
是列宁土地国有化思想,在如何看待列宁的土地国有化思想上,二者显然出现了很大的分
歧,以至于在争论的过程中两人针锋相对,言辞都比较激烈。

仅是一种'民粹派式'的土地国有化,是拉拢农民的政治需要,这种
看法具有很大的片面性"①。曹浩瀚还从俄国土地革命的历史背
景、俄国小私有者主张土地国有化的深层次原因、土地国有化与农
业资本主义的发展以及土地国有化与政治革命等方面比较详细地
论证了土地国有化是最彻底的资产阶级土地革命方案。② 中国人
民大学马列主义发展史研究所在 20 世纪 90 年代中期编著了四卷
本《马克思主义史》,在该书的第 2 卷中也有对列宁土地国有化思想
的专门论述,并且将列宁的土地国有化思想置于马克思主义思想体
系中来进行考察,为读者理解列宁的土地国有化思想如何丰富和发
展马克思主义土地国有化思想提供了很好的思路。③ 商德文
(1992)在其著作《列宁经济思想发展史》中专门安排一章(第七章)
"土地国有化的理论和纲领"论述了列宁的土地国有化思想,作者
认为俄国第一次革命中的土地问题斗争的"关键"是为了消灭俄国
农奴制大生产,因此才有农民争取土地的斗争,"在俄国当时的具体
历史条件下,为使农民土地革命获得彻底胜利,就必须提出土地国
有化的口号。否则,农民土地革命就会极不彻底或陷于失败","因
此,列宁提出的土地国有化纲领为保障俄国资产阶级农民革命彻底
胜利,为向社会主义革命转变创造了条件"④。张清(2005)在
《1861—1924 年俄国土地制度演进之法律社会学分析》一文中认为
列宁在对土地纲领进行全面阐述后,进一步分析了实现了土地国有
化的具体措施,列宁提出的土地国有化具体措施给一切生产资料私

---

　　① 曹浩瀚:《列宁革命思想研究》,北京:中央编译出版社,2012 年,第 7 页。
　　② 曹浩瀚:《列宁革命思想研究》,北京:中央编译出版社,2012 年,第 116—127 页。
　　③ 中国人民大学马列主义发展史研究所:《马克思主义史》(第 2 卷),北京:人民
出版社,1995 年,第 189—196 页。
　　④ 商德文:《列宁经济思想发展史》,北京:经济科学出版社,1992 年,第 95—102 页。

有制以沉重的打击,张文还认为列宁完全是从"破"的意义上去理解土地国有化的,而在"立"的意义上成了一个随意性极大的问题。① 柳植(1983)在《从争取"美国式的道路"到实行新经济政策》一文中认为,1905 年革命之前俄国社会民主工党所提出的几个土地纲领都存在着严重的问题,列宁在深入总结 1905 年革命以后所提出的土地国有化纲领具有四个方面的重要性:一是只有土地国有化才能彻底消灭中世纪的土地关系;二是只有实行土地国有化才能消灭资本主义的绝对地租,把级差地租交给国家;三是只有实行土地国有化才可能使资本在农业中充分发挥作用;四是只有实行土地国有化才能促进对闲置土地的开垦和农业生产的集约化。作者最后得出结论:土地国有化不仅是彻底消灭农业中一切中世纪制度的唯一方式,而且是资本主义制度下最好的、可以设想的土地制度。② 徐孝明(1991)在《1905 年革命中列宁的土地国有化理论》一文中指出,列宁的土地思想发展主要经历了主张收回割地和主张没收一切地主土地、实现土地国有化两个阶段,那时列宁从革命斗争的实际出发,全面、深刻地阐述了土地国有化理论,作者认为,正是列宁从俄国革命的实际出发科学地提出土地国有化,使这一土地国有化理论具有强烈的现实特点。③

    国内对于列宁土地国有化思想研究的丰富成果体现了我国学者对列宁土地国有化的关注程度。这些研究成果有的是专门论述

---

① 张清:《1861—1924 年俄国土地制度演进之法律社会学分析》,《金陵法律评论(2005 年春季卷)》,2005 年,第 67—80 页。

② 柳植:《从争取"美国式的道路"到实行新经济政策》,《陕西师大学报(哲学社会科学版)》,1983 年第 2 期,第 8—18 页。

③ 徐孝明:《1905 年革命中列宁的土地国有化理论》,《杭州师范学院学报》,1991 年第 4 期,第 41—47 页。

列宁土地国有化思想,有的是在论述列宁其他思想的过程中关涉到列宁的土地国有化,而后者所占的比例比前者要大得多。从学科视角来看,国内对列宁土地国有化的研究体现出学科多样性的特点,涵盖了经济学、政治学、历史学、社会学、管理学等,而且随着时代的发展,在研究中愈加体现出学科的交融性。从论点上来看,国内学者对列宁土地国有化思想的解读可谓见仁见智,有的学者从全盘肯定的意义上解读,有的学者持一种怀疑的态度来解读,有的学者以一种辩证的态度来解读,有的学者干脆以一种否定的态度来解读。从研究方法上来看,国内对列宁土地国有化的研究不仅仅是那种纯粹对列宁著作的文本解读,越来越多的学者使用类比、理论联系实际等研究方法,将列宁土地国有化思想与我国土地集体所有制进行类比,指出列宁土地国有化思想对我国土地制度的借鉴和指导作用,以及哪些地方不适合我国国情;而理论联系实际的研究主要是针对中国社会发展的现状,将列宁土地国有化思想置于当代中国视域之下,为解决中国土地问题提供理论支撑(徐孝明,1991;赵振英,1996;许蓉,2008)。

3.关于十月革命后列宁土地思想的研究

1917 年 11 月 8 日(俄历 10 月 26 日),俄国十月革命胜利后的第二天,全俄工兵代表苏维埃第二次代表大会在斯莫尔尼宫正式开幕。在当天的会议中代表们通过了由列宁起草的《土地法令》,这充分说明布尔什维克党已经充分地认识到解决土地问题对新生的苏维埃政权巩固之重要性。我国学术界对于《土地法令》乃至十月革命胜利后列宁的土地思想有着比较深入的研究,《土地法令》所规定的主要内容也是学者们关注的焦点之一。学者们从不同的研究视角重点考察了《土地法令》颁布的背景、基础和内容。彭大成

(2002)追述了《土地法令》的形式基础,即这个土地法令的基础就是根据 242 份地方农民委托书拟定的全国农民委托书,这也是《联共(布)党史简明教程》中关于列宁制定《土地法令》的形式基础的论述。王元璋(1995)从内容渊源上总结了《土地法令》的实践基础,认为《土地法令》规定的废除土地私有制其实质上所完成的是二月革命尚未完成的取消地主土地私有制和把土地交给农民的历史任务。张清(2003)认为,十月革命的实践是列宁武装解决土地问题的实证,1917 年 11 月 27 日全俄农民代表苏维埃非常代表大会决议草案载明,只有社会主义革命的胜利,才能保证土地法的成就获得巩固,才能确保《土地法令》的要求得以全部的实现,而社会主义革命胜利的必要前提就是工农联盟。闻一(1987)从土地关系的变革和经济上潜在的危险分析了农民和农业问题。认为十月革命前夜和无产阶级夺取政权后,布尔什维克党在土地问题上的纲领和苏维埃政权初年实际执行的有关农民与农业的政策,既有继承和连续性,也存有差异。这种情况使农业政策历经变化。虽然布尔什维克党不断采取措施以保证苏维埃国家在政治和经济上相对平衡的发展,但直到"战时共产主义"终结,新经济政策开始实施,列宁才得出明确的结论:在苏维埃俄国当时的实际情况下,为了正确解决农民与农业问题,布尔什维克所要改变的不仅是一项粮食政策,而是整个经济政策的基础。1918 年 2 月 19 日公布执行的《土地的社会主义化法令》表明列宁和布尔什维克党根据苏维埃俄国农民和农业的现状进一步调整了自己的政策,并在很大程度上听取了社会革命党人的意见。

国内学者对俄国十月革命后列宁共耕制和合作制思想的研究也倾注了很大热情,取得了较多的学术成果。有学者认为,1921 年苏俄实行的新经济政策是一个分水岭。1921 年之前主要采用共耕制的形式,1921 年以后主要采用合作制的形式组织农民。从历史事实看,共耕制和合作制一直是两个并存、并行的体系。战时共产主义时期是这样,新经济政策时期更是这样(杨承训、余大章,1984)。关于"共耕制和合作制一直是两个并存、并行的体系"这个观点,李庆曾提出了不同意见。他认为,在 1921 年以前。共耕制和合作制的确是两个独立的体系,但在转入新经济政策时期以后,二者之间则产生了交叉以至融合的趋势,共耕制逐步成为合作制的一个组成部分,而不是"两个并存、并行的体系"(李庆曾,1986)。从列宁选择共耕制的缘由来看,屈昭(1991)认为,在"战时共产主义"时期,国内外纷繁复杂的局势给苏维埃政权带来很大影响和压力,在这种情况下列宁试图通过共耕制实现向社会主义的过渡。苏维埃政权组织遵照列宁的指示,在支持和帮助共耕制组织方面,采取了一系列优惠政策:第一,优先分配给共耕组织大量土地;第二,在农具、耕畜和其他生产资料方面给予优待;第三,国家提供大量资金。由于当时以共耕制为代表的农业政策"过左",导致生产关系的变革脱离了生产力发展水平。共耕制的种种弊端也逐渐凸显,如它不利于调动农民的积极性、不利于促进农业生产、容易助长"吃大锅饭"恶习等。正是基于此,列宁对于如何发挥农民建设社会主义的积极性,如何引导农民走社会化的道路有了新的考虑,逐渐产生了一个战略性的转变,即由共耕制转到合作制上面来(杨承训、余大章,1984;屈昭,1991;姜汉斌,1983)。因此,在新经济政策时期,列宁提出了合作化思想。有学者认为,列宁合作化思想曾有过两次明显的变化:一是在实行新经济政策初期,列宁认为合作化是联合农民的国家资本主义经济组织形式;二是列宁在 1923 年口授的《论合

作社》中开始确定了合作社的社会主义性质（屈昭,1991）。列宁关
于农业合作化的不同阶段合作社应有不同的形式以及同一阶段合
作社也应采取多种形式的思想,立足于不同阶段生产力的不同水平
和同一阶段生产力的不同层次。这对于小农国家实事求是地、灵活
地指导农业社会主义改造具有十分重要的意义。实现合作化既是
一个改造经济的过程,也是一个促使居民知识化、提高居民文明程
度的过程,合作化内含着文化方面的根本变革。列宁之所以把合作
化与文化变革紧密联系在一起,是因为,没有文化变革,没有知识
化,也就不可能有合作化,知识化是合作化的前提条件。列宁合作
化思想是基于当时俄国生产力水平和农村阶级结构变化的现实需
要以及对国际形势的考量下所形成的,是在新的条件下对马克思、
恩格斯关于农业社会主义改造理论的继承和发展（姜汉斌,1983;顾
玉兰,2003;秦勃,2014）。总之,十月革命后列宁土地理论并不是一
成不变的,列宁主张在不同的历史时期实行不同的土地制度。在十
月革命胜利初期、国内战争时期和新经济政策时期的土地制度都分
别不同,而这种不同并不是完全割裂、彼此无关的。列宁在制定土
地政策时不是随心所欲、凭空想象的,而是始终坚持了两个基本原
则,即符合时代和国情为前提和以满足农民需求为根本的原则（许
蓉,2008）。

　　从以上不难看出,对十月革命后列宁土地理论的研究,国内学
术界主要围绕苏联社会主义过渡时期为巩固新生苏维埃政权所实
行的土地政策以及苏联步入社会主义建设之路的列宁土地思想来
展开,具体集中在十月革命胜利初期颁布的《土地法令》、战时共产
主义时期共耕制、新经济政策时期农民土地占有权和使用权的法律
保障等方面。虽然从十月革命胜利到列宁逝世这一段时间跨度不

到十年，但是通过国内学者们的研究，我们可以发现列宁对土地问题的关注度一如从前。由于这一时期的革命环境和革命形势比较特殊，列宁在将马克思主义与俄国革命实践相结合的过程中经受了严峻的考验。面对没有任何前人之路可供借鉴、参考的情况下，这一时期列宁的土地思想也许并不完全成熟，甚至还存在着一些自相矛盾的地方，但是这并不影响列宁在最终解决苏维埃国家土地问题上的立场。

从国内学术界对列宁土地理论的研究情况来看，虽然研究视角分散、观点不一、内容迥异，但是从笔者所能触及的学术专著和学术论文等资料来看，国内对列宁土地理论的关注充分表明了列宁土地理论的重要性。近些年来，我国一些高校在马克思主义经典著作研究的过程中对列宁解决俄国土地问题的研究越来越多，不少博士生和硕士生也渐渐关注与此相关的一些领域，写出了不少具有较高质量的博（硕）士论文。[1] 这些学位论文虽然研究的主题各异，但是都或多或少地对列宁土地理论有着关涉，这为笔者提供了可资借鉴和参考的资料，同时也希冀在前人的基础上能充实和完善列宁土地理论的研究。

---

① 博士论文主要有向夏莹的《列宁土地问题思想研究》，华中师范大学，2013 年；曹浩瀚的《俄国社会主义的思想起源——列宁革命思想研究》，北京大学，2009 年；许蓉的《列宁农民问题理论研究》，南京师范大学，2008 年；库金娜·安娜的《俄中土地法律制度比较研究》，中国政法大学，2012 年；张清的《解读列宁：法律与经济的互动——以俄国土地制度变迁和经济体制转型为中心的分析》，南京师范大学，2002 年；谢双明的《马克思主义经典作家东方农民问题理论研究》，南京师范大学，2007 年。硕士论文主要有李达的《论列宁关于俄国土地制度变革的思想》，山东大学，2007 年；李国权的《列宁解决苏俄农民问题之探究》，内蒙古师范大学，2007 年；王春红的《列宁关于执政党处理与农民关系的思想研究》，南京师范大学，2012 年；俞敏的《苏俄经济社会政策与列宁的科学价值观》，南京师范大学，2007 年；周雅敏的《列宁解决农民土地问题的思想及其现实启示》，曲阜师范大学，2012 年。

（二）国外对列宁土地理论的研究概况

由于列宁在推动人类历史进步上所做出的巨大贡献和所取得的伟大成就，世界上不同社会制度下的学者们自十月革命以后几乎没有间断过对列宁本人及其思想理论的研究。由于学者们所持的阶级立场和价值观念的不同，对列宁本人及其思想理论的研究必然存在着不同的个人偏好和价值取向，从而得出不同的结论，以至于在国外学界有"两个列宁"，甚至"三个列宁"之说。① 当然，在国外学者中也不乏对列宁公允的评价者，如在苏联解体后，面对社会上出现的一股反列宁之风，原苏联科学院院士 Б·波诺马廖夫在一篇题为《为什么苏联人民敬仰列宁》的文章中高度评价了列宁及其事业，作者通过亲身经历向人们展示了一个为着革命事业鞠躬尽瘁的列宁；②俄罗斯的弗拉基米尔·萨普雷金教授在他的《列宁主义：遭遇无知》一文中高度评价了列宁主义，认为列宁的遗产并没有过时，虽然列宁主义的产生确实具有时代性，但是这并不能削弱其在方法论和革命内容上的生命力。③ 俄罗斯历史学家和哲学家罗伊·梅德韦杰夫认为作为革命家的列宁有时使用严酷的手段以获取革命的成功是可以理解的，而有的人常常将革命家与文人、传教士相提并论以至于歪曲了列宁的种种主张。诚然，列宁虽然伟大也难免会

---

① 最早提出"两个列宁"这种说法的是南斯拉夫的德拉古京·列科维奇教授，列氏在《列宁与斯大林主义》一文中认为列宁的遗产中似乎存在着两个层次（故称为两个列宁）：具体环境的列宁和本质的列宁。 两个列宁是列宁理论和实践活动中的两个方面，两者紧密相连又相互交错，参见《苏共历史问题》1991 年第 3 期。 苏联解体后，俄罗斯人对列宁的评价发生了很大的变化，1999 年，俄罗斯政论家尤·布尔金在《独立报》上发表了《三个列宁》的文章，提出"三个列宁"的说法，布氏根据自己对十月革命胜利后至 1923 年列宁思想的研究，得出"三个列宁"的结论，即十月革命的列宁、向新经济政策过渡的列宁和 1923 年初的列宁，参见 1999 年 1 月 20—21 日［俄］《独立报》。

② 参见《苏共历史问题》1991 年第 4 期。

③ 参见［俄］《对话》1997 年第 7 期。

犯错误,这一点连列宁自己也是承认的,"我们犯过错误","我们没有按照那条道路走",他并不隐讳自己的错误,这充分说明列宁也是一个有血有肉的普通人。① 当然,除了对列宁本人的研究和评价以外,国外学者对列宁的一些思想理论也有不同的评价。② 这些研究和评价能够加深我们对列宁思想理论的理解,同时也能使我们更加客观公正地对待列宁主义遗产。

　　总的来看,国外学术界关于列宁土地理论的研究也并不集中,更多散见于学者们为介绍列宁生平事业所写的传记、理论专著、学术论文等文献之中。列宁的亲密战友、革命伴侣娜·康·克鲁普斯卡娅在《列宁回忆录》一书中对列宁的土地理论有过一些精要的介绍,如作者提到列宁在侨居克拉科夫时期写的许多文章中就包括一些涉及土地问题的论文,列宁在这些论文中说明了不同政党的土地纲领,揭露了政府措施的实质,提醒人们注意土地的买卖、征用土地等许多极其重大的问题。③ 在国外其他的一些学者所写的列宁传记中也有涉及列宁土地理论的内容。如马雅可夫斯基的《列宁》(飞白译,人民出版社,1977 年)、凯尔任采夫的《列宁传》(企程、朔望译,三联书店,1975 年)、Tone Cliff 的《列宁》(*Lenin*)④、Robert Service 的《列宁的政治生涯》(*Lenin：a Political life*)等。⑤ 研究过列宁本人和列宁思想理论的学者应该不会否认这样一个事实:列宁是

---

　　① 参见 1991 年 4 月 20 日苏联《红星报》。

　　② 关于国外学者对列宁的研究评价情况可参见王丽华《国外列宁研究中的不同观点》,《当代世界与社会主义》2005 年第 6 期, 第 154—158 页；另可参见林锋、林秀琴《国内外学术界的列宁晚年社会主义观研究综述》,《马克思主义研究》, 2002 年第 1 期, 第 90—92 页。

　　③ [苏]娜·康·克鲁普斯卡娅:《列宁回忆录》, 哲夫译, 北京: 人民出版社, 1960 年。

　　④ Tone Cliff, *Lenin*, Pluto Press, 1972.

　　⑤ Robert Service, *Lenin：a Political life*, Macmillan, 1985.

一个善辩的人,为了真理他可以与党外敌人、党内同志甚至身边朋友进行激烈的争论乃至批判。在列宁的革命生涯中曾经面对过不同的政党、派别,如民粹派、布尔什维克、孟什维克、合法马克思主义、取消派等,也与一些党的活动家们因为观点不同发生过激烈的争论,包括布哈林、托洛茨基、季诺维也夫等。① 关于土地问题也不例外,列宁常常在认真分析不同政党、政治派别的土地纲领基础上提出自己的土地纲领,这在娜·康·克鲁普斯卡娅的《列宁回忆录》里面得到了验证。关于当时不同党派的土地问题各种主张,俄罗斯学者 В.Г.丘卡夫金在其著作《大俄罗斯农民和斯托雷平土地改革》中进行了比较深入的分析,②这为我们了解列宁的土地纲领与其他党派和政治派别的土地纲领的不同提供了良好的素材。此外,А.М.安菲莫夫、С.М.杜勃罗夫斯基、С.М.希杰利尼科夫等俄罗斯学者对俄国土地改革、土地政策、村社土地问题等问题都有专门的论著,这些材料也为我们研究列宁的土地理论提供了良好的素材。苏联学者伏罗诺维奇在《苏联共产党的土地纲领及其在苏联的实现》一书中以比较细致的笔触剖析了苏联共产党在不同时期制定、实现土地纲领的情况,为我们了解苏共以及列宁的土地纲领创造了条件。③ 另一位美国学者安娜·罗切斯特(Anna Rochester)所著的《列宁论土地问题》(*Lenin on Agrarian Question*)是迄今笔者所搜集

---

　　① 俄罗斯学者格·卢·斯米尔诺夫在其 1990 年主编的《列宁的社会主义构想》引言《关于列宁的社会主义构想问题》中认为列宁关于社会主义的构想除了继承了马恩学说的有关内容外,还与其对布哈林等党的活动家们观点的批判有关,在这个意义上可以说列宁的某些原理是集体的理论探索成果,参见王丽华《国外列宁研究中的不同观点》,《当代世界与社会主义》,2005 年第 6 期,第 154—158 页。

　　② [俄]В.Г.丘卡夫金:《大俄罗斯农民和斯托雷平土地改革》(В.Г. Тюкавкин, Великорусское крестьянство),莫斯科:历史思想文献出版社,2001 年。

　　③ [苏]伏罗诺维奇:《苏联共产党的土地纲领及其在苏联的实现》,朱文忠译,北京:人民出版社,1956 年。

到的资料中最全面、最系统、最集中论述列宁土地理论的著作,这本
于 1950 年在我国翻译出版的著作中,作者十分详尽地梳理了列宁
关于农业和土地问题的主张,时间跨度为 1905 年到苏联集体农场
建立,作者认为列宁在土地问题上所依据的是马克思主义的原则,
他在俄国打下了土地政策的良好基础,最大限度地争取了农民对社
会主义革命的支持,即使在他去世以后,他的许多思想理论仍然指
导着后人,作者认为斯大林在后来的集体农场的完成上就离不开列
宁思想的指导。这本著作是在列宁经典文献英译本严重匮乏的情
况下完成的,作者通过对列宁土地理论的梳理和介绍,向读者展现
了一个真实的列宁,作者在前言中写道:“在这世界历史上最艰苦而
严重的时代里,广大的人民幸喜有列宁对社会变革过程中阶级力量
互相作用的有价值的真知灼见。本书如不能达到激起读者对列宁
的著作做更广泛的研究,那么,它的写作的目的便未达到。”①

二、主要内容、基本思路及研究方法

(一)主要内容

本书以列宁探索解决俄国土地问题的历程为逻辑理路,循着他
的革命步伐,重点考察和研究他在不同革命和建设时期的土地主
张、土地纲领、土地政策以及为之所做出的艰辛努力。全书尽量避
免抛开列宁所处的革命环境和世界共产主义运动的现实背景,而将
研究置于俄国社会制度更迭和列宁带领俄国人民投入社会主义从
理论到现实的实践之中。列宁土地理论的内容十分丰富,本书试图

---

① 本书完稿于 1942 年,正是第二次世界大战爆发不久,因此作者认为是“最艰苦
而严重的时代”。参见[美]Anna Rochester《列宁论土地问题》,林伦彦译,上海:中华
书局,1950 年。

厘清列宁土地思想发展的脉络并且希冀较完整地呈现列宁土地理论的基本架构。全书共分为六章,各章的主要内容如下。

第一章介绍了列宁土地理论形成的历史背景和思想渊源。首先对俄国 1861 年改革后向资本主义过渡时期的土地状况进行一个简要的梳理,这是列宁早期探索俄国土地问题的重要背景,它对列宁早期土地理论的形成产生着较大的影响。同时简要论述了斯托雷平土地改革,对斯托雷平土地改革内容和效果的简单介绍有助于回答列宁为什么后来会特别重视俄国土地问题以及列宁采取了哪些与前者不同的手段解决俄国土地问题等疑惑。本章接着回顾了从俄国第一个社会主义团体"劳动解放社"到布尔什维克成为独立的马克思主义政党的历程,这是列宁土地理论形成的重要组织保障。可以说,如果没有独立的布尔什维克党就不会有完整的列宁土地理论。最后归纳了列宁土地理论的理论基础和思想渊源,即马克思主义土地理论和其他个人、流派有关土地问题的思想。马克思主义创始人关于土地问题的理论是列宁土地理论的直接思想渊源,列宁同俄国其他流派关于土地问题的争论也是一个重要思想渊源。

第二章主要梳理了列宁对解决俄国土地问题的早期探索。在列宁投身革命之初,俄国正处于资本主义时期,1861 年改革使俄国走上了资本主义道路,但是俄国的资本主义与当时西欧的资本主义有着很大的差别。究其原因主要是俄国农奴制改革所维护的是统治阶级的利益,改革并不彻底,农奴制残余依然存在。在这一章中首先回顾了列宁早期对俄国资本主义发展情况的考察,这是列宁早期探索俄国土地问题的重要社会环境。然后介绍列宁在早期与不同流派的关于土地问题的争论,这种争论很多时候是对他们的批判。无论是民粹派也好,还是资产阶级理论家也好,他们的土地主张所维护的是当时俄国少数的既得利益者。特别是他们中的一些人试图通过批判马克思的某些土地理论建立起自己的资产阶级土地思想。为此，列宁对他们进行了严厉的批判。通过批判，列宁捍卫了马克思的土地理论。本章最后还简要归纳了列宁在早期对解决俄国土地问题的三大主张，即扫除农奴制残余、归还赎金和收回割地、争取政治自由。客观地来讲，这三个方面的主张也许并不能囊括列宁早期所有的土地思想，但是可以肯定的是，这三大主张在列宁早期探索解决俄国土地问题的诸多主张中占有十分重要的地位，是列宁早期最主要的土地思想。

　　第三章主要论述列宁土地革命理论和工农民主专政理论。土地革命理论是列宁土地理论中重要的组成部分之一，早在列宁投身俄国革命之初就已经有了革命解决俄国土地问题的思想萌芽。正因为如此，在俄国资产阶级民主革命爆发之前，列宁就提出了支持和鼓励农民通过革命的方式消除农奴制残余，没收地主的土地的主张。列宁通过考察俄国资本主义土地状况，根据马克思主义土地理论，提出了解决俄国土地问题的两条道路，即"普鲁士式道路"和"美国式道路"，前者主要是改良的道路，后者主要是革命的道路。列宁一向反对以改良的方式解决俄国的土地问题，而是坚持土地革命的道路。本章还考察了列宁工农民主专政理论。工农民主专政理论可以说是列宁的"独创"，它是从整个马克思主义世界观和俄国社会民主工党的纲领中必然产生出来的口号，是关于资产阶级革命中无产阶级领导权和工农联盟的思想的具体体现。尽管工农民主专政在俄国革命和建设中只是扮演了一个临时的"过渡者"的角色，即它只是实现无产阶级专政的权宜之计和策略口号，但是不能否认的是它曾经作为民主革命走向彻底的唯一保障发挥过重要的作用。本章还简要地论述了列宁工农联盟理论,列宁认为工农联盟是获得土地和和平重要基础。从建立军事联盟到建立经济联盟,列宁根据俄国革命和建设的具体需要,适时地调整工农联盟的内容和侧重,为取得革命和建设的胜利提供了重要的力量保障。

第四章重点论述了列宁的土地国有化理论。1905 年革命使列宁认识到此前的土地纲领犯了错误,也暴露出对农民的革命性估计不足,以及对俄国当时资本主义发展程度估计过高的弊端。故此,1905 年革命以后,列宁提出了土地国有化主张,强调土地国有化是最彻底的资产阶级土地革命措施。土地国有化理论在列宁土地理论中占有极其重要的地位,它的提出彰显了列宁对以农业为主的落后国家解决土地问题的深邃思考和理论智慧。当然,列宁并不是从始至终毅然决然地支持土地国有化,在俄国资产阶级民主革命发生前后,列宁对土地国有化的态度大致经历了否定(反对土地国有化)——谨慎(有条件地实行土地国有化)——肯定(支持土地国有化)的过程。从列宁对待土地国有化态度的转变,可以清晰地看出俄国革命发展的进程,这种思想的转变也体现了列宁革命实践经验的不断丰富以及对革命认识的不断深入。

第五章主要围绕十月革命后列宁的土地思想展开论述。十月革命胜利之初,针对国内外敌对势力对新生苏维埃政权的进攻,列宁采取了一系列措施保卫了国家的稳定,其中就包括土地政策的调整。在向社会主义过渡的过程中,列宁关于苏维埃俄国的土地政策与革命战争时期的土地政策也有着很大的不同。列宁这种关于解决土地问题思想的转变是因应俄国社会发展的现实需要,是区别对待革命与建设中心任务的体现。本章主要研究的就是列宁这种思想转变和土地政策的调整的具体情况,分析他之所以调整和转变的原因以及探讨其在向社会主义迂回过渡中所留下的土地理论遗产。

第六章研究了列宁土地理论的思想贡献以及对落后国家尤其是对中国的指导意义。本章主要根据列宁在探索社会主义道路的历程中所形成的土地理论为丰富和发展马克思主义土地理论所做出的思想贡献，并且阐述列宁土地理论为落后国家解决土地问题发挥的指导作用。本章认为，中国共产党人在吸收列宁土地理论的基础上带领中国人民走出了一条符合中国实际的解决土地问题的道路，为共和国的成立和社会主义的建设提供了重要的思想保障。

结束语部分对整个文章思路、观点进行一个简要的总结，以及对列宁土地理论的总体评价。

（二）基本思路

1.以列宁主义思想史研究为切入点，通过搜（集）检（索）马克思主义经典作家，尤其是列宁本人关于土地相关方面的文献资料，紧紧围绕主题提炼本书主旨，厘清列宁土地理论思想脉络，此为粗线条、大历史观视域层面行文走向。

2.循着列宁土地理论形成的演进路径进行细致的梳理和总结，从宏观上展现列宁土地理论的整体架构；从微观上考察列宁土地理论具体的内容，包括列宁土地产权理论、土地革命理论、土地国有化理论、工农民主专政理论、工农联盟理论、经济合作理论等。

3.从列宁土地理论国际意义视野总结其思想贡献及当代启示。重点以中国为研究范本探讨列宁土地理论对中国共产党在争取民族独立、解决本国土地问题上的重要借鉴与启示，即在革命、建设和改革进程中所起到的指导作用，体现列宁土地理论的强大生命力和中国共产党与时俱进的马克思主义精神。

（三）研究方法

本书在研究方法上遵从马克思主义的世界观和方法论,重视马克思主义辩证法的运用和历史发展的客观性,将研究建立在对历史客观把握的基础之上,主要采用了以下研究方法:

1.马克思主义辩证唯物主义和历史唯物主义方法。作为最根本的世界观和方法论,马克思主义辩证唯物主义和历史唯物主义揭示了人类社会发展的客观规律,在生产力和生产关系、经济基础和上层建筑、社会主义与资本主义等范畴都有着明确的理论基础。本书遵循这一世界观和方法论,充分运用马克思主义辩证唯物主义和历史唯物主义方法,研究列宁在经济文化落后的俄国探索解决土地问题的情况。

2.历史与逻辑相统一的方法。本书坚持马克思主义辩证思维和辩证逻辑的方法,将历史的方法与逻辑的方法相统一,以揭示事物发展的客观规律。列宁土地理论并不是僵死的理论,它是列宁在探索社会主义道路的过程中逐步形成的,这就需要我们用历史发展的眼光来看待。列宁在革命和建设的不同时期对解决俄国土地问题的思考并不是一成不变的,所以我们还要认识其内在逻辑性,只有使用历史与逻辑相统一的方法才能真正读懂列宁,读懂列宁的土地理论。

3.史论相结合的方法。本书的研究始终坚持马克思主义的唯物史观,既尊重历史的客观事实,又对历史事实做出客观的评价。因此,在处理"史论"上十分注重其客观性,做到"史服务于论""论从史出"。在论述列宁不同时期的土地思想时,将研究建立在当时的客观历史背景、历史事实的基础之上,绝不主观臆想、盲目推测。

4.文献研究的方法。本书研究主要建立在对大量马克思主义经典作家尤其是列宁的著作的收集、整理、阅读基础之上。经典作家关于土地理论的文献数量多、时间跨度长、分散性突出，因此通过文献研究的方法对列宁各个时期的具体文献进行深入的解读，重点考察在不同时期列宁所撰写、发表的关于土地问题的著作，总结他的土地理论。

第一章

列宁土地理论形成的历史背景和思想渊源

　　列宁土地理论的形成有着深刻的社会历史背景,这个科学的理论体系是列宁在长期的革命斗争和国家建设中逐渐形成的。只有将列宁土地理论置于当时特定的背景之下来进行考察,才不会脱离俄国革命和建设的实际以及列宁主义的精神实质。同时,列宁土地理论继承和发展了马克思主义土地理论,它还是列宁在与其他政治派别、个人论战的基础上并经过革命的实践检验后逐渐确立起来的,有着深刻的思想渊源。

第一节　列宁土地理论形成的历史背景

　　俄国是一个典型的以农业经济为主体的国家,长期以来,农业在整个国民经济中所占的比重超过该国其他任何一种产业。农民在整个国家人口中也占据着绝大多数的比例,这种状况一直延续到20世纪初期依然没有改变。正如列宁在1920年所作的一篇题为《全俄中央执行委员会关于对内对外政策》的报告中所指出的,"我们曾经是而且现在还是一个小农国家"①。在领导俄国革命的过程中,列宁对俄国农业、农民问题有着精准的把握。当然,土地问题是他关注的一个十分重要的领域,他对俄国从封建专制制度向资本主义过渡时期以及资本主义时期的土地问题进行了比较深入的研究。在《俄国资本主义的发展》和《农业中的资本主义》等著作中,列宁对俄国资本主义时期的土地问题都有着精辟的阐述。实际上,俄国资本主义时期糟糕的农村土地状况和几次不成功的土地改革成为列宁重视俄国土地问题、建构土地理论的现实依据和思想动因。

一、1861 年农奴制改革的不彻底性

(一)1861 年改革与俄国农奴制的废除

1861 年改革前的俄国可谓面临着严重的"内忧外患",在国内,由于统治阶级的封建剥削加强,地主通过采取减少农民份地、增加代役租和劳役、剥夺农民村社残迹等手段,强化了农村森严的身份等级制度。这些手段使得农民的处境十分悲惨,农民与地主之间的矛盾加深从而导致冲突不断,仅 1858—1860 年之间爆发的农民暴动和起义达到 290 余次,平均每年就有近百次。此外,随着资本主义的发展,农村商品经济冲击着俄国传统的自给自足的自然经济,加深了俄国农业危机,同时也加速了农村阶级的分化,农奴制面临着前所未有的危机。1853 年 10 月 20 日,为争夺巴尔干半岛的控制权,沙皇俄国同奥斯曼帝国、法国、英国等已经走上资本主义道路的欧洲国家在欧洲大陆爆发了一场战争,史称克里米亚战争。克里米亚战争的结果以沙皇俄国的失败而告终,这是近代以来沙皇俄国面

---

① 《列宁全集》第 40 卷,北京:人民出版社,1986 年,第 144 页。

临的一场严重的"外患"。消息传到国内,人们纷纷谴责沙皇政府
的无能,阶级矛盾更加尖锐,从而引发了俄国国内的革命,最终导致
这场"外患"转化为新的"内忧"。

　　当俄国处在内外交困、危机四伏的困境之中时,沙皇亚历山大
二世于1861年2月19日批准了关于废除农奴制的法令,并签署了
废除农奴制的宣言。2月19日法令包括17个文件,由总法令、地方
法令和补充法令三种文件组成,总法令有《1861年2月19日宣言》
《关于农民脱离农奴依附关系的一般法令》《关于脱离农奴依附关
系的农民赎买其宅园地、及政府协助这些农民把耕地购为私有的法
令》《农民事务省和县两级机关的法令》《关于实施使农民摆脱农奴
依附地位法律的程序规则》等;地方法令有4个,即《关于大俄罗、新
俄罗斯和白俄罗斯省地主领地上农民土地配置的地方法令》《关于
小俄罗斯诸省地主领地上农民土地配置的地方法令》《关于基辅、
波多利斯克、沃伦省地主领地上农民土地配置的地方法令》《关于
维尔诺、科夫诺、格罗德诺、明斯克省和维捷布斯克省部分地区地主
领地上农民土地配置的地方法令》以及其他补充法令。

　　在这17个法令文件中,《关于农民脱离农奴依附关系的一般法
令》是1861年农奴制改革中颁布的最重要的法律文件之一,从内容
上来看,它主要涉及农民生活的两个层面:人身权利和财产权利。
在人身权利方面,《一般法令》第一条就明确规定:"永远废除居住
在地主领地上的农民和仆人的农奴制度。"这从法律上规定农民脱
离了对地主的人身依附关系,"人身解放"后的农奴与其他自由的
农村居民一样享有同等的各项权利,包括农民人身不受地主束缚和
支配、自由处理个人和家庭事务、从事商业活动、依法开办和经营工
厂、加入行会、签订契约、参与村社群众大会、参加选举和被选举、参

加法律诉讼活动、受教育、服兵役等。在财产权利方面,《一般法令》规定:"每个农民可以遵照自由农村居民有关法规,获得不动产和动产为私产,可以转卖、抵押和把它们作一般处理。"这个规定结束了农奴制下农民没有财产权利的处境,农民对不动产(如宅园地、耕地、林地以及其他土地等)可以作为份地使用,份地的数额不等,黑土地带,最高者为 2.75—6 俄亩,最低为 2200 平方沙绳①至 2 俄亩,非黑土地带,最高数额为 3—7 俄亩,最低为 1—2.33 俄亩,其他草原地带根据各省农作物的性质决定。此外,农民还可以将份地进行赎买,使之成为私产,但这需要农民支付大大超过地价的赎金;对于动产(如家畜、农具等),农民对其具有完全所有权。

（二）改革后遗留的农奴制残余

俄国 1861 年废除农奴制改革是一场由统治阶级主导的自上而下的"农民改革",是俄国 19 世纪重大的历史事件,具有重要的历史意义。农奴制的废除为俄国资本主义的发展扫清了道路,为俄国农业、工业、商业等领域的发展奠定了坚实的基础,俄国从此步入资本主义发展阶段。然而,由于主导这次改革的沙皇政府并未真正想要解放俄国农民,其改革的初始目的只是为了规避当时来自国内和国外的种种危机,因此这次沙皇政府被迫废除农奴制的改革具有不彻底性,也导致了改革以后依然保留了封建农奴制的残余。具体来讲,主要体现在以下几个方面。

第一,1861 年改革尽管使俄国步入资本主义阶段,但并没有马上建立起资本主义制度,改革没有触动沙皇封建专制的统治地位,农民还不是真正意义上的"自由人"。尽管废除农奴制改革确实赋

---

① 俄制地积单位, 1 俄亩＝2400 平方沙绳。

予了俄国农民很多的自由,使 2250 万依附于封建农奴主的农民获得了解放,使农民在法律上能够自由的支配财产,使农民能够平等地参与国家的部分政治活动。但是,这场由俄国封建专制社会中的统治阶级主动发起的废除农奴制改革显然无论如何也不会触及其发动者自身的利益,因为改革者本身就是被动地开展了这次改革,自始至终都没有树立刮骨疗毒的决心和勇气。改革并没有改变封建专制政权的阶级实质,改革真正所维护的是封建贵族的利益。农民所获得的所谓"自由"是带有种种附带条件的"自由"。如前文所提到的,虽然都是脱离了农奴依附关系的农民,然而,与地主签订土地赎买契约的就是土地所有者农民,而没有与地主签订赎买契约的就是暂时义务农,这部分农民还要履行服劳役和缴纳代役租等临时义务。这说明"人身解放"后的农民并没有得到完全的公民权利,没有真正获得独立的人格和自由,即使获得的少得可怜的"自由"也是农民被迫出钱赎买的,正如列宁在 1901 年《工人政党和农民》一文中所说:"农民虽然为人身解放缴纳了赎金,但是他们仍然不是自由的人,他们还得当 20 年的暂时义务农,他们仍然是(而且至今还是)下贱的等级,他们遭受鞭笞,缴纳特别捐税,不能自由退出半农奴式的村社,不能自由支配自己的土地,也不能自由迁到国内其他地方去。"[1]

　　第二,1861 年改革没有改变贵族作为土地垄断者的现实,没有解决俄国农民土地问题。正是因为此次改革没有改变封建专制政权的阶级实质、没有触碰封建贵族的统治地位,因此国家政权依然掌握在贵族手中。在改革中,虽然贵族的部分土地通过买卖、租赁、

---

① 《列宁全集》第 4 卷,北京:人民出版社,1984 年,第 379 页。

赠予等形式转移到农民手中,但是由于沙皇政府对贵族土地利益的保护,导致贵族的土地垄断地位虽然有所削弱,但是其作为土地垄断者的现实却并没有改变。据统计,农奴制改革后贵族拥有的土地面积依然远远高于农民,达到 7150 万俄亩,约占 70%;农民拥有 3370 万俄亩,约占 30%。农民在对份地的长期赎买中,向国家缴纳了大量的赎金,所欠国家的贷款也以赎金的形式在 49 年期限内偿清。即使这样,农民按户使用的份地还是少之又少,绝大部分农民份地属于村社,在没有完全缴纳赎金和清偿贷款之前,份地是属于村社集体所有的,村社定期对农民份地进行重分,村社为了收缴农民的赎金和各项税费还普遍使用了连环保制度,以这样的一种形式减少农民的流动,将农民束缚在村社中。此外,按照沙皇政府颁布的有关法令,超出当地规定的最高标准份地的农民须将超出部分的土地无偿割让给地主,这样就使农民的个人私有土地更少了。地主割走的是地段良好、肥沃的土地,而将零星的、贫瘠的、不适宜耕种的土地和沙地分给农民,狡猾的地主还将农民的土地像楔子一样揳入自己土地之中,这样就能以践踏庄稼的名义对农民进行罚款而获得"可靠的收入"。可见,即使已经进行了农奴制的改革,农民被压迫的状况依然没有改变,列宁说:"这种特征无论就其渊源来说,或者就其对于地主经济的组织方式的影响来说,都是不折不扣的农奴制。"[1]

第三,1861 年改革后,工役制农奴经济依然存在,农民阶级出现分化。俄国农奴制大约于 17 世纪中叶开始确立,据 1678 年统计,67%的农户属于领主和贵族;13%以上的农户属于教会;宫廷农

---

[1]　《列宁全集》第 17 卷,北京:人民出版社,1988 年,第 55 页。

民和国有农民约占20%。① 根据1649年法典相关规定,这67%的领主农民老少三代都属于领主和贵族,从而在法律上确定了领主农民的农奴地位。在俄国农奴制时期,地主对农民所采用的经济制度主要为徭役经济,这种经济制度带有严重的剥削性质,它的存在与当时俄国的社会经济条件是有一定关系的。② 1861年改革后,随着俄国农奴制的废除,徭役经济制度也随之土崩瓦解,列宁在《俄国资本主义的发展》中所分析的徭役经济制度赖以存在的四个条件都已经被破坏,徭役经济制度的崩溃成为必然,但这并不意味着徭役经济被完全消灭。在资本主义经济没有建立起来、徭役经济没有完全消灭的情况下,工役制度作为过渡的经济制度之一扮演了重要的角色。列宁认为工役制度"乃是徭役经济的直接残余",除了在计件雇佣制下,工役制经济是货币而非实物外,徭役经济的经济特点几乎完全可以为工役制经济适用。由于农民的份地十分有限,有时还遭到地主"割地",改革后的农民为了偿付赎金和贷款不得不接受地主苛刻的耕种条件和工役制的剥削。与资本主义剥削不同的是,工役制剥削的基础是土地。列宁曾经指出:"工役制的实质就是农民用自己的农具和牲口耕种地主的土地,从而得到一部分货币报酬和一部分实物报酬(如土地、割地、牧场、冬季贷款等)……工役制的必然伴侣是盘剥制,而不是自由雇佣。"③1861年改革后,随着各项法令的落实,不但贵族与农民之间的阶级关系发生分化,而且农

① [俄]诺索夫:《苏联简史》第1卷,北京:生活·读书·新知三联书店,1977年,第185页。

② 列宁在其著作《俄国资本主义的发展》中深入阐释了徭役经济的基本特点,并且分析了其存在的四个必要前提条件,参见《列宁全集》第3卷,北京:人民出版社,1984年,第160—162页。

③ 《列宁全集》第17卷,北京:人民出版社,1988年,第60—61页。

民与农民之间所出现的差距也更为明显。由于土地分配的不均衡导致处于上层集团的农民比处于下层集团的农民所占有的土地要多，前者发展为小资产阶级的农业经营者，最终成为农民中主要的商品生产者；而另一端的下层集团的农民，由于赎买份地的能力有限，只能沦为贵族的临时义务工，连生产生活资料都十分困难，仅依靠赚取工资维持生活，最终因为破产而成为无产者。美国学者罗切斯特(Anna Rochester)总结了俄国在1905年前农民存在的四个不同性质的阶层，分别是：1.最上层的是地主，他们进行大规模的商业性的农业经营，使用雇役农的劳动，逐渐的转化为使用工资劳动者的现代的机械化的生产；2.富裕农民(包括Kulak)①，他们只占农民的五分之一，可是他们所占有的谷物与牲畜占全部农民的谷物和牲畜的半数；3.中农，他们使用自己的农具与牲畜耕耘自己的分有地，并为地主担任"雇役农"的劳动，他们所得的报酬是使用地主的牧场和水源地的特权，他们主要是依靠分有地的生产来生活，略有剩余供应市场；4.贫农，他们主要是依靠出卖劳动力来生活。②

二、俄国资本主义时期农民落后的土地状况

1861年改革后，俄国走上了资本主义道路、进入资本主义时期。俄国农民的土地状况也发生了深刻的变化，一方面，随着"2月19日法令"的颁布施行，农民占有私有土地的数量明显增多，农民的经济实力显著增强，贵族对土地的垄断逐渐被削弱。据统计，1887—1905年农民的私有土地在总量上有所增加。1887年，私有

① Kulak在俄文中原意是指"拳头"，引申指农民中那些依靠榨取同阶层其他贫农利益的"有钱农民"，也叫富农。
② [美]Anna Rochester：《列宁论土地问题》，林伦彦译，上海：中华书局，1950年，第15—16页。

土地是 9338.12 万俄亩,①占欧俄土地面积的 23.8%。1905 年,私有土地增至 1.017 亿俄亩,增加了 830 多万俄亩。其中,南方草原区增加了 300 万俄亩,东南部地区和白俄罗斯地区各增加了 150 万俄亩,其他地区有增无减,总体上增大于减。② 农民私有土地比改革前的明显增加,一定程度上体现了改革所取得的显著成效。在改革前,贵族占有绝大部分的私有土地,贵族不但对土地私有,而且对农奴个体本身也具有产权。"2 月 19 日法令"明确了农民对土地的私有产权,使原来属于贵族的私有土地转化成了农民私有,这证明改革后私有土地出现了等级流动。然而,这种私有土地等级的流动在改革后呈现出非均衡性,尽管部分土地从贵族私人手里流入农民手中,使农民占有私有土地的数量大大增加,但是在个体农民之间却存在着严重的差异性。截至 1905 年 1 月,欧俄 47 省个体农民土地所有者中,占有土地不足 10 俄亩的农民是 31.37 万人,这部分农民占有土地 125.60 万俄亩;占有土地多于 10 俄亩而不足 50 俄亩的农民是 13.26 万人,这部分农民占有土地 299.75 万俄亩;占有土地多于 50 俄亩而不足 100 俄亩的农民是 2.27 万人,这部分农民占有土地 161.76 万俄亩;占有土地多于 100 俄亩而不足 500 俄亩的农民是 1.84 万人,这部分农民占有土地 371.18 万俄亩;占有土地超过 500 俄亩的农民为 2981 人,这部分农民占有的土地达到 362.56 万俄亩。③ 这说明有 31.37 万农民在农奴制改革后平均每人占有土地约为 4 俄亩,有 13.26 万人平均每人占有土地约为 22.6 俄亩,有 2.27

---

① 俄制地积单位,1 俄亩≈1.09 公顷。

② [俄]H.A.普罗斯库良科娃:《19 世纪末 20 世纪初欧俄贵族地产的分布和结构》,《苏联历史》,1973 年,第 59 页。

③ [俄]A.M.安菲莫夫:《1881—1904 年欧俄农民经济》,莫斯科:莫斯科大学出版社,1980 年,第 65 页。

万人平均每人占有土地约为 71.26 俄亩,有 1.84 万人平均每人占有土地约为 201.73 俄亩,有 2981 人平均每人占有土地约为 1216.24 俄亩。由此可以看出,平均占有土地最少的农民人数最多,平均占有土地最多的农民人数最少,呈一个金字塔型分布,证明个体农民土地所有者对土地的占有极不均衡。1861 年改革后大大削弱了贵族对土地的垄断,1877 年贵族个人私有土地 7316.37 万俄亩,占全部个人私有土地的 79.8%;到 1905 年,贵族个人私有土地 5316.9 万俄亩,占 61.9%。1905 年贵族个人私有土地比 1877 年减少 1999.47 万俄亩,所占整个个人私有土地中的份额也大大减少,贵族个人私有土地减少的部分究竟流向何处? 这从相同时期农民个人私有土地的数量变化上就能很轻松地找到答案:1877 年农民个人私有土地共 500.58 万俄亩,占全部个人私有土地的 5.5%;1905 年,农民个人私有土地共 1321.4 万俄亩,占 15.3%,1905 年农民个人私有土地比 1877 年增加 820.82 万俄亩,所占整个个人私有土地中的份额也大大增加。① 这说明通过 1861 年改革,贵族的部分个人私有土地流向农民,个体农民通过获取贵族的部分土地从而使其个人私有土地的面积大大增加。尽管如此,农民并没有因此而成为土地的主要所有者,"2 月 19 日法令"只是削弱了贵族对土地的垄断,并没有改变贵族依然是绝大部分土地拥有者的现实。

　　另一方面,农民份地十分有限,赎买份地的空间不大,付出的赎金却惊人。超出法定的份地被贵族割除,农民面临"割地"的困扰。份地是封建社会中封建主剥削农民的重要载体,是封建主与农民之

---

　　① 参见[俄]Д.А.塔拉休克《改革后俄国土地所有制: 1877—1878 年调查的史料学研究》,莫斯科: 科学出版社, 1981 年, 第 74 页; [俄]H.A.普罗库良科娃《19 世纪末 20 世纪初欧俄贵族地产的分布和结构》,《苏联历史》, 1973 年, 第 61 页。

间剥削关系的重要表现形式,也是农民赖以生存的主要物质基础和重要经济来源。1861 年的农奴制改革中,俄国统治阶级对份地也进行了很大的调整,整体来看,1861 年改革后俄国农民份地在总量上有所增加,1877 年三类农民(原地主农民、原国有农民、原领地农民)共有份地 9521.92 万俄亩,1905 年达到 1.088 亿俄亩,增加了1358.08 万俄亩。但是,在人口迅速增长和农户分家等多种因素的影响下,各类农民户有份地均有所减少,人均份地总体不多。19 世纪欧俄农业人口总量从 60 年代初期的 5500 万增长到 20 世纪初期的 8000 多万,人均份地数量从 3.5 俄亩减至 2.6 俄亩。[①] 同时,在改革后农民人均份地还表现出地区的差异性。1877—1878 年,中部工业区原地主农民人均份地是 3.81 俄亩,原国有农民和原领地农民人均份地分别是 4.75 俄亩和 4.15 俄亩。西北部地区三类农民人均份地依次分别是 5.17 俄亩、6.49 俄亩和 5.15 俄亩,伏尔加河中游地区相应分别是 2.90 俄亩、5.69 俄亩和 4.36 俄亩,外乌拉尔地区相应分别是 3.81 俄亩、7.45 俄亩和 4.62 俄亩,草原区相应分别是 3.89 俄亩、11.75 俄亩和 6.84 俄亩,北部地区相应分别是 5.40 俄亩、6.37 俄亩和 5.51 俄亩,中部黑土区相应分别是 2.57 俄亩、4.81 俄亩和 3.88俄亩。[②] 从以上数据可以看出,中部黑土地区的三类农民人均份地最少,其中又以中部黑土地区原地主农民的人均份地最少,仅为2.57俄亩,这与黑土地区地主对农民的剥削形式不无关系。在中部黑土地区,代役制农民比混合义务制农民和劳役制农民被割地的百分比要高出许多。1861 年改革后,村社使用份地与改革前一样定

① [俄]B.Г.丘卡夫金:《大俄罗斯农民和斯托雷平土地改革》,莫斯科:历史思想文献出版社,2001 年,第 33—34 页。
② [俄]H.M.德鲁日宁:《1861—1880 年转折时期的俄国农村》,莫斯科:科学出版社,1978 年,第 116—117 页。

期进行土地重分,而按户使用份地不再进行村社土地重分,农民拥有土地所有权,并且可以继承使用,但是前提是要达成村社协议以及征得地主的同意或者农民同意履行原来义务时保留连环保,可见条件是十分苛刻的。在《关于脱离农奴依附关系的农民赎买其宅园地、及政府协助这些农民把耕地购为私有的法令》中,沙皇政府对农民赎买土地进行了相关规定,允许劳役制农民不需要先转为代役制农民这个环节而直接转向赎买。《法令》还对赎金进行了规定:"农民通过与地主签订的土地赎买契约获得土地所有权,每年必须向国库缴纳政府规定的赎买贷款每卢布交 6 戈比,直到清偿赎买贷款为止。"俄国学者利特瓦克通过对 1861 年改革后农民赎买土地所付赎金的考察认为:"国家在地主那里以 38 卢布 50 戈比在区域内的平均价格赎买每俄亩土地,那么,以 63 卢布的价格出售给农民,国家从每俄亩得到'纯利润'24 卢布 50 戈比。换言之,国家为发放的每一卢布得到贷款利息 63 戈比。"①截至 1903 年,欧俄原地主农民共缴纳赎金 6.491 亿卢布,原领地农民缴纳赎金 4611.32 万卢布,原国有农民缴纳赎金 9.509 亿卢布,三类农民累计缴纳赎金共计达 16.461亿卢布。② 由此可见,农民赎买份地的金额要远远高于国家付给地主的金额,中部黑土区的沃罗涅日、库尔斯克、奥尔洛夫、梁赞、唐波夫、图拉等省份的农民在赎买份地的过程中所付出的赎买货币都比其赎买贷款要高得多,其原因就是农民支付了高额的贷款利息。尽管改革后的俄国农民都脱离了农奴依附关系,但已经获得了赎买土地的农民才是真正的农民所有者,而那些没有和地主签订

---

① 转引自李桂英《亚历山大二世 1861 年农民改革研究》(博士论文),吉林大学,2008 年,第 155 页。
② [俄]A.M.安菲莫夫:《1881—1904 年欧俄农民经济状况和阶级斗争》,莫斯科:莫斯科大学出版社,1980 年,第 71 页。

赎买协议、依然履行土地义务的农民却并不是真正的"农民所有者",而是"暂时义务农",这是沙皇政府1881年颁布的法令所明文规定的。要求解放后的农奴自1883年1月1日起必须进行赎买份地,只有通过赎买农民才不再是"义务农",而是"农民所有者"。这也是为什么在付出如此巨大的赎金代价的情况下,俄国农民对赎买土地依然热情高涨的主要原因,根据相关改革法令,农民只有通过赎买土地才能使自己的身份发生改变。

如前所述,1861年改革后贵族的部分土地流入农民私人手中,农民的私有土地从总量上有所增加,但是农民个体的私有土地却并没有增加,反而减少了。从地区分布来看,农民人均份地也表现出非均衡性,中部工业区、西北部地区、伏尔加河中游地区、外乌拉尔地区、草原区、北部地区、中部黑土区等三类农民的人均份地各不相同,尤以中部黑土地区三类农民人均份地最少。《关于大俄罗、新俄罗斯和白俄罗斯省地主领地上农民土地配置的地方法令》第18条规定:"如果现有农民份地超过村社最高人均份地标准,那么地主有权将多出部分划归自己直接支配。"这就是后来为人们所熟知的"割地"。根据A.E.洛西茨基对割地的考察,1861年改革前,非黑土地区15省的农民用地是1455万俄亩,改革后被割地143.7万俄亩,占9.9%;黑土地区21省的农民用地是1461.9万俄亩,改革后被割地382.5万俄亩,占26.2%;非黑土地区和黑土地区36省在改革前农民用地共计2916.9万俄亩,改革后被割地526.2万俄亩,占18%。[①] 由此可见,改革后农民份地平均减少了近1/5,而且减少的是最肥沃的土地。越是农业高产区,割地比重越大,黑土地带的割

---

① [俄]A.E.洛西茨基:《农奴制瓦解时的经济关系》,载于《教育》杂志,1906年第11期,第212页。

地占到改革前份地的 1/4 以上。某些省份更是高得惊人，萨马拉省割地占 44%，萨拉托夫省 41%，波尔塔瓦省与叶卡特琳诺斯拉夫省 40%，喀山省 32%，哈尔科夫省与辛比尔斯克省占 31%。① 地主将农民超出村社最高人均份地的土地割走据为己有，使得农民之间的份地差距更大，有的地区农民人均份地差值更是高达 14 俄亩！

三、俄国农民的反抗与斯托雷平土地改革

（一）农奴制残余与 1905 年革命爆发

俄国虽然通过 1861 年改革废除了农奴制，使 2250 万地主农民获得了解放，但是地主土地占有制仍然保存了下来，贵族地主依然是俄国最大的土地垄断者。改革并没有改变农民缺地、少地的境况，地主反而通过向农民割地、征收代役租等形式加重了对农民的盘剥。农民不但使用的土地因割地大大减少，而且还要为剩下的份地付出远远高于当时市场价格的赎金。在赎金偿清之前还必须一直充当暂时义务农，许多农民这种暂时义务农的身份一直保持到了 1905 年革命，有的甚至保持到 1917 年的十月革命；农民不但要向地主缴纳代役租，而且还要服劳役。这场打着"废除农奴制""解放农奴"旗号的改革因其所具有的虚伪性引起了广大农民的反感乃至反抗。1861 年以后的一个时期，"农民起义"按中国历史上的标准衡量则是农民骚动，出现了空前的高潮。仅当年 4—7 月间，据内务部不完全统计，实行改革的 43 个省中就有 42 个发生了农民骚动，共达 647 起。其中，喀山省别兹德纳村农民骚动被镇压时死亡达 350

---

① 金雁：《农村公社、改革与革命：村社传统与俄国现代化之路》，北京：中央编译出版社，1996 年，第 148 页。

人,惨案轰动全国,出现了各阶层人民的抗议浪潮。[①] 俄国封建专制的集权统治和传统贵族的残酷压迫是 1861 年废除农奴制改革后的重要残余,农村越来越严峻的形势使沙皇政府成为农民运动的众矢之的,加之亚历山大二世遇刺殒命、民族冲突、日俄战争等多种因素的共同作用,终于导致了民众罢工浪潮的高涨。1905 年 1 月 9 日因民众和平罢工请愿被沙皇政府残酷镇压的"流血星期日"揭开了这场革命的序幕。在 1905 年革命中,俄国的无产阶级作为独立的政治力量登上了历史舞台,布尔什维克在革命中也发挥了重要的作用,俄国其他的政治力量(如自由派、民粹派和孟什维克等)也纷纷宣称在革命中的重要作用,但是真正在革命中扮演着重要角色的要数俄国农民了,正如当时的财政大臣维特在后来的回忆录中所指出的,1905 年俄国革命最严重之处,当然不在于工厂、铁路这些企业的罢工,而在于农民提出了这样一个口号:给我们土地,土地应当属于我们,因为我们是土地的耕种者。他们开始用暴力来实现这个口号。到 1905 年秋,农民运动席卷了全国三分之一以上的县,许多地区继而发生了武装起义,最著名的是"十二月武装起义",但是起义最终被沙皇政府镇压,革命逐渐走入低潮。1905—1907 年的革命暴露出沙皇政府在 1861 年改革中没有完全解决农民土地问题所带来的严重后果,为了平息农民武装起义和解决土地问题,1906 年起开始实施斯托雷平土地改革。

（二）斯托雷平土地改革的主要内容及影响

1906 年注定是俄国历史上重要的一年。由于在权力争斗中失败,维特于 1906 年 4 月 22 日辞去了大臣会议主席的职务,不得不

---

① 金雁:《农村公社、改革与革命:村社传统与俄国现代化之路》,北京:中央编译出版社,1996 年,第 151 页。

中断了其长达十余年的土地改革的计划。1906 年 4 月 26 日,斯托雷平被任命为内务大臣,7 月 8 日他被擢升为大臣会议主席。1906年 4 月 27 日,第一届国家杜马开幕,并采用了占多数席位的立宪民主党提出的强制征用部分私有土地的方案;6 月 19 日,政府发布关于解决土地问题的公告,否认杜马关于解决土地问题的方案,7 月 9日,政府宣布解散第一届国家杜马。1906 年 11 月 9 日,在斯托雷平为首的多数大臣的努力下,俄国政府以非常立法的形式颁布了古尔科委员会制定的法案《关于农民土地占有和土地使用现行法令的几项补充决定》,通称为 1906 年 11 月 9 日法令。

　　1906 年 11 月 9 日法令是斯托雷平主导下制定的俄国土地改革中最重要的法令之一,后经国家杜马和国务会议批准于 1910 年 6月 14 日得到沙皇尼古拉二世的签署,成为 1910 年 6 月 14 日法令。1906 年 11 月 9 日法令和 1906 年 11 月 15 日颁布实施的《关于农民土地银行以份地作抵押发放贷款的法令》成为斯托雷平土地改革重要的制度文本。根据这两个法令,农民可以连同份地一起退出村社,退出村社的农户仍保有使用村社的草场、森林及其他公共土地的权利,将村社土地划归农民个人私有,并且允许农民自由出卖土地,保障个人私有土地不受侵犯;对土地进行规划,建立独立田庄和独立农庄,国家专门拨款一亿多卢布为农民建立独立农庄提供贷款;为了解决缺地和社会稳定等问题,沙皇政府于 1904 年 6 月 6 日颁布了《关于向俄国亚洲地区国有土地上迁移农民的法律》和《关于执行 1904 年 6 月 6 日法律的相应章程》,把俄国中心区域、人口稠密地区的农民迁往远东边疆地区,包括西伯利亚和中亚西亚等地。由此,破坏村社、建立单独田庄和移民就构成 1906—1916 年斯托雷平土地改革的主要内容。

　　客观的来看,斯托雷平土地改革对当时处于转型时期的俄国来说曾经发挥着一定的正向效应。它促进了俄国资本主义的发展,一定程度上解决了部分 1861 年改革遗留的农奴制残余,使农村村社和农民份地受到严重的冲击,赋予了农民自由支配土地的权利。在斯托雷平土地改革时期,俄国的农业、工业乃至于整个国民经济都曾经出现过繁荣的景象。但是,这次土地改革试图引领俄国农业资本主义沿着普鲁士道路前行,其结果是分化了村社较为统一的集体利益,最大限度地扶植了富农经济,从而再造了 1861 年改革前封建专制的社会基础。从这个角度来看,改革是一种倒退。此外,改革使农民发生了严重的分化,改革期间所颁布的一些法令也具有严重的欺骗性,其目的是为了削弱农民革命的根源,从而维护沙皇的专制统治。无怪乎列宁曾经一针见血地指出:"所有这些法令都将厚颜无耻地欺骗人民,都将粗暴地侵犯人民的权利和利益,嘲弄人民的要求,污蔑人民在争取自由的斗争中所作的牺牲。所有这些法令都将维护地主和资本家的利益。这些法令中的每一项都将是暴力者和寄生虫准备用来奴役工人、农民和城市贫民的锁链中新的一环。"①

四、马克思主义的传播和俄国新型无产阶级政党的建立

　　19 世纪 70—80 年代,已经进入资本主义阶段的俄国依然是一个落后的小资产阶级国家,资本家对无产阶级的残酷剥削暴露出资产阶级的贪婪和反动。俄国工人阶级处境十分悲惨,他们已经在与资本家的斗争中逐渐觉醒,并且通过罢工、捣毁工厂机器等行为表

---

① 《列宁全集》第 16 卷,北京:人民出版社,1988 年,第 174 页。

达对资本家的不满,先进的工人更是认识到只有把工人阶级组织起来才能形成强大的合力与资产阶级进行斗争。从最初成立工人协会到建立独立的马克思主义政党,俄国无产阶级经历了艰苦卓绝的努力。俄国新型无产阶级政党的建立是列宁土地理论形成的重要组织保障,正是由于马克思主义在俄国的传播才使年轻的列宁接受并终身坚持马克思主义,也正是俄国独立的布尔什维克党的诞生才使列宁领导该党最终取得社会主义革命的胜利,建立起世界上第一个社会主义国家。故此,马克思主义的传播和俄国新型无产阶级政党的建立是列宁土地理论形成的重要历史背景。

（一）普列汉诺夫与"劳动解放社"

1.民粹主义的兴起

"民粹主义"的英译为 populism,俄译为 Народничество,我国主要采用的是俄译,翻译成中文意思是"为人民利益奋斗的人"。19世纪上半叶,随着俄国封建农奴制对农民的残酷压迫不断升级导致了农民运动频发,农奴制度岌岌可危。此时,以赫尔岑、车尔尼雪夫斯基等为代表的平民知识分子在俄国社会反抗农奴制的革命民主主义日益高涨的情势下提出了"农民连同土地一起解放"的主张,由此,兴起了一股"通过独有的村社传统制度使俄国走上一条既不同于资本主义又不同于西方发展模式的农民社会主义理论"思潮,这种将村社直接过渡到社会主义的思想在当时十分流行。

早在19世纪20—30年代,赫尔岑就受到当时的三大空想社会主义和恰达耶夫等思想的影响,并于19世纪40年代末形成了自己的村社思想。正是由于赫尔岑、车尔尼雪夫斯基在构建村社思想中所起的开创性作用,以至于后来的民粹主义者将他们的村社思想作为民粹主义的理论基础,这种村社思想实质上就是农民社会主义理论。迫于农民运动的压力,特别是俄国在克里米亚战争中的失败,沙皇政府为了平息人民愤怒的情绪和维持摇摇欲坠的农奴制度不得不于1861年开始推行自上而下的改革。然而,改革并没有真正解放农民,维护的依然是统治阶级的利益,阶级分化更加严重。面对更加悲惨的遭遇,俄国农民怀着失望的心情开始新一轮的反对沙皇统治和争取土地与自由的斗争。

　　1874年春,奉行民粹主义的知识分子提出了"到民间去"的口号,并且深入农村广泛发动农民开展反对沙皇统治的暴动,尽管"到民间去"的运动最后失败了,但是其在俄国社会所产生的深刻影响是不容置疑的。1876年,民粹派组织"土地与自由社"在彼得堡成立,该组织主张赋予村社完全的自主权,并且将土地平分给农民。由于在策略选择上产生了严重的分歧,"土地与自由社"在1879年分裂为"民意党"和"土地平分派"。前者主张以个人恐怖活动破坏沙皇的统治,逐渐奉行冒险主义思想;后者继续坚持"土地与自由社"原来的纲领开展革命活动,普列汉诺夫成为该组织的领导人,并任机关报《土地与自由》的编辑。1881年3月1日,民意党人通过精心策划将沙皇亚历山大二世炸死,然而,这不但没有改变俄国沙皇专制统治,反而招致了沙皇政府更加残酷的镇压,民粹派被逼走上了绝路。

　　2."劳动解放社"的成立

　　1880年初,普列汉诺夫为了躲避沙皇政府的迫害不得不第二次逃亡国外,开始了他长达37年的流亡之路。19世纪80年代末,普列汉诺夫等民粹派革命者流亡的西欧正处于国际共产主义运动蓬勃发展的时期。在马克思主义创始人的亲自关心、教育下,德、法、英、美等已经走上资本主义道路的国家涌现出了一批革命活动家和宣传鼓动家。这些资本主义国家的马克思主义者将马克思主义与本国工人运动结合起来,纷纷成立了各自的社会主义政党。在马克思主义思想的影响下,许多流亡者逐渐放弃民粹主义的信仰转而把马克思主义作为革命的行动指南。1883 年 9 月 25 日,普列汉诺夫、查苏利奇、阿克雪里罗得、伊格纳托夫和捷依奇五位流亡者在瑞士日内瓦成立了俄国第一个马克思主义团体——"劳动解放社"。之所以把这个团体称为"劳动解放社"也是为了表明这个组织的指导思想是马克思主义,因为马克思在 1864 年 10 月起草的《国际工人协会共同章程》中曾经有过这样的表述:"劳动的解放既不是一个地方的问题,也不是一个国家的问题,而是涉及存在现代社会的一切国家的社会问题,它的解决有赖于最先进各国在实践上和理论上的合作。"[①]正是在马克思主义的指引下,"劳动解放社"从成立的第一天起就把马克思主义作为其指导思想,并且通过发布通告的形式公开宣称与民粹主义观点彻底决裂,初步形成了马克思主义世界观。

在"劳动解放社"成立后所发布的《关于出版〈现代社会主义丛书〉的通告》中,普列汉诺夫等人宣称他们已经改变原来的纲领,要把俄国工人阶级组织成一个具有明确社会主义政纲的单独政党,并且彻底摒弃民粹主义(旧的无政府主义)的倾向。《通告》十分明确地提出了"劳动解放社"的两项任务,即:1.翻译和传播马克思恩格斯著作和他们的科学社会主义思想;2.批判革命中占统治地位民粹主义学说,并从科学社会主义和俄国劳动人民的利益出发,阐明俄

---

① 《马克思恩格斯全集》第 21 卷,北京:人民出版社,2003 年,第 16 页。

国生活中最重要的问题。①

3."劳动解放社"从事的革命工作

"劳动解放社"自成立以来就按照《关于出版〈现代社会主义丛书〉的通告》中所确立的两项主要任务广泛开展革命工作,他们从思想上严重打击了民粹主义,在革命实践中发展和巩固了马克思主义,使马克思主义成为俄国工人运动重要的理论基础。在"劳动解放社"开展革命活动的二十年中,为马克思主义在俄国的传播、为俄国工人政党的建立、为俄国民主革命的顺利进行做出了卓有成效的贡献。他们所做的具体革命工作非常多,概括起来主要有以下几个方面。

第一,推动马克思主义在俄国的传播。在"劳动解放社"成立伊始所公开发布的《通告》中,明确提出"把马克思和恩格斯学派最重要的著作以及适合不同修养程度的读者的著作译成俄文,用这种办法传播科学社会主义思想",并以此作为该社革命工作的任务之一。当时,该社普列汉诺夫、查苏利奇和捷依奇等创始人亲自翻译了马克思恩格斯的许多著作,包括《共产党宣言》《雇佣劳动和资本》《哲学的贫困》《费尔巴哈论》《科学社会主义的发展》《关于贸易自由的演说》《恩格斯论俄国》(《论俄国社会问题》)等,并且将翻译的这些著作以《现代社会主义丛书》的名义出版,通过秘密的方式在俄国传播。马克思和恩格斯还专门为自己的某些著作的俄文版写了序言,这给"劳动解放社"所翻译的马恩著作赋予了更多的权威,有利于马克思主义在俄国无产阶级中的传播。

除了翻译马恩经典著作以外,普列汉诺夫还写了许多著作和文

---

① 参见高放、高敬增《俄国劳动解放社的历史功绩——纪念劳动解放社成立一百周年》,《河南师大学报(社会科学版)》,1983 年第 4 期,第 57—63 页。

章来宣传和捍卫马克思主义。1883 年秋出版的《社会主义和政治斗争》这本小册子就是普列汉诺夫阐述社会主义与政治斗争这二者之间重要关系的著作,提出了只有通过工人阶级的政治斗争,通过无产阶级夺取政权,才能达到社会主义的观点。这是俄国马克思主义者出版的第一部马克思主义著作,它为广大俄国革命者从接触到接受马克思主义提供了重要的途径。

第二,批判民粹主义理论的错误。民粹主义在 19 世纪 70—80 年代的俄国社会曾经产生过十分深刻的影响,一大批有"良心"的俄国知识分子纷纷投向其怀抱,他们试图通过独有村社传统和发动农民战争推翻俄国农奴制度。但事实上,民粹主义的许多理论是错误的,按照他们的理论根本无法达到改变俄国专制制度的目的,正因为如此,一些原来奉行民粹主义的革命者后来觉醒后转向了马克思主义,其中包括普列汉诺夫、查苏利奇、列宁等。

自从"劳动解放社"与民粹主义分道扬镳以后,以普列汉诺夫为代表的马克思主义者就对民粹主义理论的错误进行了无情的批判。1883 年出版的普列汉诺夫所著的《我们的意见分歧》一书从马克思主义的观点出发分析了俄国所发生的经济过程,体现出"劳动解放社"毫无保留地接受马克思主义经济理论和历史理论,在经济思想领域为论证民粹主义理论的错误奠定了马克思主义思想基础。在对当时俄国资本主义的认识上,普列汉诺夫批判了民粹主义认为"俄国资本主义是'偶然现象',是一种没落和倒退的现象"的观点,普列汉诺夫论述了俄国资本主义的进步性,并且阐释了革命者的任务就是要依靠资本主义发展所产生的俄国无产阶级组成革命力量与专制制度和资本主义进行斗争。民粹主义刚刚发端时,民粹派就把农村村社视为社会主义的基础,视为反对资本主义的堡垒,普列汉诺夫等人认为这是毫无根据的。事实上,1861年改革以后俄国农村村社已经有瓦解的倾向,土地赎买、割地等政策将贫农置于富农和高利贷者的压榨之下,村社实质上成了贫农的负担,此时的村社沦为沙皇政府榨取农民税收的一个工具。民粹主义还过分夸大农民的革命性,否定无产阶级的先进性,对此普列汉诺夫等人认为他们犯了严重的错误,真正能起革命作用的不是农民,而是工人,因此要发挥工人的主动性,积极发动工人组织起来反抗沙皇统治。此外,普列汉诺夫还批判了民粹主义错误的社会观,通过对民粹主义社会观的批判丰富了马克思主义的唯物主义和唯物主义的世界观,这种思想集中体现在其在1895年出版的著作《论一元史观的发展问题》一书中,该书对当时的俄国革命者影响相当深远。直到1910年,列宁在《论"前进派分子"的派别组织》中回应"前进派分子"伊万对普列汉诺夫的这本著作的中伤时还评价这本书是"培养了整整一代俄国马克思主义者的著作"。[①]

第三,为俄国建立工人政党扫清了道路。"劳动解放社"成立后,普列汉诺夫就亲自动手起草了组织纲领《社会民主主义劳动解放社纲领》,并于1884年在日内瓦以单行本发行,该纲领在广泛征求马克思主义小组的意见以后经过修改于1887年修订为《俄国社会民主主义者纲领第二草案》。"劳动解放社"的纲领为推动俄国工人运动起到了重要的作用,它具体规定了在反对沙皇专制制度中应提出和实现的基本要求,确定了俄国马克思主义者的斗争道路和任务,把工人阶级作为争取社会主义的独立战士,把实现"共产主义革命"作为社会民主党人最终目标。在制定了无产阶级党的纲领以

---

① 《列宁全集》第19卷,北京:人民出版社,1989年,第308页。

后,"劳动解放社"的成员还亲自参加了俄国无产阶级政党的创建工作。成立于 1894 年的"俄国社会民主党人国外联合会"就是在"劳动解放社"的倡议下成立的,该组织后来在 1898 年召开的俄国社会民主工党成立代表大会上被承认为党的驻国外机构。1900 年 12 月 24 日,"劳动解放社"成员普列汉诺夫、查苏利奇、阿克雪里罗得和列宁等流亡国外的革命者在德国莱比锡创办了第一个俄国马克思主义者的秘密报纸《火星报》,报纸名字取自"星火燎原"之意。随后还出版了政治刊物《曙光》杂志。普列汉诺夫和列宁在《火星报》和《曙光》杂志上发表了多篇宣传革命的文章,为俄国无产阶级政党的建立在思想上、理论上和组织上打下了坚实的基础。

　　第四,批判第二国际的无政府主义。1889 年 7 月 14 日在法国巴黎召开的"国际社会主义者代表大会"标志着第二国际的成立,"劳动解放社"的创始人普列汉诺夫和阿克雪里罗得作为该组织的代表应邀参加了此次代表大会,普列汉诺夫在会议上发了言。他批判了沙皇的专制制度,指出俄国工人运动的现状和光辉的前景,后来恩格斯从会议记录上看了普列汉诺夫的发言后非常高兴。"劳动解放社"与第二国际取得了联系,并逐渐成为俄国工人运动与其他国际工人政党交流的桥梁和纽带。1891 年 8 月在比利时布鲁塞尔召开的第二国际第二次代表大会上没有俄国的代表,但是"劳动解放社"的成员还是向大会提交了书面报告;普列汉诺夫作为俄国唯一的正式代表参加了 1893 年在瑞士苏黎世召开的第二国际第三次代表大会;此后还参加了 1896 年在英国伦敦召开的第二国际第四次代表大会。在前四次第二国际代表大会上(或报告中),普列汉诺夫严正批判了无产阶级队伍中出现的无政府主义思潮,还在德国党的要求下用德文写了一本批判无政府主义的小册子《无政府主义和社会主义》,并于 1894 年出版。在这本小册子中,普列汉诺夫通过考察无政府主义产生和发展的过程,指出无政府主义已经成为国际共产主义运动的桎梏,他从根本上批判了无政府主义的思想基础。

此外,普列汉诺夫还对当时的伯恩斯坦修正主义进行了严厉的批判,他认为以伯恩斯坦为代表的修正主义者提出的所谓"阶级矛盾缓和论"和"资产阶级社会的阶级对抗消失论"纯属无稽之谈,在资产阶级专政下只有无产阶级通过建立无产阶级专政才能真正结束阶级对抗,无产阶级不应当拒绝使用暴力,这些观点体现在他发表的《论所谓马克思主义的危机》《伯恩斯坦与唯物主义》等著作中。此外,"劳动解放社"还同"合法马克思主义""经济主义"等各种机会主义进行了坚决的斗争。

（二）俄国社会民主工党的成立

"劳动解放社"的成立为马克思主义在俄国的传播提供了重要的途径、为建立俄国无产阶级政党提供了理论支撑、为造就俄国第一批马克思主义者立下了汗马功劳。然而,"劳动解放社"毕竟还不是真正意义上的无产阶级政党,它只是一个马克思主义的"团体",而且"劳动解放社"的创始人还曾一度认为无产阶级应当依靠资产阶级,他们惧怕社会主义的"红色幽灵",这促使他们后来最终倒入了机会主义的营垒。列宁在 1914 年 5 月 4 日发表的《工人运动中的思想斗争》这篇文章中评价了"劳动解放社",认为它"只是在理论上为社会民主党奠定了基础,并且迎着工人运动跨出了第一步"[①]。真正的俄国无产阶级的政党——社会民主工党成立于 1898

---

① 《列宁全集》第 25 卷,北京:人民出版社,1988 年,第 140 页。

年,作为俄国第一批马克思主义者中的杰出代表,列宁与他的战友们为党的成立做了大量卓有成效的工作。

1.建党前的思想准备

1893 年秋天,列宁离开萨马拉来到彼得堡,此时的列宁已经完全摈弃民粹主义成为俄国第一批马克思主义者。在参加彼得堡的马克思主义小组的革命活动中,列宁彰显了他深厚的马克思主义理论功底和政治活动能力,并成为彼得堡公认的马克思主义者的领导者。当时,民粹主义依然是建立无产阶级政党的主要思想障碍,因此,在思想上彻底粉碎民粹主义力图阻碍马克思主义在革命者中的影响以及阻碍无产阶级政党的建立成为俄国马克思主义者的重要任务,列宁作为俄国马克思主义者中的杰出代表积极投入到了批判民粹主义的第一线。1894 年春夏,列宁撰写了《什么是"人民之友"以及他们如何攻击社会民主党人?》一文,并于当年夏天秘密出版。《人民之友》是一篇在思想上批判民粹主义的马克思主义著作,列宁从马克思主义基本原理出发,通过社会生活的唯物主义观点反对民粹派的唯心主义历史观。他指出了革命民粹派与自由主义民粹派的根本区别,即前者是在农村分化不严重的前提下活动的,基本反映当时农民群众的情绪;而后者是在农民收到资本主义发展影响已经发生分化的前提下活动的,因此所代表的是农村上层部分的利益,是虚伪的"人民之友"。在关于革命领导权和革命同盟者问题上,列宁批判了民粹派的错误观点,提出了无产阶级领导权的思想,并且指出工人阶级在反对沙皇专制制度的斗争中的同盟者是农民,由此,列宁成为俄国马克思主义者中提出关于无产阶级领导权思想和工农联盟思想的第一人。

此外,列宁还批判了当时革命马克思主义者的另一个敌人——

"合法马克思主义者"。这是一个打着马克思主义旗号,在合法的
(经沙皇政府许可的)报章杂志上宣传自己观点的资产阶级知识分
子群体。以司徒卢威为首的"合法马克思主义者"披着马克思主义
的外衣曾经批判过民粹派,但其目的却是为了维护国内资本主义的
发展,所代表的是资产阶级的思想体系,完全取消了马克思主义的
革命性。为了批判"合法马克思主义者"的错误思想,1895年列宁
发表了《民粹主义的经济内容及其在司徒卢威先生的书中受到的批
评》一文。在这篇著作中,列宁指出"合法马克思主义者"就是马克
思主义在资产阶级著作中的反映,是自由资产阶级的思想体系,"合
法马克思主义者"表面上自称为马克思的拥护者,实质上却阉割了
马克思主义的革命内容,甚至修正社会主义革命和无产阶级专政学
说这个马克思主义的基本原理,所以他们是"伪装的敌人"。

俄国的马克思主义就是在列宁等马克思主义者与民粹主义、
"合法马克思主义者"等"公开的敌人"和"伪装的敌人"的坚决斗争
中发展和巩固起来的,从思想上粉碎了错误思想对俄国马克思主义
者的侵蚀,明确了无产阶级的历史任务,为建立俄国无产阶级政党
做好了思想上的准备。

2.建党前的组织准备

19世纪90年代,资本主义在俄国较之农奴制解放之初有了很
大的发展,工业在整个国民经济中的比重不断增大,铁路、冶金、能
源等领域发展迅猛,由此也吸引了大量的外资投入,工业的繁荣使
得产业工人数量也在不断增加。此时的工人已经逐渐觉醒,他们面
对资本家的残酷剥削和政治上的毫无权力开始由自发斗争转变为
自觉斗争,并且开始建立独立的组织。1875年,先进的工人在敖德
萨成立了俄国第一个工人阶级独立组织——"南俄工人协会",它

为工人阶级在工人运动中传播政治斗争思想提供良好的组织保障。与此同时,彼得堡的先进工人也在积极筹建自己的组织,并于1878年成立了"俄国北方工人协会"。南北先后成立的工人协会证明了俄国工人运动不断走向成熟,但是,它们又没有完全摆脱民粹主义的影响,这集中体现在对待农村村社和农民的态度上还带有民粹主义的痕迹。觉醒的工人阶级由于接受马克思主义的熏陶逐渐提出了广泛的政治要求,工人阶级需要明确地把自己同其他阶级区分开来,要从一般民主主义运动中分离出来,在思想上和政治上实行自决,这就需要工人运动克服民粹主义的小资产阶级思想,以马克思主义观点、立场为行动的指南。

马克思主义创始人在19世纪中叶就实现了社会主义由空想变为科学,他们揭示了资本主义的发展规律,论证了工人阶级的世界历史性作用,指出了无产阶级作为资本主义"掘墓人"的必然性和作为最革命、最先进阶级的现实客观性,提出了资产阶级的灭亡和无产阶级的胜利是同样不可避免的科学论断。马克思主义创始人还指出,工人运动要想取得胜利就必须与社会主义结合起来,而工人阶级的政党就是工人运动与社会主义相结合的重要组织保证,它所代表的是整个无产阶级的共同利益,而不是个别工人集团的利益,这个独立的工人阶级政党就是共产党。

马克思主义创始人关于无产阶级政党思想无疑对列宁等俄国马克思主义者的影响是巨大的,1895年,在列宁的倡议下彼得堡各马克思主义小组组成了一个统一的社会民主主义的秘密组织——"工人阶级解放斗争协会"。"斗争协会"在彼得堡三个不同的区设立了基层的工人小组,"斗争协会"由以列宁为首的中心组领导,并编辑各种革命刊物。"斗争协会"的革命活动引起沙皇政府强烈关注和惶恐,于是对它进行了残酷的镇压,许多成员被逮捕入狱。哪怕在这样艰苦的斗争环境中,列宁等马克思主义者没有停止革命活动,并成功领导了 1896 年的首都纺织工人总罢工。"斗争协会"根据革命的需要培养了一大批党的工作者,为无产阶级政党的建设做好了人才储备。此外,在西部少数民族地区也相继成立无产阶级革命组织。如 1893 年成立了波兰社会民主党;1896 年成立了立陶宛社会民主党和立陶宛工人协会;1897 年成立了崩得(即俄罗斯和波兰犹太工人总联盟)等,这些组织的成立为俄国无产阶级政党的成立提供了有效的组织保证。

3.明斯克秘密代表大会与党的成立

1898 年 3 月 1—3 日,俄国社会民主工党第一次代表大会在明斯克秘密召开。大会一共有 9 名代表,他们分别来自彼得堡、莫斯科、基辅和叶加特林诺斯拉夫的"工人阶级解放斗争协会"以及崩得和基辅《工人报》小组。代表大会通过了关于成立俄国社会民主工党的决议并以大会的名义发表了《俄国社会民主工党宣言》,通过选举产生了 3 人组成的中央委员会。代表大会的决议对"俄国社会民主工党"的组成、中央委员会的产生和职责、中央委员会应遵守的原则、党的经费的来源、地方委员会的权利和党的正式机关报等内容进行了确定。同时,《俄国社会民主工党宣言》也明确指出:"俄国无产阶级将摆脱专制制度的桎梏,用更大的毅力去继续同资本主义和资产阶级作斗争,一直斗争到社会主义全胜为止。"①

在明斯克秘密召开的俄国社会民主工党第一次代表大会宣告了俄国社会民主工党的成立,这成为俄国无产阶级革命历史中一个

---

① 《苏联共产党代表大会、代表会议和中央全会决议汇编》中文版第 1 分册,北京:人民出版社,1964 年,第 6 页。

重大的事件,具有重要的政治意义。同时,会议的召开也在分布于俄国各地的社会民主主义者中起到了极大的革命宣传鼓动作用,这个鼓舞广大工人群众的消息激励了许多从事艰苦秘密工作的党的干部。在当时的革命条件下,尽管《俄国社会民主工党宣言》对党的一些基本思想提得还不够明确,但是它毕竟公开宣称了自己目标。俄国社会民主工党召开第一次代表大会时,列宁虽然由于被沙皇政府流放没有参加此次代表大会,但是他是同意大会发表的《俄国社会民主工党宣言》的。列宁后来在评价这次代表大会的功绩时曾说:"党在 1898 年诞生时就是'俄国的'党,即俄国各民族无产阶级的党。"①

（三）布尔什维克党的诞生

尽管 1898 年秘密召开的代表大会宣告了俄国社会民主工党的成立,但实际上由于党的各个基层组织没有订立统一的党纲、党章和策略,没有中央的统一领导以及没有在思想与组织上形成统一,因此,新成立的社会民主工党并没有建成为一个统一的集中的组织。而且社会民主工党成立后不久就遭到了沙皇政府的残酷打击,沙皇警察逮捕了刚刚当选的两名中央委员以及其他社会民主党人,党的机关报《工人报》也被迫停刊。沙皇政府对新生的社会民主工党的破坏加剧了党内思想的动摇,此时由于列宁等党内核心还在流放地,这更导致了一些机会主义思想的不断蔓延。在如此艰难的革命形势下,各地的党组织并没有停止秘密活动,成立一个战斗的、集中的马克思主义政党已经成为革命的迫切需要。

1.列宁的建党计划与《火星报》的创办

---

① 《列宁全集》第 23 卷,北京:人民出版社,1990 年,第 335 页。

20 世纪初,俄国资本主义已经进入到帝国主义阶段,世界经济危机的爆发、俄国国内垄断组织的迅速发展以及人民群众的处境越来越艰难等多种因素相互交集、发酵,俄国爆发革命的形势一触即发。而此时的俄国社会民主党在思想上非常混乱,在组织上十分涣散,正处于一个动摇的时期,要想建立一个集中的、统一的无产阶级政党显然十分困难。面对机会主义的盛行,列宁同"经济派"等改良主义者进行了坚决的斗争,并且号召马克思主义者对"经济主义"的整个思想进行不调和的斗争。

列宁还在流放地的时候就已经在思考如何才能把党从当时的困难处境中拯救出来,才能使工作走向正轨,才能保证社会民主党对工作有正确的领导。特别是在他流放的最后一年,经过反复的思考,最终得出一个结论:应当从组织全俄性的报纸着手,把它设在国外,使它尽可能地同俄国的工作密切联系起来,同俄国的组织密切联系起来,尽可能地搞好输送工作。[①] 列宁是这样想的也是这样做的,1900 年当他刚刚结束流放生活回到彼得堡就立即着手筹备创办报纸,在国内短暂停留的这段时间,列宁同许多社会民主党人进行了深入的交流,争取了很多对报纸出版提供支持的人。不久列宁转赴西欧,与"劳动解放社"普列汉诺夫等人共同磋商报纸出版的相关具体事宜,并且拟定了出版计划。1900 年 12 月 24 日,《火星报》创刊号在德国莱比锡正式出版。列宁亲自为《火星报》创刊号撰写了一篇社论《我们运动的迫切任务》,指出《火星报》的主要任务就是支持社会民主工党把社会主义思想和政治自觉性灌输到无产阶级群众中去,并在俄国建立马克思主义政党。他说:"只要我们

----

① [苏]娜·康·克鲁普斯卡娅:《列宁回忆录》,哲夫译,北京:人民出版社,1960 年,第 33 页。

能够把日益觉醒的无产阶级的一切力量和俄国革命者的一切力量联合成一个党,并能使俄国一切生气勃勃和正直的人都倾向于这个党,我们就一定能够拿下这座堡垒。"①然而,建立一个独立的、统一的马克思主义政党并不是一件容易的事情,究竟从何着手来建立一个这样的党成为《火星报》创刊后列宁思考的问题。1901 年 5 月,列宁在《火星报》发表了一篇题为《从何着手?》的社论,全面论证了他在流放时期的建党计划,深刻阐述了关于建立无产阶级新型政党的思想。列宁认为,广大群众迫切要求斗争,而革命者却没有一个做领导工作和组织工作的司令部,因此建立一个能够统一所有革命力量和能够领导运动的革命政党就显得尤为重要和迫切。至于从何着手来建立这样的政党的问题,列宁回答说:"创办全俄政治报应当是行动的出发点,是建立我们所希望的组织的第一个实际步骤,并且是我们使这个组织得以不断向深广发展的基线。"②在这里,列宁强调指出了创办全国性的政治报纸对于在思想上粉碎工人运动的内部敌人和维护革命理论的纯洁性的重要性。

2.《怎么办?》与列宁的建党理论

从 1901 年秋天开始,列宁着手撰写一部阐述建立新型工人阶级政党思想的著作,直到 1902 年 2 月完稿。1902 年 3 月,一部名为《怎么办?(我们运动中的迫切问题)》的列宁著作出版了。这部著作是在俄国社会经济矛盾十分尖锐,国内工人、农民革命热情十分高涨的形势下出版的,它的出版对于粉碎"经济主义"等错误思想,对于在俄国建立马克思主义政党都起到了很大的作用。

20 世纪初的俄国资本主义社会中存在着两种思想体系:资产

---

① 《列宁全集》第 4 卷,北京:人民出版社,1984 年,第 336 页。

② 《列宁全集》第 5 卷,北京:人民出版社,1986 年,第 6 页。

阶级思想体系和社会主义思想体系。作为统治阶级的资产阶级试图把资产阶级思想体系灌输给无产阶级,而无产阶级显然更趋向于社会主义思想体系,于是资产阶级与无产阶级之间在思想体系方面展开了不可调和的激烈斗争,这是除政治和经济领域以外,二者在另一个重要领域的斗争。[①] 列宁指出:"……问题只能是这样:或者是资产阶级的思想体系,或者是社会主义的思想体系。这中间的东西是没有的。……因此,对社会主义思想体系的任何轻视和任何脱离,都意味着资产阶级思想体系的加强。"[②]正是在这种思想的指导下,列宁认为要对侵蚀无产阶级的各种资产阶级思想进行坚决的斗争,马克思主义政党的一项重要的任务就是捍卫无产阶级的思想独立。当时的"经济派"是危险的敌人,他们号召工人仅仅提出经济要求,以比较隐蔽的方式维护机会主义思想,试图把无产阶级沦为资产阶级的政治附庸。列宁在《怎么办?》中揭露了经济主义的机会主义的思想,指出俄国经济主义实质上就是国际机会主义的变种,论证并强调了马克思主义理论的意义和重要性。列宁认为正确的理论是革命斗争的强有力的工具,它能使无产阶级在达到自己的目标的过程中更加顺利,因此,列宁在这部著作中发挥了他在1897年提出的一个十分重要论断:"没有革命的理论,就不会有革命的运动。"[③]列宁所指的这个"革命的理论"就是马克思主义,它是革命运动的可靠的指南。列宁认为,俄国工人阶级政党应该拒绝"经济

---

① 列宁认为除了资产阶级的思想体系和社会主义的思想体系,没有中间的东西,因为人类没有创造过任何"第三种"思想体系,而且在为阶级矛盾所分裂的社会中,任何时候也不可能有非阶级的或超阶级的思想体系。参见《列宁全集》第6卷,北京:人民出版社,1986年,第38页。

② 《列宁全集》第6卷,北京:人民出版社,1986年,第38页。

③ 参见《列宁全集》第2卷,北京:人民出版社,1984年,第443页;《列宁全集》第6卷,北京:人民出版社,1986年,第23页。

派"那种对自发性的崇拜,因为那会使工人阶级政党成为消极力量,会使党沦为工人运动的尾巴。"经济派"力图建立狭隘的工会式的组织的思想是错误的,工人阶级必须要有自己的坚强组织,这个组织就是一个战斗的、集中的、密切联系群众的、革命的马克思主义政党。

《怎么办?》这部著作论证了马克思主义革命理论运用到党的建设和工人运动中的极端重要性,它全面、深刻地阐述了列宁关于建立新型工人阶级政党的思想,从理论上回答了无产阶级政党建设的诸多问题。他在批判"经济派"机会主义的错误思想的基础上捍卫了马克思主义政党理论,为俄国社会民主工党第二次代表大会的召开和建立一个革命的马克思主义政党提供了理论基础。

3.新型无产阶级政党的建立

《火星报》的创办为建立革命的马克思主义政党提供了思想和组织保证,《怎么办?》的出版为党的建立提供了坚实的理论基础。在几乎所有党的委员会都团结在《火星报》周围的时候,通过召开党的代表大会巩固《火星报》的胜利成果就显得十分必要和迫切了。

1903 年 7 月 17 日—8 月 10 日,社会民主工党第二次代表大会分别在布鲁塞尔和伦敦秘密召开。参加这次大会的有 43 名代表,共代表 26 个组织,拥有 51 票表决权。[①] 代表的成分比较复杂,除了坚定的《火星报》拥护者外,还有不坚定的"火星派"分子以及少数改头换面的"经济派"分子、崩得分子等。如此复杂的代表成分导致了各派代表在大会中的斗争异常激烈,首当其冲的就表现在对党纲的讨论上。以列宁为首的火星派坚决要求把"无产阶级专政"的

---

① 按照大会规定,每个委员会有权派出 2 名代表参会,由于有的委员会只派出了 1 名代表,所以 43 名代表一共拥有 51 票表决权。

原则写进党纲;而以阿基莫夫为首领的机会主义分子借口西欧各国社会民主党的纲领中并没有提出争取无产阶级专政这一条,因此反对把这个原则列入党纲。由此,大会围绕党纲中关于无产阶级的原则展开了激烈的斗争,列宁和他坚定拥护《火星报》的战友给了机会主义分子以坚决的打击,在党纲中肯定了马克思主义关于无产阶级专政的原则。此外,机会主义者还反对把农民问题写入党纲,他们认为农民没有革命性,害怕发动农民进行革命,其实质就是反对无产阶级在革命中的领导作用,歧视工人阶级的同盟者农民。在土地纲领中,列宁等人在发言中维护了"消灭农奴制残余"口号所具有的革命的性质,提出了在农村中放手发动阶级斗争的任务。在围绕民族问题的斗争中,列宁批判了崩得分子和波兰社会民主党人反对民族自决权和他们提出的所谓"民族文化自治"的主张,列宁认为这种提法暴露了崩得分子等人彻头彻尾的机会主义和民族主义的特征。[①] 以列宁为首的火星派最终在党纲斗争中击退了机会主义分子的各种进攻,大会通过了火星派提出的纲领。

在关于党章问题上,火星派与反火星派分子展开了更加激烈的争论,这个争论主要集中在党章第一条,即关于党员资格的条文。党员必须具备什么样的资格? 党的成分应该怎样? 党在组织上以一种什么样的形态存在? (整体还是不成形?)在回答这些问题时,大会出现了两种截然对立的观点。列宁提出的条文是:"凡承认党纲、在物质上帮助党并亲自参加党的一个组织的人,都可以作为党

---

① 关于列宁反对崩得分子等人的民族主义和民族文化自治的思想,可参见周仲秋、秦勃《列宁克拉科夫时期文化思想研究》,《湖南师范大学社会科学学报》,2013 年第 1 期,第 50—56 页。

员。"①马尔托夫提出的条文是："凡承认党纲、在物质上帮助党并在党的一个组织领导下经常亲自协助党的人，都可以作为俄国社会民主工党党员。"显然，二者在"承认党纲、在物质上帮助党"是成为一个党员的必要条件这一点上意见是一致的。但是，列宁认为党是一个有组织的整体，每个党员必须参加党的一个组织；马尔托夫则把党看作一种不成形的东西，认为一切愿意加入党的人都可以入党，不要求他们参加党的一个组织。可见，列宁对党吸收党员的要求是严肃而慎重的，这使小资产阶级分子和动摇分子难于钻进党内，而马尔托夫则照搬了第二国际一些国家社会民主党所谓的"门户开放"政策，这无疑削弱了无产阶级政党组织的原则。尽管包括普列汉诺夫和坚定的火星派都支持列宁所提出的条文，但是，由于不坚定的火星派、查苏利奇、阿克雪里罗得、托洛茨基、阿基莫夫等一切机会主义者都联合起来，这就使得马尔托夫所提出的条文占据了优势，大会最终以 1 票弃权，28 票对 22 票通过了马尔托夫提出的党章第 1 条条文。②

由于大会决定取消在国外的两个组织"俄国社会民主党人国外联合会"和"俄国革命社会民主党国外同盟"，致使 2 个国外联合会代表因抗议退场，加上崩得在会上所要求的其作为犹太无产阶级唯一代表的要求没有获得通过导致 5 个崩得分子代表退场，一共就有 7 个机会主义者退场。7 个机会主义者退出大会使得力量有利于坚定的火星派一边，在对中央机关人选表决上拥护列宁的人在选举中

①　《苏联共产党代表大会、代表会议和中央全会决议汇编》中文版第 1 分册，北京：人民出版社，1964 年，第 41—42 页。
②　《苏联共产党代表大会、代表会议和中央全会决议汇编》中文版第 1 分册，北京：人民出版社，1964 年，第 44 页。

获得了多数,于是被称为布尔什维克(俄语意思为多数派),它的观点体系被称为布尔什维克主义;马尔托夫等反对列宁的人获得少数票,于是被称为孟什维克(俄语意思为少数派),它的观点体系被称为孟什维克主义。布尔什维克主义的出现标志着俄国新型无产阶级政党的建立和列宁主义的诞生,它是俄国历史上一个重要的里程碑。列宁后来在提到它的重要性时说:"布尔什维主义作为一种政治思潮,作为一个政党而存在,是从 1903 年开始的。"①

第二节　列宁土地理论的思想渊源

　　列宁在领导俄国人民长期的革命斗争中逐渐形成了比较完整的土地理论,列宁土地理论不是脱离了实际的"空中楼阁",也不是其个人的主观臆造,它有着特殊的社会背景和深刻的思想渊源。正因为如此,列宁土地理论始终没有脱离俄国的实际,没有偏离社会主义的轨道。马克思主义创始人关于土地问题的理论是列宁土地理论的直接思想渊源,列宁同俄国其他流派关于土地问题的争论也是一个重要思想渊源。客观地来讲,列宁土地理论的形成甚至受到一些批判对象(如民粹派、合法马克思主义等)的影响。

一、马克思主义创始人关于土地问题的理论

　　(一)马克思恩格斯土地产权理论

　　"产权"是经济学中一个重要的范畴,在人类文明漫长的历史

---

　　① 《列宁全集》第 39 卷,北京:人民出版社,1986 年,第 4 页。

中,不管"产权"这个词汇在何时第一次出现,产权都是一直存在的。特别是到了 20 世纪,随着西方制度经济学的兴起,一些西方经济学家更是对产权理论进行了深入的研究,也有因此而获得诺贝尔经济学奖的。土地产权理论是产权理论一个重要的分支,马尔科姆·吉利斯、德怀特·H.帕金斯、A.J.富纳、K.A.奥格尔森特、张五常等经济学家都对土地产权理论有着比较系统的研究,近年来我国学者对马克思主义土地产权理论也有着比较多的关注和研究。①

历史唯物主义是马克思主义政治经济学的理论基础,马克思主义土地产权理论所坚持的是唯物史观和唯物辩证法的方法论。马克思在 19 世纪中叶就对产权理论有过关注,他从公有产权的视域考察了资本主义之前的产权制度,其中包括原始社会的公有产权,在他的著作《政治经济学批判(1857—1858 年草稿)》中,马克思认为,原始社会的公有产权是自然形成的,反映了人与自然的关系,原始公社作为一个比较原始的"天然共同体",所表现出来的土地产权必然带有"公有性"。这也是马克思主义土地公有产权理论中关于公有产权起源的重要思想,它集中体现了原始社会以土地公有为核心的财产存在状态,同时也展现了原始社会形态中土地所有权的表现形式。当然,土地所有权除了表现人与自然的关系外,还表现人与社会的关系。换言之,人与社会的关系(包括所有制)的变化导致土地产权也会发生变化,这是符合人类历史发展的客观规律的。正如马克思所说:"在每个历史时代中所有权是以各种不同的方式、在完全不同的社会关系下面发展着。"②作为一个历史范畴的

---

① 其中洪名勇所著的《马克思土地产权制度理论研究:兼论中国农地产权制度改革与创新》(北京:人民出版社,2011 年)比较具有代表性。
② 《马克思恩格斯选集》第 1 卷,北京:人民出版社,1995 年,第 177 页。

土地产权必然会随着所有制的改变而改变,无论在形式上还是在内容上都会体现不同社会制度下人们之间的经济关系,马克思认为:"要想把所有权作为一种独立的关系、一种特殊的范畴、一种抽象的和永恒的观念来下定义,这只能是形而上学或法学的幻想。"①当原始社会瓦解,人类进入阶级社会,私有产权也就应运而生。这时,具有独立经济意义的社会组织——家庭逐渐取代了以自然共同体为特征的原始公社,家庭对土地也渐渐具有了占有权和使用权。恩格斯在《家庭、私有制和国家的起源》一书中,对家庭、私有制和私有产权的起源进行了深入的研究。恩格斯认为,人类早期性交关系处于杂乱的原始状态的家庭发展三阶段(即血缘家庭、普那路亚家庭和对偶家庭)是一个递进发展的趋势。普那路亚家庭(又称"伙婚制""伙婚家庭""族外群婚")比血缘家庭要进步,对偶家庭比普那路亚家庭要进步,最后发展到一夫一妻制家庭,一夫一妻制家庭比对偶家庭要进步,这都是家庭在发展过程中的不断进步,体现了社会的进步性,这种进步主要缘于妇女性观念的解放和生产力的发展。家庭模式的变化、个人财富的集中等因素导致了新的社会关系的产生,新的社会关系包含着产权关系,财产权利最初由简单的氏族公有转变为氏族首领的私有,恩格斯把这种的"私有财产"(如畜群)称为"一家之长的特殊财产",这是私有财产产生的最初形态。马克思认为财产权利的基本要义表明,作为财产主体的人对作为客体的财产所拥有的归属权,这种归属权是通过竞争性和排他性的行为所确定的一种财产关系或财产权利。他说:"财产最初无非意味着这样一种关系:人把他的生产的自然条件看作是属于他的、看作

---

① 《马克思恩格斯选集》第1卷,北京:人民出版社,1995年,第178页。

是与他自身的存在一起产生的前提。"①马克思还通过对财产权利
中所表现出来的人与人之间关系的考察揭示了私有财产的经济性
权利,马克思说:"私有财产的关系是劳动、资本以及二者的关
系。"②在这里,马克思对私有财产关系的考察依然没有脱离人与
物、人与人之间的关系,这种关系最终表现为所有制关系,马克思实
际上已经揭示了一定的产权由一定的所有制关系、社会生产关系所
决定的本质属性。此外,马克思对产权权能也进行了深入的研究,
在其宏篇巨著《资本论》中,马克思详细地研究了"资本的所有权"、
"自有资本和借入资本的所有权"、"生产资料的所有权和剩余劳动
的所有权"、资本支配权即"绝对支配别人的资本、别人的财产,从
而别人的劳动的权利"、资本"对企业主收入的要求权"、资本的经
营管理权即"管理劳动"或"管理劳动作为一种职能"及"监督的指
挥的劳动"等。③ 马克思在《资本论》中对产权权能的分析也是十分
深刻的,他阐释了私有制下产权的基本权能(如占有权、支配权、使
用权、处置权、收益权和管理权等)以及产权在市场经济中的重要作
用,这些理论为后来的马克思主义者在探索革命道路的过程中都起
到重要的指导作用。

（二）马克思恩格斯土地国有化理论

马克思主义创始人认为,人类社会的发展是有客观规律可循
的,从人类社会发展趋势上来看,必然是通过消灭资产阶级的统治,
最终走向共产主义社会。在《德意志意识形态》中,马克思主义创

---

① 《马克思恩格斯全集》第46卷上册,北京:人民出版社,1979年,第491页。
② 《马克思恩格斯全集》第42卷,北京:人民出版社,1979年,第110页。
③ 洪名勇:《马克思土地产权制度理论研究:兼论中国农地产权制度改革与创新》,北京:人民出版社,2011年,第65页。

始人论证了人类社会发展的趋势,认为生产力的发展和交往的矛盾是人类历史发展的推动力量,人类历史上几种不同的所有制是呈递进的方式发展的,到共产主义社会必然是要消灭生产资料私有制,当然也就包括消灭土地私有制。关于土地私有制,马克思早在《1844年经济学哲学手稿》中就对其进行了批判,比如他在论述因为地租引起的竞争使资本家成为土地所有者,最终导致阶级的分化(工人阶级和资本家阶级)等内容时就曾深刻地指出,资本家"总是把土地的买卖中的卑鄙行为同土地私有权的买卖中包含的那些完全合理的、在私有制范围内必然的和所期望的后果混为一谈"①。

马克思主义创始人认为,小土地所有制是一种落后的自给自足的生产方式。尽管在西方资产阶级革命中,一些国家藉以分配小块土地给农民,以此解决了农民问题,消灭了封建制度,但这并不代表小土地所有制是科学的。马克思对小土地所有制的前提进行了认真的分析,他指出,人口中的绝大多数依然生活在农村,社会劳动还不是主要的劳动形式,占统治地位的是孤立劳动,这就导致财富和再生产的发展变得不可能,"也不可能具有合理的耕作条件"②。因此,资本主义生产方式下小土地所有制具有天然的弊端,也终将被大土地所有制和资本主义生产方式所消灭。马克思指出:"如果说小土地所有制创造出了一个未开化的阶级,它半处于社会之外,并且兼有原始社会形态的一切粗野性以及文明国家的一切痛苦和穷困,那么,大土地所有制就在劳动力的天然能力躲藏的最后领域,在劳动力作为更新民族生活力的后备力量贮存起来的最后领域,即在

---

① 《马克思恩格斯全集》第3卷,北京:人民出版社,2002年,第260页。

② 《马克思恩格斯全集》第46卷,北京:人民出版社,2003年,第918页。

农村本身中,破坏了劳动力。"①所以,"大土地所有制是对劳动者的劳动条件进行剥夺的前提和条件"②。这说明马克思认为,尽管小土地所有制必将消亡,但是这并不表示大土地所有制就是合理的土地所有制形式。

在《共产党宣言》中,马克思恩格斯在论述无产阶级利用政治统治一步一步地夺取资产阶级的全部资本,并尽可能快地增加生产力的总量所采取的 10 条措施中,第一条就是"剥夺地产,把地租用于国家支出"③。这说明在共产党的行动纲领中,消灭土地私有制是一个重要的方面。至于消灭土地私有制后的土地归属,马克思主义创始人主张实行土地国有化。马克思土地国有化的思想集中体现在其写于 1872 年的《论土地国有化》一文中。在这篇针对英国工人运动中那些把土地国有化解释成纯粹资产阶级民主主义措施的改良者而写的文章里,马克思深入地阐述了土地国有化思想。文章首先开宗明义地指出,作为一切财富原始源泉的土地(马克思称"地产")是一个非常重要的问题,"工人阶级的未来将取决于这个问题的解决"④。由此可见,土地问题对于工人阶级而言所具有的极端重要性,也可以看出马克思对土地问题的重视。马克思批驳了资产阶级法学家、哲学家、政治经济学家用所谓的"天然权利"来掩盖掠夺的原始事实,他们所维护的必然是资产阶级的利益。资产阶级(马克思称"掠夺者")所获得那些原始权利的手段主要是暴力,他们认为这种通过暴力获得的原始权利最好用硬性规定的法律来

① 《马克思恩格斯全集》第 46 卷,北京:人民出版社,2003 年,第 919 页。
② 《马克思恩格斯全集》第 46 卷,北京:人民出版社,2003 年,第 929 页。
③ 《马克思恩格斯全集》第 2 卷,北京:人民出版社,2009 年,第 52 页。
④ 《马克思恩格斯选集》第 3 卷,北京:人民出版社,1995 年,第 127 页。

保持其社会稳定性,资产阶级法学家、哲学家、政治经济学家就是充当这些掠夺者的"走卒",他们为掠夺者摇旗呐喊,宣称这种法律所具有的合法性和权威性。马克思显然对此不屑一顾,他说:"如果说掠夺曾为少数人造成了天然权利,那么多数人只需聚集足够的力量,便能获得把失去的一切重新夺回的天然权利。""如果土地私有确实以这种公认为依据,那么,一旦社会的大多数人认为这毫无道理,显然就应当被取消。"①这里,马克思以一种非常简单的逻辑推理揭示了掠夺者占有土地的非法性。从"少数人"和"多数人"的关系上也可以显见,所谓的"天然权利"只不过是维护了社会中少数人的利益,而多数人有可能、也有能力"夺回天然权利"和"取消公认"。关于实行土地国有化的必然性,马克思认为是由于"社会的迫切需要"。这种"社会的迫切需要"包括"社会的经济发展,人口的增长和集中",这些因素"迫使资本主义农场主在农业中采用集体的和有组织的劳动以及利用机器和其他发明的种种情况,正在使土地国有化越来越成为一种'社会必然性',这是关于所有权的任何言论都阻挡不了的"②。当然,马克思认为,"社会的经济发展"和"人口的增长和集中"迫使资本主义农场主所采取的一系列措施(采用集体的和有组织的劳动、利用机器和其他发明)只是"正在"使土地国有化"越来越"成为一种"社会必然性"。真正使土地国有化已经成为一种"社会必然性"的条件是另外两个:"一方面,居民的需要在不断增长,另一方面,农产品的价格不断上涨,这就不容争辩地证明,土地国有化已成为一种社会必然性。"③马克思分析了居

---

① 《马克思恩格斯选集》第3卷,北京:人民出版社,1995年,第127页。
② 《马克思恩格斯选集》第3卷,北京:人民出版社,1995年,第127页。
③ 《马克思恩格斯选集》第3卷,北京:人民出版社,1995年,第128页。

民的需要不断增长和农产品价格不断上涨的原因,那就是"一小撮
人"按照自己私人利益来调节生产或者无知地消耗地力。马克思认
为只有采用全国规模的耕作才能有力地推动生产,这也是实行土地
国有化的一个重要原因。马克思写道:"一旦土地的耕作由国家控
制,为国家谋利益,农产品自然就不可能因个别人滥用地力而减
少。"①马克思认为农民所有制是土地国有化最大的障碍,他深刻地
批判了资产阶级的土地国有化,将英国与法国进行了比较,认为法
国的农民所有制比英国的大地主所有制离土地国有化要"远得
多",法国农民陷入了同产业工人阶级相对立的"极可悲的境地"。
他说:"在一个资产阶级的政权下,实行土地国有化,并把土地分成
小块租给个人或工人合作社,这只会造成他们之间的残酷竞争,促
使'地租'上涨,反而使那些靠生产者为生的土地占有者更有利可
图。"②因此,应该把土地交给联合起来的农业劳动者,实行土地国
有化。"土地国有化将彻底改变劳动和资本的关系,并最终完全消
灭工业和农业中的资本主义的生产。"③马克思还展示一副实行土
地国有化以后的图景:"阶级差别和各种特权才会随着它们赖以存
在的经济基础一同消失。靠他人的劳动而生活将成为往事。与社
会相对立的政府或国家将不复存在!农业、矿业、工业,总之,一切
生产部门将用最合理的方式逐渐组织起来。生产资料的全国性的
集中将成为由自由平等的生产者的各联合体所构成的社会的全国
性的基础,这些生产者将按照共同的合理的计划进行社会劳动。"④
　　自19世纪70年代以来,恩格斯对一些资本主义国家中的企业

---

① 《马克思恩格斯选集》第3卷,北京:人民出版社,1995年,第128页。
② 《马克思恩格斯选集》第3卷,北京:人民出版社,1995年,第129页。
③ 《马克思恩格斯选集》第3卷,北京:人民出版社,1995年,第129页。
④ 《马克思恩格斯选集》第3卷,北京:人民出版社,1995年,第129—130页。

国有化现象进行了研究,其研究切入点主要从生产社会化与国有化的关系入手,探讨了国有化的产生、特征以及趋势等内容。在《反杜林论中》中,恩格斯写道:"要求承认生产力的社会本性的这种日益增长的压力,迫使资本家阶级本身在资本关系内部可能的限度内,越来越把生产力当作社会生产力看待。"①这说明恩格斯认为社会化生产发展的客观要求需要国有化,"无论在任何情况下,无论有或者没有托拉斯,资本主义社会的正式代表——国家终究不得不承担起对生产的领导"②。关于土地国有化,恩格斯和马克思在《共产党宣言》中就无产阶级夺取资产阶级全部资本的行动纲领第 1 条也表达了"剥夺地产""地租用于国家支出"的思想。1848 年,恩格斯在《共产党在德国的要求》中所列出的第 7 条:"各邦君主的领地和其他封建地产,一切矿山、矿井等等,全部归国家所有。"第 8 条:"宣布农民的抵押地归国家所有。"第 9 条:"在通行租佃制的地区,地租或租金作为赋税交纳给国家。"③对德国土地国有化提出了具体的措施,这些措施中蕴含着恩格斯土地国有化的思想。与马克思一样,恩格斯是反对小块土地所有制的,对以小块土地所有制为特征的小农经济也是持批判的态度,他曾经深刻地指出:"我们的小农,同过了时的生产方式的任何残余一样,在不可挽回地走向灭亡。"④几乎与马克思批判巴枯宁保留小土地所有制的做法一样,恩格斯在 1894 年批判了当时法国工人党土地纲领中关于保护小农所有制的内容,并且提出了无产阶级政党对小农改造的任务:"首先是把他们的私人生产和私人占有变为合作社的生产和占有,不是采用暴力,而是

① 《马克思恩格斯全集》第 25 卷,北京:人民出版社,2001 年,第 405 页。
② 《马克思恩格斯全集》第 25 卷,北京:人民出版社,2001 年,第 406 页。
③ 《马克思恩格斯选集》第 4 卷,北京:人民出版社,1995 年,第 202 页。
④ 《马克思恩格斯选集》第 4 卷,北京:人民出版社,1995 年,第 486 页。

通过示范和为此提供社会帮助。"①此外,恩格斯还指出公共占有的重要性,他说:"社会主义的利益决不在于维护个人占有,而是在于排除它,因为凡是个人占有还存在的地方,公共占有就成为不可能。"②恩格斯关于土地国有化的思想一方面在许多内容上与马克思有着一致的思想内容,另一方面恩格斯的土地国有化思想对其他马克思主义者有着较强的指导作用,如,考茨基后来在一部著名的经济学著作《土地问题》中就继承和发挥了恩格斯的一些观点。

(三)马克思恩格斯关于东方土地问题的理论

马克思主义创始人对印度、俄国、中国、土耳其等政治经济落后于当时西方资本主义国家的东方国家的土地问题进行过比较细致的考察和研究,认为东方土地问题所具有的特征与当时已经完成了资产阶级革命的一些西方国家的土地问题不同。英、法等一些资本主义国家藉以分配小块土地给农民,以此解决了农民问题,消灭了封建制度,而在许多东方国家,农民仍然占国家总人口的绝大多数,东方农民几乎没有像西方农民那样拥有小块土地。马克思在 19 世纪 50 年代刚把研究视野转向东方社会的时候认为东方社会是不存在土地私有制的。在评价弗朗斯瓦·贝尔尼埃的《大莫卧儿等国游记》的有关内容时,马克思指出:"贝尔尼埃完全正确地看到,东方(他指的是土耳其、波斯、印度斯坦)一切现象的基础是不存在土地私有制。这甚至是了解东方天国的一把真正的钥匙。"③马克思对东方国家土地所有制的早期认识说明他在研究东方土地问题时最初认为东方社会不存在土地私有制的观点是与当时的东方社会历

---

① 《马克思恩格斯选集》第 4 卷, 北京: 人民出版社, 1995 年, 第 498 页。
② 《马克思恩格斯选集》第 4 卷, 北京: 人民出版社, 1995 年, 第 490 页。
③ 《马克思恩格斯全集》第 28 卷, 北京: 人民出版社, 1973 年, 第 256 页。

史背景有一定联系的。在他接触的有关东方社会的一些材料时,了解到东方社会一个非常重要的共同体——村社在整个农村社会中扮演着极其重要的角色。在《不列颠在印度的统治》中,马克思着重考察了印度的农村公社制度,认为"从远古的时候起,在印度产生了一种特殊的社会制度,即所谓村社制度,这种制度使每一个这样的小结合体都成为独立的组织,过着自己独特的生活"①。农民在村社中不拥有土地私有权,国家是最大或者唯一的土地所有者,马克思认为这种土地公有制是东方社会专制制度的基础,他说:"各个公社相互间这种完全隔绝的状态,在全国造成虽然相同但绝非共同的利益,这就是东方专制制度的自然形成的基础。"②马克思通过考察印度、中国等东方国家的土地制度开始了对亚细亚生产方式的更深入的研究,他把亚细亚生产方式视为既是原生的社会形态的最后一个阶段,也是向次生态过渡的阶段。马克思指出:"农业公社既然是原生的社会形态的最后阶段,所以它同时也是向次生的形态过渡的阶段,即以公有制为基础的社会向以私有制为基础的社会的过渡。"③这是马克思在《马·柯瓦列夫斯基〈公社土地占有制,其解体的原因、进程和结果〉一书摘要》中一个重要的观点。马克思认为,亚细亚生产方式在从"原生的社会形态"向"次生的社会形态"过渡时,由于其生产方式比较稳定,变化极小,所以在历史上并没有形成以土地私有制为基础的社会。在这篇《摘要》中,马克思其实已经看到印度从原始公社走向瓦解后,出现了多种形式的土地关系。客观地来讲,这个思想的转变是受到了柯瓦列夫斯基的影响,柯氏对

---

① 《马克思恩格斯全集》第 12 卷, 北京: 人民出版社, 1998 年, 第 141 页。
② 《马克思恩格斯选集》第 3 卷, 北京: 人民出版社, 1995 年, 第 280 页。
③ 《马克思恩格斯全集》第 25 卷, 北京: 人民出版社, 2001 年, 第 478 页。

印度土地制度的全面深入研究使马克思自 19 世纪 70 年代后与此前的看法发生了转变,他逐渐肯定了东方社会农村公社土地所有制中有私有制的因素存在。在《人类学笔记》中,马克思就多次提到在印度存在私人拥有土地的情形。后来在《给维·伊·查苏利奇的复信》中,马克思也阐述了这一观点,他说:"在公社内,房屋及其附属物——园地,已经是农民的私有财产,可是远在引入农业以前,共有的房屋曾是早先各种公社的物质基础之一。"①由此,马克思得出了东方社会土地所有制关系所具有的特殊的公私二重性的重要结论。因为东方社会所具有的村社传统,这种土地所有制的二重性必然是建立在农村公社(马克思称"农业公社")的二重性基础之上。马克思认为,东方社会农村公社之所以有强大的生命力,就是农村公社所固有的二重性所赋予的,"因为,一方面,公有制以及公有制所造成的各种社会联系,使公社基础稳固,同时,房屋的私有、耕地的小块耕种和产品的私人占有又使那种与较原始的公社条件不相容的个性获得发展"②。在对俄国的考察中,马克思重点分析了俄国的农村公社,认为"俄国是在全国范围内把'农业公社'保存到今天的欧洲唯一的国家"③。足以证明俄国村社所具有的强大生命力,这同样缘于俄国村社所具有的二重性。正是由于俄国村社具有的二重性,加之当时俄国农村公社和资本主义生产同处于一个时代,拥有其他已经处于资本主义制度压迫下更优越的因素,因此马克思提出,俄国有可能在特定的国际环境中跨越资本主义这个历史阶段,直接进入社会主义社会,马克思东方社会理论中著名的跨越

---

① 《马克思恩格斯全集》第 25 卷,北京:人民出版社,2001 年,第 460 页。
② 《马克思恩格斯全集》第 25 卷,北京:人民出版社,2001 年,第 460 页。
③ 《马克思恩格斯全集》第 25 卷,北京:人民出版社,2001 年,第 461 页。

"卡夫丁峡谷"的设想就此形成。

恩格斯关于俄国土地问题的思想集中体现在其1875年写的《论俄国的社会问题》中,这也是恩格斯论述俄国社会问题的第一篇文章。马克思和列宁都对该文给予了极高的评价,马克思用了"最重要的"修饰词、列宁用了"价值极大的"修饰词来评价它。在《论俄国的社会问题》中,恩格斯从探讨特卡乔夫的观点入手,重点就特卡乔夫认为俄国是个绝不代表任何阶层的利益的、"悬在空中的国家"的论点进行了批驳,对1861年改革后俄国的经济、社会问题以及俄国革命发展前景进行了研究。恩格斯认为,1861年改革后的俄国村社在农村社会中的地位受到了极大的破坏,俄国传统的土地公有制被打破,农村土地所有制已经包含私有的成分,但是农民所占的份地依然少得可怜,他通过列举一组翔实而又触目惊心的数字说明了在俄国欧洲部分的15000个贵族占有几乎和所有农民一样多的土地,贵族人均占有3300俄亩土地,而农民人均占有的土地根本不能与贵族同日而语。哪怕是这样,农民还要缴纳繁重的土地税,"农民为自己这一半土地一年交纳19500万卢布的土地税,而贵族则只交纳1300万!"①这充分说明当时俄国贵族占地多,交税少;俄国农民占地少,交税多。此外,在土地重分时,国家还从农民手中夺走了大部分最好的土地,并将这些土地转交给贵族,使"农民不得不为了自己最坏的土地向贵族按最好的土地付地价""农民——其大多数——在赎买以后,陷入了极其贫困的、完全无法忍受的状况。他们不仅被夺去了他们大部分的和最好的土地,因而甚至在帝国富饶的地区,农民的份地——按俄国的耕作条件说——都

---

① 《马克思恩格斯选集》第3卷,北京:人民出版社,1995年,第274页。

小得无法赖以糊口"①。农民不但要交付赎金和赎金的利息还要交纳捐税,不但受到来自国家的盘剥还要受到高利贷者和富农的压榨,以至于恩格斯认为没有一个别的国家像俄国这样,资本主义的寄生性罗网覆盖和缠绕着整个国家和全体人民群众。正因为如此,俄国农民的悲惨处境不可能长久这样继续下去,俄国革命在所难免,恩格斯说:"俄国无疑是处在革命的前夜。"②

二、其他个人、流派有关土地问题的思想

列宁在形成自己的土地理论的过程中,受到了一些个人和流派的影响,甚至因为某些观点相异与他们发生过激烈的论战,这些个人包括普列汉诺夫、考茨基、司徒卢威、切尔诺夫、李卜克内西等;流派主要包括民粹主义、合法马克思主义等。根据本书篇章安排,在个人方面,下面只简要介绍普列汉诺夫和考茨基的一些土地理论及其对列宁的影响。在流派方面,这里只简要介绍俄国民粹派关于土地问题的观点。

(一)普列汉诺夫、考茨基的土地理论

在列宁的革命生涯中,普列汉诺夫对他的影响是毋庸置疑的,关于土地问题也不例外。普列汉诺夫在早期还是一个民粹主义者时,其土地思想还带有比较强烈的民粹主义特征,后来随着与民粹主义的决裂,普列汉诺夫的土地思想也发生了一些转变。1884 年,也就是劳动解放社创立后第二年,这个俄国第一个马克思主义团体公布了俄国社会民主党人第一个纲领草案,其中提出了"用激进手

---

① 《马克思恩格斯选集》第 3 卷,北京:人民出版社,1995 年,第 274 页。
② 《马克思恩格斯选集》第 3 卷,北京:人民出版社,1995 年,第 284 页。

段改变土地关系”“消灭农村中一切农奴制关系”的要求。作为劳动解放社的创立者,普列汉诺夫认为俄国的土地问题特别是农民问题具有重要的意义,在普氏的《全俄经济破产》《俄国社会党人同饥荒作斗争的任务》和《社会民主党人》杂志上“又反复地极其肯定地强调了俄国农民问题的重要意义,甚至还指出:在行将来临的民主革命中也可能实行‘土地平分’,社会民主党绝不害怕也绝不回避这种前途”①。由此可见,普列汉诺夫对俄国的土地问题是“极其”重视的,这种对俄国土地问题关注的情怀与列宁在革命实践中重视土地问题从感性层面上来说是一致的,从理性思考俄国革命的未来走向上的考量也是相吻合的。除此,列宁对普氏所提出的“土地平分”也给予了较高的评价,列宁认为,“土地平分”虽然不是社会主义的措施,但是它能促进俄国资本主义的发展、农民生活水平的提高、旧的农奴式农奴制的俄国一切遗迹的消灭等。因此,“普列汉诺夫的‘土地平分’的观点,对我们具有特别重要的历史意义。它清楚地说明,社会民主党人一开始就提出了他们至今还一贯坚持的关于俄国土地问题在理论上的提法”②。1902 年 2—3 月上半月,列宁写了一篇关于俄国土地问题的重要纲领性文章《俄国社会民主党的土地纲领》,并且将《土地纲领》的修改稿寄给了普列汉诺夫和阿克雪里罗得过目,不料却被对方提出了许多尖刻的意见,甚至还带有侮辱性。针对普列汉诺夫和阿克雪里罗对《土地纲领》的刁难,列宁于 1902 年 5 月 1 日写了《答普列汉诺夫和阿克雪里罗得对〈俄国社会民主党的土地纲领〉一文的意见》,列宁非常详细地分析并答

① 《列宁全集》第 12 卷,北京:人民出版社,1987 年,第 216 页。
② 《列宁全集》第 12 卷,北京:人民出版社,1987 年,第 216 页。

复了二人所提出的"意见",重申了俄国社会民主党在解决俄国土地问题上的立场和纲领。由此可以看出,列宁在土地纲领的起草中还是想听听普列汉诺夫的意见的,不然他不会把《土地纲领》寄给他,也不会针对他的"意见"给予详细的答复。因此,如果说列宁此时关于土地问题的思想完全不受普列汉诺夫的影响(哪怕是更加坚定自己思想),在逻辑上是说不过去的。此外,在土地国有化、取得土地方式等问题上列宁对普列汉诺夫的观点进行过探讨甚至争论。尽管列宁对普氏关于土地问题的观点并不是完全的赞同,很多还是持反对的意见,但是也就是在争论的过程中使列宁对于解决俄国土地问题的思路越来越清晰、内容越来越饱满。

考茨基对土地问题的研究以及关于土地问题的诸多思想无疑对后来列宁土地理论的形成也产生了深刻的影响。从文献资料显示,列宁对考茨基关于土地问题的论述非常重视,进行了细致的考察研究。1899 年,考茨基出版了他在经济学史上具有重要地位的著作《土地问题。现代农业趋势和社会民主党的土地政策概要》。考茨基在这本《土地问题》中,以马克思主义的立场展开对土地问题的探讨,研究了马克思恩格斯的土地理论。他承继了恩格斯《法德农民问题》的一些观点,在坚持马恩土地理论的同时,提出要用发展的眼光对待马恩土地理论,深化对土地和农业经济的系统认识。具体来讲,考茨基对小生产的没落、土地租佃制问题、土地所有制公私两重性、工业经济和农业经济与资本主义的关系、农民阶层等诸多问题进行了深入的研究。列宁在阅读了《土地问题》以后,非常重视考茨基的土地理论,紧接着写了《书评》,客观评价了这本著作。后来还写了几篇重要的文章提要,包括《卡·考茨基〈土地问题〉一书提要》(1899 年)和《卡·考茨基〈我的《土地问题》的两位批判者〉一文提要》(1901 年)等。此外,在考茨基的影响下,列宁还写了《土地问题笔记》《农业中的资本主义——论考茨基的著作和布尔加柯夫先生的文章》等关于土地问题的经典著作。总之,列宁对考茨基的《土地问题》评价是很高的,在他 1899 年 3 月下半月对该书所写的《书评》中,他第一句话就表达了这个观点:"考茨基的这本书是《资本论》第 3 卷出版以后当前最出色的一本经济学著作。"①哪怕在第二国际瓦解以后,列宁与考茨基成为论敌的时代,列宁依然对这本《土地问题》评价颇高。

（二）民粹派关于俄国土地问题的思想

在俄国思想发展史中,19 世纪民粹主义对俄国社会所产生的影响之深远和所处的历史地位之高是毋庸置疑的,民粹主义甚至引领了当时俄国社会主义的思潮和运动。奉行民粹主义意识形态的民粹派自 1861 年改革后逐渐形成,这批以代表农民利益为己任的平民知识分子所选择的是民主革命的道路。因为受到赫尔岑和车尔尼雪夫斯基关于从村社直接过渡到社会主义的观点,民粹派也相信村社是俄国社会主义的基础,认为俄国不需要经过资本主义直接由村社过渡到社会主义。② 民粹派自形成以来,就一直对农民及农民问题有着特殊的情怀,他们把农民看作是"本能的社会主义者""天生的革命者",并主张通过农民革命推翻专制制度。民粹派认为,俄国农民与欧洲农民所处的经济、政治环境不同,前者更具有优越性,其中在村社和土地条件方面表现得尤为突出。正是因为欧洲

① 《列宁全集》第 4 卷,北京:人民出版社,1984 年,第 79 页。
② 后来有研究者认为,民粹派的这种"过渡思想"甚至影响到了马克思和恩格斯,以至于马恩后来提出了著名的跨越"卡夫丁峡谷"的设想。 参见刘国华《卡夫丁峡谷问题及其当代启示》,《理论建设》,2009 年第 6 期,第 37—41 页。

不具有像俄国那样在村社和土地上的优越条件,加之没有很好地组织农民参与到革命中来,才最终导致了 1848 年革命的失败。民粹派自信(甚至自豪)地认为:"1848 年的失败如果说能证明什么的话,那就是只能证明一点,即这次尝试对于欧洲是失败的,但并不能说明在我们这里,在俄国不可能建立其他的制度。难道欧洲的经济条件和土地条件与我们的相同吗? 难道他们有农民村社吗? 他们可能存在农民村社吗? 难道他们的每一个农民和每一个公民能成为土地所有者吗? 不! 而我们则能。"①1876 年,民粹派在彼得堡成立了"土地与自由社"组织,并且提出了明确的斗争纲领。在对待土地问题上,主张公社对土地拥有完全的自主权,应该把所有土地平均分配给农民等。列宁对民粹派关于"土地平分"的主张有着自己深刻的理解,他在《斯托雷平土地纲领和民粹派土地纲领的比较》一文中指出:一方面,"'平分'全部土地的主张是一种平等思想,这种平等思想是同农奴制残余作斗争时所必然产生的,因为在 3 万'农奴主余孽'有 7000 万俄亩土地,而 1000 万受奴役的农民只有 7500 万俄亩土地的情况下,这种平等思想必然要反映到土地问题上来";另一方面,消灭地主土地占有制、份地占有制以及与一切旧的土地关系决裂都不是空想,相反,资本主义的发展要求这种决裂。"在资本主义制度下,无论'平分土地'或使土地'社会化'都是不可能的。这是空想。"②不过,列宁即使指出民粹派的土地纲领中所主张的"土地平分"是一种空想,但有一点他还是给予肯定的,即,"斯托雷平的土地纲领和民粹派的土地纲领的一个实际的共同

① 《俄国民粹派文选》,北京:人民出版社,1983 年,第 8—9 页。
② 《列宁全集》第 21 卷,北京:人民出版社,1990 年,第 388 页。

点,就是两个纲领都要从根本上摧毁旧的中世纪的土地占有制。这点非常可贵"①。列宁还认为,相对于斯托雷平的土地纲领,民粹派的土地纲领更为进步,因为前者即使提出了要摧毁旧的中世纪的土地占有制,但是这种摧毁并不能消灭盘剥制和工役制,"而民粹派的摧毁却能够做到这一点"②。正是对"土地平分"策略的极其重视,民粹派哪怕到1879年"土地与自由社"发生分裂后,还保留了一个"土地平分派"(另一个是"民意党"),"土地平分派"依然坚持"土地与自由社"的纲领开展活动。后来"土地平分派"的一些领导人因为转向马克思主义而最终与民粹主义决裂,其中最著名的要属普列汉诺夫了。"民意党"在19世纪80—90年代遭到失败后,于1902年在旧"民意党"的基础上成立了"社会革命党"。在1905年社会革命党第一次全俄代表大会上通过的党纲和党章中,民粹派的土地思想得到了继承,提出"根据村社传统把土地变成全民的社会财产交给农民平均使用"。在后来的革命实践中,社会革命党修正了关于土地问题的一些主张,并且提出了著名的"土地社会化"理论。"土地社会化"要求把土地变成不能买卖的全民财产,用社会革命党领导人切尔诺夫的话来说,土地不是村社和州的财产,也不是现代国家的财产,而是把它变得无主,成为全民财产。使用社会化的土地应该遵循平均–劳动的原则,在耕种者中平等地分配土地;土地不经赎买转为全社会所有;当土地使用权发生转移时对改善生产条件者给予奖励;通过劳动合作组织,使农民走上集约化的统一模式。社会革命党所提出的"土地社会化"主张对列宁产生了较深的影

---

① 《列宁全集》第21卷,北京:人民出版社,1990年,第388页。
② 《列宁全集》第21卷,北京:人民出版社,1990年,第393—394页。

响,1917年十月革命刚刚取得胜利,全俄第二次工兵苏维埃代表大会就通过了列宁所起草的《土地法令》,而这个《土地法令》的蓝本就是社会革命党的土地纲领。列宁说:"取得了胜利的布尔什维克在《土地法令》中并没有加上自己的片言只字,而是逐字逐句照抄社会革命党人在社会革命党的报纸上所公布的农民委托书(当然是最革命的委托书)。"[1]1918年2月19日,全俄中央执行委员会又通过了"土地社会化"法令,可见社会革命党的土地理论对列宁曾经产生过一定的影响。

---

[1]　《列宁全集》第38卷,北京:人民出版社,1986年,第14页。

第二章

列宁对解决俄国土地问题的早期探索

　　19 世纪 80 年代末,还没满 20 周岁的列宁就已经开始涉足俄国
革命了。[①] 当时的俄国虽然已经是一个资本主义国家,但是经济发
展水平要远远落后于欧洲其他许多国家。客观地来讲,俄国还是一
个以农业为主、工业极其落后的国家,农民在整个国家人口中占据
着绝大多数的比例,其数量远远多于工人。沙皇的封建专制统治已
经不能适应俄国历史前进的步伐和世界发展的潮流。随着资本主
义在西欧的兴起,欧洲大陆封建制度逐渐被资本主义制度所替代,
西欧民主思潮和法国大革命给俄国先进的知识分子以及一些开明
贵族的思想带来了前所未有的冲击,反对沙皇封建专制的运动此起
彼伏。此时俄国工人阶级已经开始觉醒,他们同资本家进行着顽强
的斗争,随着俄国工人运动的不断兴起,工人由简单的毁坏机器、捣
毁工厂主的店铺、砸烂厂房玻璃等斗争转变为组建工人协会进行合

---

　　① 关于列宁涉足俄国革命,树立马克思主义世界观的时间,国内外学术界基本上没
有很大的异议,即在 19 世纪 80 年代末列宁已经开始革命活动,到 19 世纪 90 年代初期,
列宁已经成为一位马克思主义者。参见[美] Anna Rochester《列宁论土地问题》,林伦彦
译,上海:中华书局,1950 年,第 9 页;另可参见曹浩瀚《列宁革命思想研究》,北京:
中央编译出版社,2012 年,第 24—25 页。《列宁全集》中文第 2 版第 1 卷的“前言”中对
列宁涉足革命的时间是这样论述的:“列宁开始革命活动是在 19 世纪 80 年代末。”

法斗争,第一批马克思主义组织也开始建立起来。1883年普列汉诺夫等人创立了俄国第一个马克思主义团体——劳动解放社,为马克思主义在俄国的传播创造了良好的条件。

1893年,列宁从伏尔加河来到彼得堡,此时的列宁已经是一个马克思主义者。列宁的到来给彼得堡的马克思主义组织注入了前所未有的活力,列宁对马克思主义理论精准的把握和对俄国现实问题深邃的洞见为彼得堡马克思主义小组的成员深深地吸引和折服,这其中就有后来成为列宁忠实革命伴侣的克鲁普斯卡娅。在列宁参加革命活动的初期,他就对俄国的土地问题十分关注,在迄今发现最早的列宁著作《农民生活中新的经济变动》一文中,列宁以一定的篇幅对俄国农民经济状况中的土地问题进行了比较深入的研究,难能可贵的是,列宁在此时就已经能够运用马克思主义的基本观点、方法探讨俄国土地问题。当然,列宁对俄国土地问题的研究和对解决俄国土地问题的思考始终没有脱离俄国的国情,他在早期对解决俄国土地问题的一些主张和思想也是建立在对俄国社会经济状况和俄国革命的现实思考之上所形成的。值得说明的是,本章所指的"早期"并没有严格意义上的历史学依据,所根据的是列宁革命生涯的时间进程,主要论述1905年革命爆发前列宁对解决俄国土地问题探索的基本情况。①

----

① 《列宁全集》中文第2版第1卷所收录的是列宁革命活动"初期"即1893至1894年所写的四篇文章,这里所指的"初期"也没有囊括列宁在成为马克思主义者之前的一些论述,当然,这与现在存世的列宁的第一篇文章写于1893年不无关系。由此可见,对列宁革命活动的时间阶段划分上的主要依据还是列宁革命活动的进程。

第一节　列宁早期对俄国资本主义发展情况的考察

19世纪80年代到90年代,俄国资本主义迅速发展。此时,"资本主义将向何处去?"已经成为决定资本主义命运的基本问题。关于这个基本问题,马克思主义者和自由主义民粹派之间曾经展开了激烈的争论。这个时期出现的自由主义民粹主义认为村社是俄国社会主义的基础,他们否定俄国存在资本主义发展的根基,认为俄国不需要经过资本主义就能够通过村社的独特道路直接走向社会主义。自由主义民粹派的这种违背历史观的论调直接影响了马克思主义在俄国的传播和俄国马克思主义政党的建立,因为这种论调所衍生出来的是关于俄国革命的前途以及谁能成为俄国革命领导者等诸多问题。列宁通过考察俄国资本主义全部发展的过程,批驳了自由主义民粹派的错误观点,捍卫了马克思主义关于人类社会发展方向和无产阶级领导权的理论。

一、俄国资本主义不断向前发展

列宁在参加革命活动的初期就从宏大历史观的视角论证了俄国已经确立了资本主义的事实,他在对当时俄国社会经济状况的客观考察后曾经肯定了资本主义的积极作用,批判了自由主义民粹主义否认俄国发展资本主义可能性的论调,得出了资本主义在俄国发展的进步性和必然性的结论。

（一）"社会分工是商品经济和资本主义全部发展过程的基础"

19世纪90年代的俄国在商品经济发展的带动下已经出现了新

的社会分工,但是民粹派理论家却对此抱以一种否定的态度。他们或者"极力抹杀俄国社会分工的事实","或者极力削弱这一事实的意义",把社会分工抽离商品经济和资本主义全部发展过程,"把这种发展过程说成是人为措施的结果,是'离开道路'的结果等等"。①以瓦·沃·先生和尼·一逊(丹尼尔逊)为代表的民粹派理论家分别在各自的著作《俄国农业和工业的分工》和《我国改革后的社会经济论文集》中要么宣称社会分工是"人为的",要么否定俄国存在社会分工的事实。瓦·沃·先生认为俄国的社会分工"不是从人民生活深处成长起来的,而是企图从外部硬挤进去"。这实际上就是否认了社会分工的原则在俄国占据统治地位的事实,他把社会分工当作一种"人为的"活动的结果,而不是社会发展的必然结果。尼·一逊(丹尼尔逊)更是在没有任何资料佐证和众所周知的事实面前无视客观规律,断然作出"俄国没有社会分工"的结论。二者虽然从理论上在阐述的视角、选择的切入点等方面不尽相同,但有一点是共同的,那就是他们的目的是都为了否认俄国社会分工的存在,为了建立俄国资本主义"人为性"的理论。②

　　列宁从马克思主义观点出发,运用马克思主义经济学理论分析了社会分工的基本特征和形成过程,得出了与民粹派截然相反的结论,即社会分工在俄国是客观存在的,它不但存在而且是商品经济的基础。在列宁早期著作《俄国资本主义的发展》"第一章"批判民粹派经济学家的理论错误时,他首先分析了加工工业与采掘工业的分离所导致的各自部门的不断细分,这是商品经济发展所必然引起的分工细化,产生的结果就是"单独的和独立的生产部门的数量增

① 《列宁全集》第3卷,北京:人民出版社,1984年,第19页。
② 《列宁全集》第3卷,北京:人民出版社,1984年,第19页。

加"。与传统的自然经济条件下的社会分工不同,商品经济条件下的社会分工表现为建立了不同种类的经济单位(自然经济下是同类经济单位)。这直接导致了这些经济单位需要履行不同的职能,以前在自然经济条件下履行同一经济职能的经济单位在商品经济条件下其数量必然逐渐减少,而单独的经济部门的数量逐渐增多。"这种日益发展的社会分工就是资本主义国内市场建立过程中的关键。"①

制造业与农业的分离导致农业和工业一样变成了生产商品的经济部门,此时,农业中由于产品加工的需要,专业化的生产部门应运而生,势必引起农产品和工业品之间的交换,以及各种农产品之间的交换,这是农业的社会分工更加细化的结果,列宁把这种现象称为"商业性的(和资本主义的)农业的专业化"。这种专业化在资本主义条件下是十分普遍的,由此,他得出结论:"社会分工是商品经济和资本主义全部发展过程的基础。"②这是列宁在通过研究简单商品生产得出的结论,这种简单商品经济的生产奠定了社会分工在整个资本主义发展中的基础,同时,它还是引起资本主义发展的一个重要因素。

(二)地主经济向资本主义经济过渡

列宁在早期对俄国资本主义发展的研究中把以农奴制为特征的地主经济形式作为起点,考察了早期俄国资本主义的地主经济制度。列宁认为,这种地主经济制度的实质就是"徭役经济","农民在自己的份地上经营'自己的'经济,是地主经济存在的条件,其目

---

① 《列宁全集》第3卷,北京:人民出版社,1984年,第18页。
② 《列宁全集》第3卷,北京:人民出版社,1984年,第19页。

的不是'保证'农民获得生活资料,而是'保证'地主获得劳动力"①。农民通过耕种自己的份地所获得的劳动产品被地主无偿占有,地主将农民所创造的劳动产品在市场上进行交换以获取利润,这实际上就是把农民的劳动力转化为商品,劳动力成为商品是农业资本主义产生的必要条件,但这需要打破农奴制下的徭役经济制度。

1861年改革废除了农奴制,此时徭役经济作为农奴制下的一种超经济强制的经济结构也随之崩溃,其赖以存在的一切主要基础必然会因为徭役经济的崩溃而遭到破坏。农民经济脱离地主经济,向着更加高级的经济形式过渡,这种更高级的经济形式就是资本主义经济。然而,旧的徭役经济制度并没有被彻底消灭以及资本主义生产所必需的条件还不完全具备等原因导致了地主经济向资本主义经济制度的过渡必然是一个缓慢的过程,"资本主义经济不能一下子产生,徭役经济不能一下子消灭"②。列宁认为,农奴制改革以后,随着徭役制经济结构的一切主要基础受到了破坏,地主经济结构也发生了改变,在地主经济与资本主义经济之间有一种过渡的经济制度,即工役制度。这种带有过渡性质的工役制度既包含有徭役制度的特点,又包含有资本主义制度的特点。工役制度和资本主义制度作为两种过渡时期现代地主经济组织的基本制度,体现了改革后地主经济结构所具有的基本特征。工役制度通过采用盘剥性的雇佣形式来增加收入,它以最低的劳动生产率为前提,地主不愿意采取先进的生产技术从而使技术停滞,使盘剥延续。随着商品经济的发展,工役制度的弊端逐渐暴露出来,其实现条件由于商业性农业的兴起而遭到了破坏,受到了资本主义的排挤。工役制度的衰落

---

① 《列宁全集》第3卷,北京:人民出版社,1984年,第161页。
② 《列宁全集》第3卷,北京:人民出版社,1984年,第165页。

促使地主经济向资本主义经济的演进条件不断完备,"俄国资本主义正在创造一种必然要求农业合理化和废除盘剥的社会条件"。①此外,农业技术的不断采用和引进推动了俄国农业资本主义的发展,但这并不能改变农民被压迫的命运。相反,与纯粹农奴制下的处境相比,农民此时不但要受到来自农奴制残余的盘剥,还要受到因资本主义制度而产生的新的剥削主体的压迫,即农民处于双重压迫的境地。缴纳赎金赎买份地、割地等改革后的政策迫使农民陷入更加艰难的困境,与工厂的工人相对应,农村的农民逐渐沦为农村的无产阶级,列宁称之为"农业无产阶级"(因资本主义发展所导致的农民分化在下文中还将专门论述)。尽管农业资本主义的发展导致农民发生了分化,但不能否认的是商业性农业的发展使农民的经济活动与市场的联系越来越紧密,列宁认为这种联系说明农民对资本主义商品市场存在依赖性,农民经济也逐渐融入了统一的资本主义制度中。"新的资本主义经济形式尽管存在着它所固有的种种矛盾,但毕竟是一大进步。"②列宁通过对多项统计资料的分析,得出了资本主义制度在地主经济中占据着优势的结论。

(三)"资本主义的进步的历史作用"

列宁在《俄国资本主义的发展》这本著作中对资本主义在俄国经济发展中的历史作用进行了专门的总结,他说:"资本主义的进步的历史作用,可以用两个简短的论点来概括:社会劳动生产力的提高和劳动的社会化。"③

1.关于"社会劳动生产力的提高"。列宁认为,资本主义所造成

---

① 《列宁全集》第3卷,北京:人民出版社,1984年,第186页。
② 《列宁全集》第3卷,北京:人民出版社,1984年,第177页。
③ 《列宁全集》第3卷,北京:人民出版社,1984年,第549页。

的社会生产力的发展包含有两个特点：第一，大机器工业时代是社会劳动生产力发展的基本前提。资本主义的发展使得竞争成为促使社会生产技术不断改革的巨大动力。1861 年改革前的俄国社会劳动生产力是十分低下的，表现为手工业生产和原始技术的采用成为当时生产方式的主流。即使偶尔有过生产技术的改良促进了些许的技术进步，这在列宁看来也是"纯粹自发的"和"极端缓慢的"。改革后的时代，由于俄国已经进入资本主义时期，在社会劳动生产力方面与此前的任何时代相比都已经取得了巨大的进步。"浅耕犁与连枷、水磨与手工织布机的俄国，开始迅速地变为犁与脱粒机、蒸汽磨与蒸汽织布机的俄国。资本主义生产所支配的国民经济各部门，没有一个不曾发生这样完全的技术改革。"①对此，列宁在 1899 年的另外一篇论述俄国农业资本主义发展的巨著《农业中的资本主义》中认为，俄国资本主义的发展使农民手工劳动转变为技术含量更高的现代化农业机器的使用，从而推动了社会劳动生产力的迅速发展。而这种技术改革的采用主要就源于资本主义所造成的竞争和农民对世界市场的依赖。② 可见，列宁对俄国资本主义大机器工业时代生产技术的进步和大机器的使用是持肯定态度的，与民粹派所认为的使用机器是有害的观点是根本对立的。民粹派的错误"来源于他们企图证明这种不合比例的、跳跃式的、寒热病似的发展不是发展"，而事实上"这种改革的过程，根据资本主义的性质，只能通过一系列的不平衡与不合比例来进行"。③ 第二，"生产资料（生产消费）的增长远远超过个人消费的增长"。马克思在《资本论》中

---

① 《列宁全集》第 3 卷，北京：人民出版社，1984 年，第 549 页。
② 参见《列宁全集》第 4 卷，北京：人民出版社，1984 年，第 91—92 页。
③ 《列宁全集》第 3 卷，北京：人民出版社，1984 年，第 549 页。

揭示了商品价值的规律,列宁运用马克思的价值规律分析了资本主义社会产品实现的一般规律。列宁认为,社会产品和个别产品一样,按价值可分解成三个部分,即不变资本+可变资本+剩余价值(c+v+m);按实物形式可将社会产品分为两大部类,即生产资料(生产上消费)和消费品(个人消费)。作为生产生产资料的第 I 部类属于生产消费,而作为生产消费品的第 II 部类,属于用于个人消费品的生产。在简单再生产条件下,生产资料中的可变资本与剩余价值之和等于消费品中的不变资本(v+m=c);而在扩大再生产中,生产资料中的可变资本与剩余价值之和大于消费品中的不变资本(v+m>c)。由此,列宁得出结论:资本主义生产的扩大(国内市场的扩大),主要靠的就是生产资料而不是靠消费品。"换句话说,生产资料的增长超过消费品的增长。"①正是这个资本主义社会中产品实现的一般规律导致了生产资料的增长远远超过个人消费的增长,这"是与这个社会的对抗性质完全适应的"②。

2.关于"劳动的社会化"。列宁在《俄国资本主义的发展》中归纳了资本主义所造成的劳动社会化的进步的历史作用,主要有 7 点:第一,形成国内市场和国际市场。这是由商品生产的增长所造成的,随着商品生产的增长,自然经济条件下小经济单位的分散性被打破,取而代之的是小的地方市场组合成大的国内市场直至国际市场。第二,生产集中。列宁认为这是资本主义特点中最明显最突出的表现,但不是唯一表现。其主要体现在资本主义对农业和工业的影响之中,资本主义要实现扩大再生产就必须要进行生产的集中,这样才能使得第 I 部类的增长超过第 II 部类的增长。第三,排

① 《列宁全集》第 3 卷,北京:人民出版社,1984 年,第 35—36 页。
② 《列宁全集》第 3 卷,北京:人民出版社,1984 年,第 550 页。

挤人身依附形式。由于生产者的人身依附存在(在某种程度还将继续存在)于当时俄国社会的各个生产领域(农业、加工工业、渔业、采矿工业等),排挤人身依附形式就更加体现了资本主义的进步性,因为自由雇佣工人的劳动相对于依附的或被奴役的农民而言本身就是一个巨大的进步。第四,造成人口流动。资本主义造成的人口流动相比于以前各种社会经济制度中把生产者固定于某一个地方要进步。以前各种社会经济制度下即使有人口的流动,在规模上而言远不如资本主义条件下的人口流动规模。当然,造成人口的流动的一个重要的原因是生产者的人身依附受到了排挤,比如,在农奴制改革之前,农民对地主有着强烈的人身依附,农民被固定在一定的土地上耕作。改革以后,农民(尽管不是所有农民)的人身依附受到排挤,与地主的人身依附关系不再像改革前那么强烈,因此流动性必然会加强。第五,工业人口比例的增加。由于社会化大生产背景下,随着生产技术的引进和使用,导致"农村工人"的出现,资本主义必然导致从事农业的生产者的数目减少,而工业人口比例增加。第六,扩大居民对联盟、联合的需要。改革之前落后的、简单的联盟被资本主义破坏,整个社会分裂成不同社会地位的新的人群组成的大的集团,为了在竞争中取得优势,这些大的集团在内部组成强大的联盟。第七,引起人们精神面貌的改变。前面6个由资本主义所造成的劳动社会化的进步性肯定会引起生产者性格的深刻改变,其所带来的结果必然是人们精神面貌的改变。当然,人们这种精神面貌的改变既包括积极进步的一面,又包括消极堕落的一面。

二、资本主义的发展加速了农民的分化

客观地来说,改革前的俄国农民(农奴)并不是没有出现过任

何的分化,恰恰相反,由于多种因素的影响(如生产技术的采用、土地的集中、财产的继承等)农民分化是在所难免的。但是,在封建农奴制下的农民分化无论从深度和广度而言都不能与改革后的农民分化相提并论。列宁在革命初期就已经科学运用马克思主义观点分析资本主义对农民分化的影响,在他早期的许多著作中对此都有过专门的论述,揭示了资本主义的发展加速了农民分化的事实。

（一）村社农民已分化为农村资产阶级和无产阶级

在列宁的第一部著作《农民生活中新的经济变动》中,作者从马克思主义的视角对波斯特尼柯夫的《南俄农民经济》一书进行了评介。他在肯定当时的商品经济已经占据统治地位的基础上,指出了在资本主义条件下村社农民分化的事实。[①]

列宁通过引证波斯特尼柯夫在《南俄农民经济》中大量的资料认为,波氏虽然证明了他自己关于各个农户的经济状况"有很大的不同"的论点,但是在承认这种农民中深刻的经济悬殊的前提下不能把农民的财产状况作为农民划分阶层的唯一标准。因为这种农户之间的经济状况的差异不仅仅是表现在量的不同,还存在质的差别,即一部分农民所从事的是以盈利为目的的农业生产,而另一部分农民所从事的是以养家糊口为目的的农业生产,后者由于无法满足家庭必不可少的需要而不得不破产从而出卖自己的劳动力,前者依靠后者的破产来改善自己的经营并且在生产中大量使用雇佣劳动,于是这种质的差别就显而易见了。[②]正是基于此,列宁认为,不

---

① 列宁认为,几乎每本关于改革后时期俄国农民经济状况的著作,都会讲到农民的分化,他把这种农民的分化也叫作农民的"分解"。他认为在论述农民分化的著作中,波斯特尼柯夫的《南俄农民经济》"应当算是最好的"。参见《列宁全集》第3卷,北京:人民出版社,1984年,第53页。
② 《列宁全集》第1卷,北京:人民出版社,1984年,第28—29页。

能只依据农民经济状况量的不同来划分农民的阶层,而要"按照经营性质(经营性质不是指技术上的特点,而是指经济上的特点)的差别对农民进行分类"①。波斯特尼柯夫在书中按照户主的经济独立程度和经营方式将南俄地区的农民分为三大类:1.有畜力的户主;2.畜力不够的户主或插犋户;3.没有畜力的或根本没有牲畜的"无马的户主",或有 1 头役畜的户主。列宁对于这种只按照役畜头数的分类方法持有不同的意见,他指出,不能认为这种分类是"完全成功的",这是由于地方自治局的统计是按照播种面积而不是按照役畜头数来进行分类的,而波斯特尼柯夫所搜集整理的正是地方自治局的统计资料。因此,要想真正反映各类农民的财产状况,就得采取按播种面积分类的方法。②

在分析塔夫利达省各县居民中 2/5 的下等户即贫苦户的经济状况时,列宁从役畜的头数和播种的面积这些指标看出贫苦户的农业经营处境是极为悲惨的。该省各县 30%—39% 的下等户的绝大多数是根本没有耕具的,这就导致了他们只好抛弃土地,把份地出租。波斯特尼柯夫认为这种份地出租者占贫苦户的极大多数,地方自治局的统计也表明这种现象"到处都有",而且量很大。由此,列宁得出结论:全体贫苦户的经济呈现出完全衰落的景象。③由于大量被列入下等户的农民在自己有限的份地(维持基本生活的每户农民必需平均播种面积约为 17 俄亩,而这类农民每户平均播种面积仅为 8 俄亩)上耕作也不能维持家庭最基本的生活需求。于是他们不得不靠做雇农和挣外水过活,也就是靠出卖自己的劳动力获得收

---

① 《列宁全集》第 1 卷,北京:人民出版社,1984 年,第 29 页。
② 《列宁全集》第 1 卷,北京:人民出版社,1984 年,第 29—31 页。
③ 《列宁全集》第 1 卷,北京:人民出版社,1984 年,第 33 页。

入。列宁把这种贫困户抛弃有限的土地将其出租,转而出卖自己的劳动力去租种中等户或者富裕农民的土地的奇怪现象归结为贫困户所拥有的生产资料(即土地和农具)大大低于平均数的结果。波斯特尼柯夫之所以没有在书中充分说明这一奇怪现象就在于他没有将生产资料的低下与经营的一般性质联系起来,列宁认为这类拥有小块播种面积,但是又不得不出卖自己劳动力的农民"更象是雇佣工人,而不象是耕作业主"①。由此可见,俄国资本主义的发展迫使大量贫困户破产,下等户农民的生产资料由于无法达到平均数不得不出卖自己的劳动力而沦为农村无产阶级。而那些依靠下等户农民的破产改善自己经营、雇佣劳动的富裕农民则成为农村资产阶级。

（二）农民分化后的三种类型

随着资本主义时期商品生产渗入到农业,必然会引起农民生活中新的经济变动,这种经济变动表现为商品生产渗入农业的程度决定了农民之间的竞争、为土地的争夺以及为经济独立的斗争的激励程度,其必然也会导致农民资产阶级排挤中等农民和贫苦农民的现象。列宁通过运用波斯特尼柯夫《南俄农民经济》中的资料以及把地方统计局汇编的资料补充进去,分析了分化后的三类农民的不同特征。

1.富裕农民(两类上等户)。② 根据塔夫利达省农民各经济类别

---

① 《列宁全集》第1卷,北京:人民出版社,1984年,第38页。
② 在《农民生活中新的经济变动》中,列宁多次引用了塔夫利达省的统计人员根据播种面积把农民分成六类的资料,这六类农民是:(1)不种地者;(2)种地不满5俄亩者;(3)种地5—10俄亩者;(4)种地10—25俄亩者;(5)种地25—50俄亩者;(6)种地超过50俄亩者。波斯特尼柯夫将(5)和(6)两类上等户称为"富裕农民"。参见《列宁全集》第1卷,北京:人民出版社,1984年,第8—10页。

总的资料分析,占农户 1/5 和占人口 3/10 的富裕农民的播种面积达到总播种面积的一半以上。而且这类农户的农业已经具有商业性,他们每年所获得的货币收入总数为 574—1500 卢布。根据测算,一户农民维持其基本生活标准的平均播种面积约为 17 俄亩,而富裕农民的播种面积远远超过这个标准,这就促使他们不得不通过雇用工人来进行农业生产。破产的贫苦农民正好能够通过出卖劳动力为富裕农民"提供工人",这说明商业性农业已经变为资本主义农业,而且它也是符合资本主义生产理论所论述的那种国内市场建立的过程。①

富裕农民无论在农具的数量还是在耕作技术的条件上比贫苦农民,甚至比中等农民都要多、要好。这类农民利用占据绝大多数的改良农具和良好的耕作技术把自己变成了小土地占有者和农场主,通过经营租地把土地变成了商品,变成了"猎取金钱的机器"。②波斯特尼柯夫通过计算证明了越是经营规模扩大,生产农产品的开支越少,列宁也同意了波氏由此得出的一个"十分正确"的观点,即"大农户的生产率较高因而也较稳固这一规律具有重要的意义"。③

2.中等户。塔夫利达省的统计人员把种地 10—25 俄亩,平均为 16.4 俄亩的农民划为中等户。列宁认为,中等户的经济处于不稳定的状况之下,这是由于这类农民的状况是过渡性的,表现为农业的货币收入达不到一个中等的塔夫利达人每年的开支。他们所拥有的役畜也达不到充分"畜力"的标准,因此他们必须靠插犋来耕种自己的土地。④ 这必然导致生产率的低下,加之 1/5 的中等农户完

① 《列宁全集》第 3 卷,北京:人民出版社,1984 年,第 54—55 页。
② 《列宁全集》第 3 卷,北京:人民出版社,1984 年,第 56 页。
③ 《列宁全集》第 3 卷,北京:人民出版社,1984 年,第 57—58 页。
④ 《列宁全集》第 3 卷,北京:人民出版社,1984 年,第 61—62 页。

全没有耕具而不得不沦为雇用工人,这更能体现中等户在农民资产阶级和农村无产阶级之间的不稳定性和过渡性,他们同样受到富裕农民的排挤。①

3.下等户。不种地和种地少(低于 10 俄亩)的户主组成了下等农户,这两种类型的农民都属于农村无产阶级,他们在经济状况上没有太大的区别。波斯特尼柯夫认为"二者不是给自己同村人当雇农,就是去挣外水,而且主要还是农业方面的外水"。② 如前所述,贫困户所拥有的土地尽管十分有限,但是由于没有耕具或者耕具很少,这就迫使他们抛弃土地,靠出租其有限的土地和出卖自己的劳动力获得收入。这种贫困户出租土地的现象在塔夫利达省三县表现得比较突出,在 1884—1886 年之间总共有 1/3 人口出租土地,而"租种农村无产阶级份地的主要是农民资产阶级"③。下等户受到富裕农民,甚至是中等农民的排挤,经济状况十分糟糕,农村无产阶级和农民资产阶级的分化是资本主义在农村发展的必然结果。

值得一提的是,列宁在分析了农民分化后的三种类型以后,特别是研究了下等户受上等户排挤而处于耕作者之外的情形以后,认为资本主义条件下农民使用土地总数的分配与份地的分配完全不同。份地的分配是最平均的,这说明份地在农民经济中的作用日益缩小。由此可以看出,列宁当时认为俄国农业资本主义的发展程度是很高的。他甚至认为"改革前制度的残余(农民被束缚在土地上,平均的征税性土地占有)正在被渗入农业中的资本主义彻底肃清"④。而事实是,1905 年革命证明了列宁早期对俄国资本主义发

---

① 《列宁全集》第 3 卷,北京:人民出版社,1984 年,第 62 页。
② 《列宁全集》第 3 卷,北京:人民出版社,1984 年,第 60 页。
③ 《列宁全集》第 3 卷,北京:人民出版社,1984 年,第 60—61 页。
④ 《列宁全集》第 3 卷,北京:人民出版社,1984 年,第 63 页。

展程度估计过高、对农奴制残余的力量估计过低了,他不得不承认
这是一个错误,以至于革命爆发以后立即着手修改社会民主工党的
土地纲领。

（三）移民运动大大推动了农民的分化

随着农民的分化在不断迅速地向前发展,农民的流动性也随之
增加。许多不种地者、种地少者,甚至中等富裕农民由于缺少生产
资料选择了移民,而这种迁移进一步推动了农民的分化。关于这一
点,列宁在早期考察资本主义发展过程中农民的分化问题时就已经
注意到了,他说:“移民运动的发展,大大推动了农民的分化,特别是
种地的农民的分化。”①当时,发生农民迁移运动的主要是一些工役
制发达、人口稠密的中部地区的农业省份,而在工业省份发生这种
农民移民的现象非常少。

从迁移人群来看,主要是中等富裕程度的农民。这些中等富裕
程度的农民离开迁移地区移民他处,这势必造成农民发生分化,因
为当一个地区的中等户迁出以后,在该地区剩下的就是富裕农民和
下等户这两极的两类农民,由于农民类别层级的减少(由三级变成
二级)使得这一地区的农民分化程度也一定会加强。此外,这部分
迁移的中等富裕程度的农民也会把分化的因素带到迁入地区,从而
加强了迁入地区农民的分化。

三、俄国农业资本主义的发展状况

19 世纪末 20 世纪初,尽管俄国还是一个落后的农业国家,由于
农奴制改革后就步入了资本主义时期,所以经过几十年的发展,俄

---

① 《列宁全集》第 3 卷,北京: 人民出版社, 1984 年, 第 155 页。

国资本主义不但在工业中取得了巨大的成就,而且资本主义经济也成为了农业和农村经济一个显著的特点。列宁早期对俄国农业资本主义发展进行了比较深入的研究,其早期关于俄国农业资本主义发展的研究为以后制定土地纲领乃至形成土地理论都提供了一定的理论基础。

（一）俄国农业资本主义发展的进步性

列宁在 1899 年所著的《农业中的资本主义》这部著作中认真研讨了布尔加柯夫在《论农业资本主义演进的问题》中关于对考茨基的《土地问题》的不公正、不客观的评价。列宁认为,农业资本主义的发展过程是十分复杂的,而且其形式也是多样化的。布尔加柯夫批评考茨基在《土地问题》开头关于封建时期农业的概述"写得很肤浅,而且是多余的"。列宁指出,布尔加柯夫的这种批评的动机究竟是什么实在让人难以理解。他认为,描述资本主义前农业经济的基本特征是研究农业资本主义演进的必要工作,否则就难以了解资本主义的性质和把资本主义经济与封建主义经济连接起来的那些过渡形式的性质。因此,考茨基对资本主义前即封建时期农业的概述不但不是"肤浅""多余"的,反而是"清晰""明确"的。① 考茨基概述了封建农业的一些基本特征,如最保守的耕作制度三圃制占统治地位、拥有大量领地的贵族压迫和剥夺农民、资产阶级农民的兴起、贵族建立封建-资本主义市场等。在列宁看来,考茨基关于资本主义在农业中所进行的大革命的概述是非常重要的,它并不是布尔加柯夫所批评那样是肤浅而多余的。因为在考茨基的概述中体现了资本主义已经渗入到农业和农村,资本主义的发展对于俄国农业

① 《列宁全集》第 4 卷,北京:人民出版社,1984 年,第 90 页。

和农村也具有进步的作用。列宁在此基础上简要地概括了这种进步性:"资本主义把贫穷困苦、愚昧无知的农民的因循守旧的手工劳动,变成科学地运用农艺学,打破了长期以来农业的停滞状态,推动了(并且继续推动着)社会劳动生产力的迅速发展。"①显而易见,早期的列宁关于资本主义的发展对农业和农村的进步作用在一定程度上是持肯定态度的。特别是在旧的耕作制度被新的耕作制度所代替、耕作技术的改进、农业中机器和蒸汽的使用、土壤的改良、人造肥料的使用等方面大大提高了农业劳动生产率,这是资本主义发展给农村所带来的变化。

（二）农业大生产在技术上的优越性

列宁认为,考茨基在《土地问题》第 6 章所探讨的"大生产和小生产"的问题是本书"最出色"的几章之一。考茨基肯定了农业大生产在技术上所具有的优越性,考茨基写道:"农业愈资本主义化,它使小生产和大生产在技术上的质的差别就愈大。"这很明显地说明了考茨基并没有像布尔加柯夫所批评的那样,将技术和经济混为一谈,他指出了资本主义的发展高度同大农业具有优越性之间是存在联系的。列宁认为只有在资本主义条件下才具有这种联系,因为"在资本主义前的农业中,这种质的差别是不存在的"②。当然,考茨基所肯定的大生产在技术上的优越性并没有忽视多样化的农业关系。恰恰相反,他十分重视这种农业关系的多样性,认为只有在实践中重视这种多样性才能正确证明大生产在技术上的优越性。

在农业中,大生产所具有的优越性规律并不是绝对的,因为资本主义条件下的农业关系甚至比工业关系更加复杂和多样化。在

①　《列宁全集》第 4 卷,北京:人民出版社,1984 年,第 91—92 页。
②　《列宁全集》第 4 卷,北京:人民出版社,1984 年,第 100 页。

农业中体现大生产的优越性规律必然受到更加严格的条件限制,考茨基把这种限制称为"当其他条件相同时"。列宁认为,即使在工业中也必须满足"其他条件相同"的要求才能体现大生产在技术上的优越性。但至于具体什么是"其他条件相同",列宁也并没有明确指出来,而是引用了考茨基的两个判断:第一,"大的农民经济'即使不在技术上,至少也在经济上胜过'小地主经济";第二,在人才和管理上,大生产拥有受过科学教育的管理人员,因为他们有实力支付这类人员的薪金,所采用的是科学管理的方式。而小生产不具备这种实力,采用的主要是地主自己"容克式的"管理方式。所以,当这些"其他条件相同时",大生产在技术上才具有优越性。当然,这其实也说明了农业大生产只有在一定的限度内才具有优越性。① 此外,尽管当时在蔬菜业、葡萄种植业、商业性作物种植业等一些农业部门中的小生产确实比大生产更具有竞争力,但是与谷物生产和畜牧业等主要农业部门的大生产相比,这种优势几乎可以忽略不计。这并不影响大生产对小生产具有绝对的优越性。②

(三)资本主义对俄国农业的消极影响

列宁在涉足革命的早期就已经能够运用马克思主义的观点、方法考察俄国的现实问题了,在他早期所研究的俄国资本主义发展问题时也不例外。他运用马克思主义理论辩证地看待资本主义对俄国农业的影响,既肯定它的进步性,也客观地指出资本主义对农业的消极影响。他说:"在强调资本主义在俄国农业中的进步历史作用时,我们丝毫没有忘记这种经济制度的历史暂时性,也没有忘记

---

① 《列宁全集》第4卷,北京:人民出版社,1984年,第97页。
② 《列宁全集》第4卷,北京:人民出版社,1984年,第97—98页。

它固有的深刻的社会矛盾。"①这里,列宁总结的资本主义对俄国农业的消极影响主要体现在两个方面:历史暂时性和固有的深刻的社会矛盾。

尽管资本主义的发展对俄国的农业起到了进步的作用,但是列宁在评价这种进步性时认为其具有历史暂时性,这可以从两个方面来理解:第一,这种进步性是历史的;第二,这种进步性是暂时的。所谓历史的,是指这种进步是与一定的具体历史条件相联系的,与俄国社会历史背景有关的,而不是抽象的。所谓暂时的,是指这种进步随着社会的发展和社会制度的更迭必然会发生改变,它绝对不是永恒的。它之所以在当时看来是进步的,也是相对于资本主义前的社会经济制度而言。在今天看来,它相对于社会主义的经济制度又不是进步的,这充分体现了它的暂时性。这是符合马克思主义基本原理的,因为从马克思主义的观点来看,物质的运动是绝对的,静止是相对的。

关于资本主义所固有的深刻的社会矛盾,列宁认为这是资本主义发展的必然结果。资本主义的发展使农民分化为农村资产阶级和农村无产阶级,这是农民分化的矛盾;资本主义的发展使贵族对贫苦农民的压迫更深,这是阶级之间的矛盾;资本主义的发展使财富更加集中,使富者更富,穷者更穷,这是贫富之间的矛盾;资本主义的发展使传统的生产方式被现代化的机器大生产所取代,这是传统与现代的矛盾;等等。总之,一方面,资本主义的发展导致了社会矛盾的形成;另一方面,社会矛盾又促进了资本主义的进一步发展。

---

① 《列宁全集》第3卷,北京:人民出版社,1984年,第284页。

第二节　列宁早期对不同流派土地思想的批判

19世纪末,在以普列汉诺夫为代表的劳动解放社的努力下,马克思主义已经开始在俄国传播,但传播范围仅限于分散的秘密小组,更没有与当时的工人运动结合起来。倒向沙皇政府怀抱的自由主义民粹派、披着马克思主义外衣的合法马克思主义者成为妨碍马克思主义和俄国工人运动相结合的思想障碍。他们所提出的解决俄国土地问题的种种荒谬主张成为列宁批判的对象,列宁早期通过对不同流派土地思想的批判,逐渐形成代表广大俄国农民和俄国社会发展方向的土地理论。

一、列宁对民粹派村社理论的批判

列宁涉足革命的初期,自称为"人民之友"的民粹派在俄国的影响要远远大于马克思主义者,这个以重视农村、农民而著称的政治派别几乎从来不关心工人的问题,对工人的革命任务也是一无所知。在他们的著述中几乎全部是关于农村问题的主题,他们试图通过少数热心的领袖领导一群农民去改善自己的生活,从而直接达到社会主义。在当时,民粹主义已经成为阻碍俄国马克思主义传播和马克思主义政党建立的绊脚石。因此,列宁与民粹主义进行了坚决的斗争。① 在土地问题上也不例外,他运用马克思主义理论批判了

---

① 事实上,与民粹派(民粹主义)的斗争贯穿了列宁的一生。

民粹主义的错误的土地思想,捍卫了马克思主义的土地理论。[①]

（一）关于以村社占有制为特征的农民土地占有形式

村社(俄国农民也称其为"米尔")是俄国历史上一种十分重要的村庄共同体形式。在俄国社会发展较长的一段时期里,农民个体对这种村庄共同体具有强烈的个人依附属性,村社成为农民人身依附的一个重要载体。民粹派在形成的过程中一直把俄国传统的村社视为一种极高的制度形式,他们甚至认为由于传统村社没有受到资本主义的侵蚀,它要优于西方资本主义制度。[②] 如著名的自由主义民粹派理论家丹尼尔逊(尼·一逊)就曾说过:"村社的农业是未来经济大厦赖以建立的那种生产的基本物质条件之一。"[③]这种把村社作为社会主义的现成的和直接的生长点以及把村社作为社会主义基础的思想被称为"村社社会主义",这也是俄国民粹派的思想基础。针对民粹派不切实际地过高估计村社在整个俄国社会进程中的作用以及 1861 年改革后村社所面临的巨大冲击,列宁在早

---

① 列宁对待民粹主义的态度所秉承的是马克思主义的辩证法,他并没有全盘否定民粹主义在俄国社会历史中的积极作用（比如最早翻译马克思主义著作的就是俄国民粹主义者）。 客观地来讲,列宁曾经也信仰过民粹主义,和另外一位俄国著名的马克思主义者普列汉诺夫一样,在接触和接受马克思主义以后他们才与民粹主义发生决裂的。

② 如民粹主义学者格·波·克拉辛在《市场问题》一文中认为,资本主义与俄国的"人民经济"（没有剥削的村社经济）是两种互不相容的经济,二者之间是对立的关系。作者在没有考察资本主义是如何产生的情况下转而探讨资本主义在贫穷的俄国发展的可能性,最后得出结论:资本主义生产方式绝对不可能在俄国普遍发展起来。 像克拉辛这样的民粹主义思想曾经在一段时期占据了主流,民粹主义否认俄国资本主义确立的事实,即使有的勉强承认存在资本主义,也认为这是"人为的"偶然现象。 列宁对此给予了严厉的批判。 参见徐芹《列宁早期俄国资本主义发展必然性和进步性的思想》,《湖北大学学报（哲学社会科学版）》,2011 年第 3 期,第 51—55 页;徐芹:《批判错误思潮与列宁早期俄国资本主义发展思想》,《马克思主义研究》,2012 年第 9 期,第 41—49 页;王思涛《论列宁对俄国民粹派资本主义观的批判及其当代意义》,《党史文苑（下半月）》,2012 年第 9 期,第 34—38 页。

③ 中央编译局:《俄国民粹派文选》,北京:人民出版社,1983 年,第 811 页。

期对民粹派村社理论进行了批判。

以村社占有制为特征的农民土地占有形式的最初理论来源要追溯到 1884 年出版的叶菲缅科所著的《北方地区的农民土地占有制》一书。在这部著作中,作者在否定"土地重分村社"晚于"北方型村社"的观点的基础上,提出了"份额村社论"。叶菲缅科认为,村社土地占有制就是份额村社的因素之一,它的特征是土地占有权归国家或贵族所有。当然,不可否认的是,"人们通常所谈的那种狭义的村社,即常常被认为是俄罗斯传统所系的那种近古型村社——土地公有、定期重分型公社,起源于 16 世纪前后"①。俄国许多学者也认为早在 16 世纪前后就形成了土地公有型村社形式。民粹派对这种村社占有土地的制度一直津津乐道,他们甚至与当时的欧洲进行比较,认为欧洲在资本主义生产条件下工业的发展需要大量廉价的劳动和充分的劳动供应,这导致剥夺人民的土地和工业发展促使城市人口的增长。而俄国却不是这样,俄国农民只要还有力量就会固守着土地,与欧洲农民在工业化条件下的被迫离乡背井到城市谋生的状况形成了鲜明的对比。民粹主义认为,人民土地占有制是农民阵地上的主要战略据点和主要制高点。正因为如此,小市民的首领们才会对它和村社进行攻击,才会出现为数众多的使耕作者与土地脱离关系的方案。②

对于民粹主义上述观点,列宁作出了严厉的批判。列宁认为,这种论调"清楚地反应出民粹主义理论的肤浅",其实质就是否定资本主义的存在和否定资本主义道路。民粹派幻想着"另外的道

---

① 金雁:《农村公社、改革与革命——村社传统与俄国现代化之路》,北京:中央编译出版社,1996 年,第 64 页。

② 《列宁全集》第 1 卷,北京:人民出版社,1984 年,第 326—327 页。

路"(通过村社直接进入社会主义)以至于对现实作出了不正确的
估计。对于民粹派将以村社占有或个体农户占有为特征的农民土
地占有形式视为"主要战略据点"和"主要制高点"的论断,列宁认
为也是肤浅的,他把这种农民土地占有形式看作是"不起根本作用
的法律制度"。在列宁看来,当时俄国的小农经济从政治经济组织
类型来说与西欧一般的小生产经济并无太大区别,俄国小农经济也
并不是像民粹派所认为的是一种"特殊的东西"。列宁指出,民粹
派认为俄国农民土地占有形式不存在对劳动者剥削的看法也是肤
浅的,民粹派所谓的没有对劳动者剥削的"'人民的'(!?)土地占有
制"实际上是"抹杀了在我国农民经济中也象在'村社'之外一样存
在着占有额外价值、为他人劳动这种确切无疑的事实,从而为温情
的和甜蜜的欺人之谈大开方便之门"①。在这里,列宁明确地指出,
当时俄国农村经济中已经出现了马克思主义创始人在《资本论》中
所阐述的资本主义的一个极其重要的特征——剩余价值(列宁称其
为"额外价值"),同时列宁还指出了俄国农民为他人劳动、受他人
剥削的事实。这说明民粹派夸大农村村社土地占有形式、否认农村
存在资本主义的做法是违背历史客观规律和十分可笑的。

　　(二)关于村社的"独特性"和把村社"理想化"

　　列宁在《我们拒绝什么遗产?》(1897 年底)一文中对自由主义
民粹派的一些错误论调进行了批判,其中就包括民粹派关于"肯定
俄国的独特性,把农民和村社理想化"的论调,他认为这也是民粹主
义的特点之一。

　　民粹派分子所推崇的关于俄国独特性的学说,其实质就是否认

---

　　①　《列宁全集》第 1 卷,北京:人民出版社,1984 年,第 327 页。

资本主义。他们对当时已经处于比较成熟的西欧资本主义嗤之以
鼻,抓住西欧一些过时的理论不放,对西欧文化的成就视而不见,摒
弃西欧进步的思想界对资本主义及其一切现象的分析。不但不将
西欧思想界正确的分析运用于俄国,反而千方百计寻找借口否认俄
国的资本主义。具有讽刺意味的是,民粹派分子一方面极力奉承西
欧进步思想界的理论家们,另一方面却心安理得地去扮演这些西欧
理论家们毕生所反对的浪漫主义者。① 列宁认为,一切民粹派分子
所主张的独特性的学说与 60 年代启蒙派的精神和传统相去甚远。
不仅与 60 年代启蒙派的"遗产"毫无共同之处,甚至和它正相抵触。
在对待村社问题上,民粹派分子所粉饰的农民的"村社倾向"与当
时农民已经分化为农村资产阶级和农村无产阶级的事实针锋相对,
而且这种对立表现得越来越尖锐。尽管几乎所有的民粹派分子并
不否认俄国宗法式的生活方式与现代经济现实和现代资本主义商
品关系及其发展存在尖锐的矛盾,但是他们"象害怕火一样的害怕
这样提出问题,害怕这样把农民的法律状况与经济现实、与当前的
经济发展加以对比"②。

　　随着资本主义深入的发展,商品经济对社会的影响越来越大,
小生产者也渐渐地变成商品生产者。在这样的背景下,民粹派分子
却依然存有对农村的虚伪的理想化和关于村社倾向的浪漫主义的
梦想。这就注定了他们必然要继续用农民的眼光观察已然变化的
事物,也导致他们对于农民在当时经济发展下的真正需要采取了极
其轻率的态度。③ 列宁认为,民粹派分子对农村的理想化和粉饰,

① 《列宁全集》第 20 卷,北京:人民出版社,1989 年,第 408—409 页。
② 《列宁全集》第 20 卷,北京:人民出版社,1989 年,第 410 页。
③ 《列宁全集》第 20 卷,北京:人民出版社,1989 年,第 409 页。

更不符合 60 年代启蒙派的精神和传统,"这种虚伪的理想化不顾一切地要把我们的农村看作某种特别的东西,看作某种与前资本主义关系时期任何其他国家的任何其他农村制度根本不同的东西;这种理想化与清醒的、现实主义的遗产的传统处于极端矛盾之中"①。在这里,列宁既批判了民粹派分子关于俄国农村独特性的学说,又批判了他们把农民和村社理想化的论调。事实上,当时的俄国农村"与前资本主义关系时期任何其他国家的任何其他农村制度"并无二致。俄国的农村也不是什么特别的东西,之所以在民粹派分子眼中成为了"特别的"东西,只不过是因为他们的"虚伪的理想化"在作祟。而且这种"虚伪的理想化"与 60 年代的精神和传统"处于极端矛盾中",这也说明民粹派分子所谓的"理想化"只不过是他们一厢情愿的浪漫主义梦想,他们"顽固地相信并不存在的、由他们浪漫主义地空想出来的没有资本主义的发展,因此……因此他们打算阻止现在这个循着资本主义道路前进的发展"②。他们宁愿固守因循守旧和停滞不前的基石,也不要资本主义的进步。

二、列宁对资产阶级理论家土地理论的批判

针对一些资产阶级和小资产阶级理论家(如俄国的布尔加柯夫、切尔诺夫和德国的赫茨、大卫等)对马克思的土地理论进行的所谓的"批评",③列宁早期专门撰文回应了这些歪曲事实的、肤浅的

———

① 《列宁全集》第 20 卷,北京:人民出版社,1989 年,第 409 页。
② 《列宁全集》第 20 卷,北京:人民出版社,1989 年,第 410 页。
③ 由于资产阶级理论家和小资产阶级理论家布尔加柯夫、切尔诺夫、赫茨、大卫以及社会民主党人马斯诺夫等人"批评"马克思的土地理论,列宁才把这些人称为"所谓的批评学派",该学派企图用自然规律来解释为什么存在土地占有者向社会索取的贡赋,他们的学说具有资产阶级的性质。参见《列宁全集》第 7 卷,北京:人民出版社,1986 年,第 91 页。

批评,并且对他们进行了坚决的"反批评",捍卫了马克思主义土地理论。

（一）批判资产阶级理论家的地租理论

列宁对资产阶级理论家和小资产阶级理论家地租理论的批判是缘于他们批评马克思的地租理论在前。列宁对他们的批判一方面指出这些"马克思的批评家"的错误,另一方面捍卫了马克思的地租理论。在这些"马克思的批评家"中,对马克思地租理论的批评最为激烈和最为详细的要数布尔加柯夫了。布尔加柯夫在他的博士论文《资本主义和农业》中对马克思主义进行了清算,这就包括马克思的地租理论。布尔加柯夫提出了两个主要的反驳意见试图推翻马克思的地租理论:第一,他认为马克思关于地租形成的观点不对。马克思认为,由于农业资本参与利润率的平均化,因此地租是由超过平均利润率的超额利润构成的。布尔加柯夫指出马克思的这种提法不对。他认为利润平均化过程必须要求竞争自由,而土地占有权的垄断使这个条件不具备,所以农业资本并不参与利润率平均化的过程,也就不存在马克思所说的超额利润,更不会有地租。第二,马克思把绝对地租和级差地租区别开来是不对的。布尔加柯夫认为,绝对地租只是级差地租的一种特殊情况,因此不应该把二者区别开来,马克思把二者区别开来的根据是对同一事实(一种生产因素被垄断的事实)任意作出的两种解释。①

针对布尔加柯夫对马克思地租理论的责难,列宁认为"布尔加柯夫先生根本没有弄懂马克思的地租理论"②。布尔加柯夫把问题片面地简单化,他随意地使用"垄断"这一概念,并将这个概念引申

①　《列宁全集》第 5 卷, 北京: 人民出版社, 1986 年, 第 99 页。
②　《列宁全集》第 5 卷, 北京: 人民出版社, 1986 年, 第 99 页。

为某种普遍的东西,从而把资本主义农业组织的条件下产生的两种
截然不同的结果混淆起来。产生这两种结果的原因分别是:土地的
有限和土地私有制。关于土地的有限,列宁承认这确实是以土地的
垄断为前提的,但这指的是作为经营对象的土地而不是作为所有权
对象的土地。对土地经营的垄断与对土地所有权的垄断根本不是
一回事,而布尔加柯夫却天真地将二者等同起来。"按照马克思的
说法,同较坏土地和距离市场最远的土地相比,从较好土地和距离
市场近的土地上所获得的超额利润叫作级差地租。"[1]土地的有限
只是以土地的经营的垄断为前提,而不是以土地的所有权为前提;
土地的有限使粮食价格不取决于中等地的生产条件,而是取决于劣
等地的生产条件。这就使得农场主不但补偿了生产费用而且能够
取得所投资本的平均利润。优等地的农场主得到超额利润,这种超
额利润便形成级差地租。因此,级差地租的形成与有没有土地私有
制没有任何的关系。"在资本主义制度下,土地有限的唯一后果就
是:不同投资的不同生产率形成级差地租。"[2]列宁关于级差地租的
这一论述是对马克思关于级差地租理论的深刻解读。马克思在《资
本论》中提出了级差地租的两种形式:第一种级差地租同土地的自
然肥力、位置的优劣之差有关;第二种形式是随着农业经营的集约
化,在相同的土地上投入等量资本和等量劳动的情况下,由各个投
资所产生的不同的生产率形成的。这两种形式都不是由资本的力
量产生的,而是由于有限的、作为经营对象的土地,被资本家经营者
加以垄断地利用,以比较有利的自然力,从而相对的有比较高的劳
动生产率为基础,除了最劣等地之外,以及追加投资时生产率的最

---

① 《列宁全集》第 7 卷, 北京: 人民出版社, 1986 年, 第 95 页。
② 《列宁全集》第 5 卷, 北京: 人民出版社, 1986 年, 第 101 页。

低限度的投资外的所有场合所产生的级差部分。① 显然,布尔加柯夫把土地经营问题和土地所有权问题混淆起来了,他没有看到马克思所强调的在资本主义国家内发生的土地占有与农业经营分离的过程。列宁认为:在俄国,"尽管存在着土地所有权的垄断,尽管这种所有权的形式层出不穷,但是在农业中还是形成了自由竞争"②。因此,布尔加柯夫所认为的土地所有权的垄断导致不存在竞争自由,从而导致农业资本并不参与利润率平均化的过程,进而不存在超额利润、不会产生地租的观点纯属无稽之谈。

列宁假定全部土地都是私人占有的前提下,土地所有权对地租必然会产生影响,土地占有者将依靠他的土地所有权,向农场主索取级差地租。在一定的条件下,土地占有者随时都可以找到愿意只拿平均利润,而把超额利润让给他这个土地占有者的农场主,这说明土地私有制并不创造级差地租。但是,这并不意味着土地私有制不能产生任何影响。事实上,土地私有制能够使级差地租从农场主手中转到土地占有者手中。而影响还不仅于此,"土地占有权是一种垄断,土地占有者依靠这种垄断向农场主索取这块土地的租金。这种租金就是绝对地租,它和不同投资的不同生产率毫无关系,它是由土地私有制产生的"③。这说明在包括最劣等地在内的所有土地上,由于存在着土地所有权的垄断(作为财产对象的土地的垄断),不支付若干地租就不允许经济地利用这些土地,不问这些土地是好是坏,统统都要支付地租。在绝对地租的场合,在农业的资本

---

① [日]冈本博之等:《马克思〈资本论〉研究》,刘焱等译,山东:山东人民出版社,1993年,第430页。
② 《列宁全集》第5卷,北京:人民出版社,1986年,第102页。
③ 《列宁全集》第5卷,北京:人民出版社,1986年,第104页。

有机构成相对低的情况下,土地所有权的垄断成了形成地租的条件。① 列宁认为,无论从逻辑上还是从历史上来看,土地所有权的垄断与土地经营(资本主义的)的垄断并没有密切的联系,土地所有权的垄断对资本主义社会和资本主义农业组织来说都并不是必要的。一方面,一种没有土地私有制的资本主义农业是可以设想的;另一方面,没有土地私有制的资本主义农业组织在现实中也是存在的。"因此,把这两种垄断区别开来是绝对必要的,因而除了级差地租外,承认土地私有制所产生的绝对地租的存在也是必要的。"②在这里,列宁有力地给了布尔加柯夫对马克思地租理论批评的一记耳光。由此也可显见,布氏所批评的"绝对地租只是级差地租的一种特殊情况,把绝对地租与级差地租区别开来是不正确的"的观点纯属无稽之谈。

马克思认为,在农业技术比工业技术落后的情况下可以推测:因为农业中的可变资本在总的资本构成中所占的比重比一般的要高,所以农业资本的剩余价值就能产生绝对地租。绝对地租的量要受到农产品的价值的制约,其上限是超过剩余价值中的平均利润的这一超额利润的部分,因此农产品的价值一般总是高于它的生产价格,剩余价值总是高于利润。"农产品的价值超过它们的生产价格而形成的余额,所以能成为它们的一般市场价格的决定要素,只是因为有土地所有权的垄断。"③"但是,土地私有权的垄断妨碍这一余额全部参与利润平均化的过程,于是从这种余额中产生了绝对地

---

① ［日］冈本博之等:《马克思〈资本论〉研究》,刘焱等译,山东:山东人民出版社,1993 年,第435—436 页。
② 《列宁全集》第5 卷,北京:人民出版社,1986 年,第105—106 页。
③ 《马克思恩格斯全集》第46 卷,北京:人民出版社,2003 年,第863 页。

租。"①布尔加柯夫对马克思的地租理论显然并不赞同,他认为马克思所指的这种剩余价值"不是一种物质的东西,而是用来表现一定的社会生产关系的一种概念"。列宁对此进行了批判,他指出布氏把"物质的东西"同"概念"对立起来的做法是冒充"批判"的经院哲学的一个明显的例证。列宁认为,如果没有一定的"物质的东西"与一部分社会产品的"概念"相适应的话,这种"概念"就毫无意义。事实上,地租的存在相应地提高了农产品的价格。因此,阻碍着社会对农产品的进一步的扩大需求,同时,相应地降低了资本一般的剩余价值率。对马克思地租理论进行批评的布尔加柯夫对此仅停留在肤浅的认识水平上,无怪乎列宁一针见血地批评他"既不了解土地有限的影响同土地私有制影响之间的差别,也不了解'垄断'和'生产率最低的最后一次投入的劳动和资本'这两个概念之间的联系"②。

(二)批判资产阶级理论家土地肥力递减理论

一些资产阶级的所谓马克思的"批评家们"把级差地租的形成规律同土地肥力递减规律结合起来,并且认为根据土地肥力递减规律,在同一块土地上,利润似乎会递次减少,列宁把这种观点归结为是"对地租理论的另一种狭隘理解"。而俄国的"批评家们"全都起来维护土地肥力递减理论,想成为马克思主义者的马斯洛夫也是如此。③列宁尖锐地批驳了资产阶级和小资产阶级理论家的"土地肥力递减规律",认为这个规律作为"批评家们"批评马克思的土地理论的理论基石无论在理论上或事实上都是站不住脚的,它根本不是

---

① 《列宁全集》第5卷,北京:人民出版社,1986年,106页。
② 《列宁全集》第5卷,北京:人民出版社,1986年,第108页。
③ 《列宁全集》第7卷,北京:人民出版社,1986年,第96—97页。

这些"批评家们"所认可的"普遍规律"。

　　客观地来讲,马克思的地租理论的形成受到了英国的古典政治学家大卫·李嘉图地租学说的影响,在李嘉图的学说中曾经正确地指出了地租是地主阶级不劳而获的寄生性收入。然而,李嘉图把级差地租的形成同"土地肥力递减规律"结合起来又是完全错误的。为此,马克思对这种理论进行过深入的批判。而"马克思的批评家"布尔加柯夫却把这个错误的规律当作"农业发展理论"的基石,他认为,这个规律"具有普遍的意义",是"一个显而易见颠扑不破的真理"。列宁对此进行了严厉的批判:"布尔加柯夫先生说得愈坚决,我们就看得愈清楚,他是在开倒车,倒退到用虚构的'永恒规律'来掩盖社会关系的资产阶级政治经济学那里去了。"[①]布尔加柯夫为这个"臭名远扬"的"土地肥力递减规律"辩护的论据是:如果后投入土地的劳动和资本所提供的产品不是递次减少而是数量相等,那就根本用不着扩大耕地了。在原有的土地面积上(不管多么小)就可以生产更多的粮食,"全世界的农业就可以容纳在一俄亩土地上了"[②]。列宁认为布氏所提出的这个辩护的论据无非是一些俏皮话,它其实表明了布尔加柯夫对"土地肥力递减规律"的坚决支持的态度。布氏甚至认为,要是不承认这个理论,那就得承认一小块土地可以养活整个国家。[③]列宁指出,这个论据抛开了技术水平和生产力状况这些最重要的东西,因此它是一个毫无内容的抽象概念。布尔加柯夫所指的"后投入土地的劳动和资本"本身就是以生产方式的改变和技术的革新为前提的。当然,列宁也并不排除在

----

① 《列宁全集》第5卷,北京:人民出版社,1986年,第88页。
② 《列宁全集》第5卷,北京:人民出版社,1986年,第88页。
③ 《列宁全集》第7卷,北京:人民出版社,1986年,第97页。

原有的、没有改变的技术水平基础上可以在较小规模"后投入土地的劳动和资本"上得到实现,而且在此种情况下"土地肥力递减规律"在某种程度上还是适用的。换言之,在技术情况没有改变的情况下,"后投入土地的劳动和资本"是非常有限的。这充分说明了"土地肥力递减规律"并不是如布尔加柯夫所说的是一个"普遍规律",这个规律仅仅只适用于技术没有改变的情况,是一个极其相对的"规律"。列宁甚至认为这个相对的规律"相对得说不上是一种'规律',甚至说不上是农业的一个重要特征"[①]。

此外,布尔加柯夫还为这个规律提出了另外的辩护论据,他认为人的劳动是可以代替自然力的。这种庸俗经济学的观点同司徒卢威和杜冈-巴拉诺夫斯基之流所谓的高论——"不是人借助机器进行工作,而是机器借助人进行工作"的观点如出一辙。列宁认为这种观点也是不正确的,他说:"一般说来,人的劳动是无法代替自然力的,就象普特不能代替俄尺一样。"[②]哪怕是在原始社会,原始人所获得的必需品也并不是像布尔加柯夫所说的那样是自然界的"无偿赐物",原始人完全被生存的困难,同自然斗争的困难所压倒。"无论在工业或农业中,人只能在认识到自然力的作用以后利用这种作用,并借助机器和工具等等以减少利用中的困难。"[③]机器的采用能够使人类与生存的困难、与自然斗争的困难变得容易得多,特别是进行食物生产容易得多了,因此,资本主义的发展并不是造成生产食物更加困难的原因。事实上,由于农业集中在资本家手中,导致机器、工具和货币也更加集中,这使得顺利进行生产的前提

① 《列宁全集》第5卷,北京:人民出版社,1986年,第88页。
② 《列宁全集》第5卷,北京:人民出版社,1986年,第90页。
③ 《列宁全集》第5卷,北京:人民出版社,1986年,第90页。

缺失,工人的生活并不是由于自然界减少了它的赐物而日益困难,而是工人取得食物更加困难了,这才是资本主义的经济规律。而以布尔加柯夫为代表的资产阶级和小资产阶级理论家却否认资本主义经济规律适用于农业,列宁认为"这就是充当资产阶级的辩护士"。①

布尔加柯夫认为,由于粮食的进口排除了土地肥力递减规律的作用,导致西欧农业人口在逐渐减少。但是如果每个国家仅依靠本国的自然资源,它们为了获得食物就必须经常相对地增加农业人口。列宁否定了这一观点,他指出,包括农业国家和进口的粮食国家在内的所有资本主义国家都可以看到农业人口相对减少的现象,美国、俄国、法国都是如此,这种相对减少有时甚至会变成绝对的减少。从诸如法国和德国等一些欧洲进口粮食的国家来看,在农业生产日益进步的同时,农业人口却在绝对地减少。这说明"技术进步的'暂时'趋势使土地肥力递减的'普遍'规律完全不发生作用",这有力地推翻了土地肥力递减规律的普遍意义。②

另一位德国资产阶级理论家爱德·大卫同布尔加柯夫一样,承认"土地肥力递减规律",他继续把这个规律奉为农业的特征,列宁称他为"德国的布尔加柯夫"。大卫在其著作《社会主义和农业》中汇集了布尔加柯夫、赫茨、切尔诺夫等人错误的手法和论断,列宁认为大卫的观点其实质就是小资产者的观点,他们(小资产者)的特点是不敢正视整个社会的进化,而仅仅停留在满足资本主义的比较缓慢的进步上。大卫等资产阶级辩护士把农业落后仅仅归咎于"自然力的保守性"和"土地肥力递减规律",却设法回避它的社会原因

---

①　《列宁全集》第 5 卷,北京:人民出版社,1986 年,第 90 页。

②　《列宁全集》第 5 卷,北京:人民出版社,1986 年,第 91—92 页。

和历史原因,列宁指出"这不过是反动市侩的遁词,他们无法了解特别阻碍农业发展的社会条件。……第一,农业中存在着封建残余,雇工处于权利不平等的地位,等等;第二,存在着地租,它抬高地价并通过地价把高额地租固定下来"①。这说明"土地肥力递减规律"所包含的无非是辩护术和糊涂的思想,马克思本人和马克思主义者都不谈"土地肥力递减规律",只有像布尔加柯夫这样的资产阶级的学者才把这个规律如获至宝,他们把级差地租与这个规律结合起来。相反,马克思级差地租理论摆脱了与这个臭名远扬的"土地肥力递减规律"的一切联系。

第三节　列宁对解决俄国土地问题的早期主张

1861年俄国农奴制改革从形式上废除了农奴制,使当时的农村社会经济形态发生了很大的改变。徭役制经济土崩瓦解,农民可以通过支付赎金和利息赎回自己的土地,小土地私有制在一定范围内已成为既定事实。然而,俄国的农村经济形态并没有因为1861年改革后徭役制经济的崩溃而直接走向资本主义经济制度。事实上,二者之间还存在另外一种扮演过渡角色的经济形式——工役制经济。工役制经济基本保持了徭役制经济的经济特点(唯一区别是在计件雇佣制下所支付的形式不同)。因此,列宁把工役制度看作是徭役经济的"直接残余"。从1861年改革到俄国第一次革命爆发,诸如工役制经济、割地、连环保等农奴制残余还依然存在。这一

---

① 《列宁全集》第5卷,北京:人民出版社,1986年,第209页。

时期,列宁通过对俄国资本主义的深入研究和与民粹派等激烈的论战,提出了扫除农奴制残余、收回割地和争取政治自由等解决俄国土地问题的早期主张。

一、扫除农奴制残余

1861 年改革后,俄国走上了资本主义道路,由于改革的不彻底导致农奴制残余依然存在。在改革后的很长一段时间(确切地说是直到 1917 年的二月革命),俄国经济政治处于一个极其复杂的状态。一方面,社会化大生产促进了资本主义的发展;另一方面,农奴制残余阻碍着资本主义的发展。也就在这一段时间里,俄国农民不但要受到来自资产阶级(列宁称"资本")的压迫,还要受到地主和农奴制残余的压迫。列宁认为,在农民所受到的"双重压迫"中,受后一种压迫甚至更深。[①]

在改革后依然存在的农奴制残余中,工役制经济和沉重的农民赋税是重要的形式。工役制经济作为介于徭役经济和资本主义经济制度的"过渡"经济制度,它兼有徭役制度和资本主义制度的特点。1861 年改革后,俄国地主经济结构发生了很大的变化,改革后的地主经济结构具备工役制经济的特点,这也是工役制经济得以存在的一个重要原因。当工役制度和资本主义制度在俄国地主田庄中结合,当二者被应用到其他的经济工作中时,工役制经济不适应当时资本主义发展的弊端就显现出来了。列宁分析了工役制度与资本主义制度的这种结合所出现的后果,他说:"这两种截然不同的甚至是彼此对立的经济制度结合在一起,在实际生活中就会引起一

----

① 《列宁全集》第 4 卷,北京:人民出版社,1984 年,第 381 页。

连串极其深刻和复杂的冲突和矛盾,许多业主就在这些矛盾的压力下遭到破产,等等,这是十分自然的。"①工役制的多种形式(如计件雇佣制、按亩制、全包制、对分制度等)也使得这种制度之下雇佣劳动的高利贷盘剥性质表现得特别突出,这从工役制雇佣与资本主义雇佣的劳动报酬上可见一斑。列宁从实物地租和劳动价格等角度比较了二者在劳动报酬上的差别,得出:"工役制雇佣和盘剥性雇佣下的劳动报酬往往比资本主义'自由'雇佣下的劳动报酬低。"②作为一种盘剥农民的旧有制度,工役制使陈旧的技术长久保持不变,这种"旧制度只意味着生产方式(因而也是一切社会关系)的停滞和亚洲式制度的统治"③。针对民粹派将工役制理想化,回避"资本主义排挤工役制的必然性和这种排挤的进步性",列宁通过论证批评了民粹派的这种论断,并且指出了工役经济制度和资本主义经济制度的真正差别,即由于工役制的劳动生产率极低,其必然采用一切盘剥性的雇佣形式来增加收入。而纯粹资本主义经济下不存在盘剥性的雇佣形式,不受土地束缚的无产者也不可能成为盘剥的对象,提高劳动生产率成为提高收入和在竞争中保存自己的唯一手段,工役制的落后性必然阻碍资本主义的发展。

从农民赋税上来看,1861年改革不但没有减轻农民在赋税上的负担,反而增加。列宁指出:"俄国农民所担负的各种赋税带有很深的中世纪痕迹。"④在《俄国资本主义的发展》中,列宁考察了农民赋税的负担情况,在当时的社会经济条件下,农民所必要的货币总支出中,赋税的最大支出占到了1/3,赋税同收入的比例也是极高

① 《列宁全集》第3卷, 北京: 人民出版社, 1984年, 第166页。
② 《列宁全集》第3卷, 北京: 人民出版社, 1984年, 第173页。
③ 《列宁全集》第3卷, 北京: 人民出版社, 1984年, 第177页。
④ 《列宁全集》第17卷, 北京: 人民出版社, 1988年, 第83页。

的。"改革前时代的传统如何沉重地压在现在的农民身上,这可以从现存的赋税吞掉了小农甚至有份地的雇农总支出的 1/7 这一点极明显地看出来。"①极高的赋税使农民的生活难以为继,加上割地和支付高昂的赎金,农民在经济上对地主的依附性状况依然没有改变。农民的权利极不平等,地位非常卑微。② 列宁在 1911 年 2 月 8 日为纪念废除农奴制 50 周年所写的《农奴制崩溃五十周年》一文中,深刻地指出了在农奴制改革以后,俄国农民的悲惨境地。他说:"农民就是在解放以后,也仍然是'卑微'的等级,仍然是纳税的平民、贱民,他们受着地主委派的长官的摆布、横征暴敛、鞭笞、殴打和凌辱。""世界上没有一个国家的农民象俄国的农民这样,在'解放'之后还遭到这样的破产、陷于这样的贫困、受到这样的欺侮和这样的凌辱。"③

　　1861 年改革后所残存的工役制和盘剥制、农奴性的赋税以及农民权利的缺失等农奴制残余像一副沉重的枷锁套在全体人民的身上,它阻碍了俄国农业生产力的发展和俄国农业资本主义的步伐。列宁在革命早期就已经充分认识到消除农奴制残余的重要性,他指出:"扫除农奴制残余,消除俄国一切国家制度中等级不平等和成千万'平民'受鄙视的精神这个问题,现在已经具有全国性的意义,而一个想做争取自由的先进战士的政党,就不能回避这个问

---

　　① 《列宁全集》第 3 卷,北京:人民出版社,1984 年,第 131 页。

　　② 列宁在 1907 年为其著作《俄国资本主义的发展》所写的"第二版序言"中进一步明确了用革命的手段消除农奴制残余,深化了他早期土地革命的思想,他认为:"在目前的经济基础上,俄国革命在客观上可能有两种基本的发展路线和结局。或者是与农奴制有千丝万缕的联系的旧地主经济保存下来,慢慢地变成纯粹资本主义的'容克'经济。或者是革命摧毁旧地主经济,粉碎农奴制的一切残余,首先是大土地占有制。"参见《列宁全集》第 3 卷,北京:人民出版社,1984 年,第 12—13 页。

　　③ 《列宁全集》第 20 卷,北京:人民出版社,1989 年,第 142 页。

题。"①列宁认为,社会民主党与其他许多党派在扫除农奴制残余这个问题上态度是一致的,"并没有原则上的不同",只是在通过什么样的方式达到这个目的上有着不同的主张,他说:

消灭农奴制残余,这个要求是我们和所有彻底的自由派、民粹派、社会改良主义者、土地问题上批评马克思主义的批评家等等的共同要求。我们提出这样的要求,同所有这些先生没有原则上的不同,而只有程度上的不同:他们在这一点上也不可避免地总是要停留在改良的范围之内,而我们则不会在社会革命的要求面前停下来(在上述意义上)。相反,我们要求保证"农村阶级斗争自由发展",在这一点上我们同所有这些先生,甚至同一切非社会民主党人的革命者和社会主义者有原则上的矛盾。后两者在土地问题上并没有在社会革命的要求面前停下来,但是他们恰恰不愿使这些要求服从农村阶级斗争自由发展这一条件。这个条件是革命马克思主义理论在土地问题方面的基本点和中心点。②

正是基于对 1861 年改革后俄国农民的土地状况充分了解和认识到农奴制残余的极端落后性的情况下,早在 1895 年由列宁亲自起草的社会民主党第一个土地纲领《社会民主党纲领草案》中就把俄国社会民主党"反对一切阻碍竞争自由的农奴制度和等级制度残余的社会运动"作为党纲的一部分。③

二、归还赎金、收回割地
农民在收回自己土地的时候支付赎金和利息,将超过村社最高

---

① 《列宁全集》第 4 卷,北京:人民出版社,1984 年,第 381 页。
② 《列宁全集》第 6 卷,北京:人民出版社,1986 年,第 295—296 页。
③ 《列宁全集》第 2 卷,北京:人民出版社,1984 年,第 70 页。

人均份地标准的土地"割让"给地主,这恐怕是俄国农奴制改革的一大"特色"。列宁早就认识到了这种土地赎买和割地的盘剥实质,他把1861年农奴制改革叫做对农民残酷的"掠夺"。① 列宁认为"凡是由于我国农民改革的不彻底,农奴制经济形势仍然依靠从农民那里割去的土地而保留到现在的地方,农民有权甚至用剥夺的方法立刻彻底消灭这些农奴制残余,有权'归还割地'"。② 至于采取什么样的手段收回割地,列宁也有着自己的思考。他在早期就主张要用革命的方式归还割地,他说:"我们要求不是用改良办法,而是用革命办法彻底的、无条件地废除和消灭农奴制残余,我们认为,贵族政府从农民那里割去的、至今仍然使农民实际上处于奴隶地位的那些土地,应当成为农民的土地。"③

　　正是因为认识到农民缴纳赎金和割去土地做法的反动性,列宁在涉足革命之初就有了改变这种现状的主张。1894年,为批判自由主义民粹派,列宁写了《什么是"人民之友"以及他们如何攻击社会民主党人?》这本著作。在批判民粹派的同时,列宁论证了社会民主党人的基本纲领和策略。在这本著作中,列宁较早地提出了"废除赎金"和"收回割地"的主张。④ 在1895年《社会民主党纲领草

――――――――――

　　① 1901年2月,在1861年农奴解放40周年之际,列宁写了《工人政党和农民》一文,列宁对俄国农奴制改革后农民缴纳赎金和割地的做法进行了批判,认为"其实这是一种农民失去土地的解放",他一针见血地指出了它们所带有的掠夺性质,他说:"农民实际上遭到了双重的掠夺,他们除了被割去土地,还被迫于留下的那块一向就属于他们的土地缴纳'赎金'而且赎价规定得要比土地的实价高得多。"参见《列宁全集》第4卷,北京:人民出版社,1984年,第379页。

　　② 《列宁全集》第6卷,北京:人民出版社,1986年,第299页。

　　③ 《列宁全集》第6卷,北京:人民出版社,1986年,第319页。

　　④ 列宁说:"社会民主党人将最坚决地要求把夺自农民手中的土地立即归还农民,把地主的地产(这个农奴制度和农奴制传统的支柱)剥夺干净。"参见《列宁全集》第1卷,北京:人民出版社,1984年,第253—254页。

案》中,列宁提出了他的第一个土地纲领,纲领内容包括:"1.废除赎金,对已缴赎金的农民给以补偿。把多缴入国库的款额归还农民。2.把1861年从农民手中割去的土地归还农民。3.农民土地和地主土地担负的赋税完全平等。4.废除连环保以及一切限制农民支配自己土地的法令。"[1]从列宁的第一个土地纲领可以看出,"废除赎金"和"归还割地"已经是党纲中的重要内容。但是我们也可以从这个稍显"稚嫩"的土地纲领中看出列宁在对待农民所缴纳赎金的处理上是比较"温和"的。尽管他提出对已缴赎金的农民给以补偿,把"多缴入国库的款额"归还农民,但是从这里可以看出列宁对于农民的另一部分缴入国库的赎金是持肯定(至少是默认)的态度的。我们回溯1861年2月19日法令可以显见,国家和地主充当着"放贷者"的角色,农民缴入国库的任何赎金本身就是国家和地主合伙压榨农民的体现。依照法令,农民虽然有权赎买宅园地等不动产,也有权对份地长期赎买,但是农民的支付能力普遍不强,这时政府贷款给农民,农民需要在49年内偿清本金和利息。此外,农民还要履行对国家和村社的义务,为了防止农民拖欠赎金和税赋实行了连环保,许多农民不得不充当"暂时义务农",这充分说明农民缴入国库的任何赎金都是不合理的。[2]

1899年,列宁在《我们党的纲领草案》中对待赎金的主张显然已经发生了变化,提出:"(1)取消赎金、代役租以及目前农民这个纳税等级所承担的一切义务。(2)把政府和地主用赎金方式从农

---

[1] 《列宁全集》第2卷,北京:人民出版社,1984年,第72页。

[2] 6年后的1901年,列宁在《工人政党和农民》一文中指出了就连地主本人也不得不承认:"农民不但被迫出钱赎买自己的土地,而且还被迫赎买自己的自由。"参见《列宁全集》第4卷,北京:人民出版社,1984年,第379页。

民身上掠夺去的钱归还人民。"①1901 年 2 月，列宁写了一篇题为
《工人政党和农民》的文章，②并以编辑部的名义在当年的《火星报》
上发表，在该文中列宁再次提出了收回割地的主张。1902 年，列宁
在《俄国社会民主党的土地纲领》中对待赎金和割地的主张又发生
了变化，提出："1.取消赎金、代役租以及目前农民这个纳税等级所
承担的一切义务；2.废除连环保和一切限制农民支配自己土地的法
律；3.用赎金和代役租方式从人民那里勒索的钱应归还人民……；4.
设立农民委员会以便：(一)把废除农奴制时从农民那里割去的和
成为地主盘剥工具的那些土地归还社团(用剥夺的办法，或者——
在土地已经转手的情况下——用赎买的办法等等)……"③在这篇
由列宁亲自撰写、1903 年党的第二次代表大会确定的土地纲领中
有一些主张得到了党内一致的认同(如废除等级赋税、减租、自由支
配土地等)，但是也有的主张引起了党内的争论甚至批评，其中关于
割地的条文受到的批评最多。社会民主党的"斗争社"主张将收回
割地改为"剥夺地主全部土地"。彼·巴·马斯洛夫(伊克斯)专门
撰文《论土地纲领》对《火星报》编辑部制定的俄国社会民主工党纲
领草案土地部分进行批评，并且附上了自己提出土地纲领草案。关
于割地和归还赎金，马斯洛夫建议改为："(1)没收教会、寺院和皇
族的土地，转归'民主的国家所有'；(2)'对大土地占有者的地租课
以累进税，使这种收入转交给民主国家掌握，用以满足人民的需

---

①　《列宁全集》第 4 卷，北京：人民出版社，1984 年，第 200 页。
②　这篇文章后来被列宁看作 1903 年 8 月党的第二次代表大会上成为党的正式纲领
的《俄国社会民主党的土地纲领》的初稿。参见《列宁全集》第 12 卷，北京：人民出版
社，1987 年，第 217 页。
③　《列宁全集》第 6 卷，北京：人民出版社，1986 年，第 284 页。

要';(3)'把一部分私有土地(大地产),可能时则把全部土地转交给各个自治的大社会组织(地方自治机关)'掌握。"①针对马斯洛夫的批评,列宁写了答复文章《答对我们纲领草案的批评》。列宁认为,马斯洛夫对归还割地的可行性看法是不能令人信服的,马氏对俄国社会民主工党的土地纲领的批评是无的放矢。在当时对土地关系进行自由主义的改造中,马斯洛夫的土地纲领草案并没有提出如何采取行动,所以列宁批评这个土地纲领草案是"糟糕透顶的和自相矛盾的要求土地国有化的条文"②。

通过对列宁在早期制定的几个土地纲领的梳理,我们可以很清晰地看到列宁关于归还赎金、收回割地的思想的发展脉络。从最初的"废除赎金"到写入党纲的"归还赎金";从"收回割地归还农民"到"收回割地归还社团",无不体现了列宁对铲除农奴制残余的决心和智慧,这也构成了解决俄国土地问题的基本前提。显然,归还赎金、收回割地并不是解决俄国土地问题的终极手段。就像列宁在面对有些人指责收回割地是"筑了一道篱笆,砌了一堵墙"时所反驳的,设立农民委员会限制盘剥和收回割地不是一堵墙,而是一道门,"首先要走出这道门,才能继续往前走,顺着宽广的大道走到头,直到彻底解放俄国全体劳动人民"③。

三、争取政治自由

1861年改革并没有使人民获得所期望的自由和幸福,相反,农

① 《列宁全集》第12卷,北京:人民出版社,1987年,第218页。
② 《列宁全集》第7卷,北京:人民出版社,1986年,第216页。
③ 《列宁全集》第7卷,北京:人民出版社,1986年,第165—166页。

奴制的残余还十分强大，农民不得不出钱赎买自己的土地和自己的自由。列宁对于改革后社会上所流行的"国家的赎买办法帮助农民带着土地解放出来"的评价给以严厉的批评，他认为改革后对农民的这种所谓的"带着土地的解放"是骗人的谎话，"其实这是一种农民失去土地的解放"。① 2 月 19 日法令规定，农民只有通过赎买土地才能使自己的身份发生改变，那些已经获得了赎买土地的农民才是真正的农民所有者，而那些无钱赎买土地和人身自由的农民仍然要履行土地的义务，沦为"暂时义务农"，后者占绝大多数。也就是说，改革后大部分农民并没有获得真正的"人身解放"，农奴制的残余阻碍着一切等级和一切阶级的政治思想的发展。② 列宁在他的著作中多次对改革后沙皇专制统治下这种农民的卑微地位进行了描述，称他们处于"下贱的等级"，被政府（地主）看作"贱民""赤贫者"等。在《工人政党和农民》一文中，列宁对改革后农民没有自由的情形有过精辟的总结："他们遭受鞭笞，缴纳特别捐税，不能自由退出半农奴式的村社，不能自由支配自己的土地，也不能自由迁到国内其他地方去。"③从列宁所列举的农民的这几个"不能自由"，我们可以看出 1861 年改革后对农民自由权的赋予并没有像 2 月 19 日法令所标榜的那样美好。而俄国农民在基本的人身自由都难以保障的情况下就更毋谈政治自由了。列宁早在 1899 年之前就认为："在俄国，不但工人而且全体公民都被剥夺了政治权利。"④也就是在这个时期，列宁提出了"一切经济斗争都必然要变成政治斗

---

① 《列宁全集》第 4 卷，北京：人民出版社，1984 年，第 379 页。
② 《列宁全集》第 1 卷，北京：人民出版社，1984 年，第 255 页。
③ 《列宁全集》第 4 卷，北京：人民出版社，1984 年，第 379 页。
④ 《列宁全集》第 4 卷，北京：人民出版社，1984 年，第 162—163 页。

争"的著名论断。列宁认为,经济斗争和政治斗争对于社会民主党来说都十分重要,他主张党应该将二者紧密结合起来,以便形成"无产阶级统一的阶级斗争"。这种无产阶级统一的阶级斗争"首要目的应该是争取政治权利,争取政治自由"①。那么,究竟什么是政治自由呢? 列宁在 1903 年所写的一本题为《告贫苦农民。向农民讲解社会民主党人要求什么》的小册子中对这个问题作出了详细的回答。列宁首先对比了农奴制改革前后农民在"家务、私事和财产方面的自由",认为农民在改革后基本上可以安排、支配这些自由,他把这种自由叫做"公民自由"。但是在处理自己全民事务上,无论俄国工人还是全体俄国人民在当时还不享有这个自由,在这个方面改革前和改革后的差别不大,列宁认为只是在形式上有些许的变化,"正象过去农民是地主的农奴一样,现在全国人民都是官吏的农奴。俄国人民没有权利选举官吏,没有权利选举代表来为全国立法。俄国人民甚至没有权利集会讨论国家的事务"②。简言之,俄国人民没有政治自由。紧接着列宁深入地阐释了什么是政治自由:

政治自由就是人民处理自己全民的、国家的事务的自由。政治自由就是人民有权选举自己的议员(代表)进国家杜马(议会)。一切法律都只应由人民自己选举的这个国家杜马(议会)来讨论和颁布,一切赋税都只应由它来决定。政治自由就是人民自己有权选举一切官吏,有权召集各种会议来讨论一切国家的事务,有权不经任何许可就可以随意印书报。③

---

① 《列宁全集》第 4 卷,北京:人民出版社,1984 年,第 163 页。
② 《列宁全集》第 7 卷,北京:人民出版社,1986 年,第 114 页。
③ 《列宁全集》第 7 卷,北京:人民出版社,1986 年,第 114—115 页。

列宁在这个对"政治自由"所下的定义中,至少包含着三层基本的意蕴:第一,人民是处理国家事务的主体。人民拥有参加国家机构、参与国家公共事务管理的权力。这就要打破沙皇所拥有的独揽的、无限的、专制的权力,改变"人民是沙皇专制政府的政治奴隶"的状况;第二,民选的国家杜马(议会)是国家立法的主体。国家杜马(议会)中的组成人员只能由人民自己选举出来,通过人民选举出来的议员(代表)组成民选的国家杜马(议会)。这个国家杜马(议会)拥有一切法律的立法权和一切赋税的决定权;第三,改变官吏任用和处理国家事务的方式,保证人民的出版自由。在沙皇专制制度中,一切官吏都由沙皇委派,这些官吏"不仅全是富人和贵族,而且是他们中间最坏的人"。列宁说"沙皇专制就是官吏专制","沙皇专制就是警察专制",因此,工人在自己的旗帜上写着:"打倒专制制度!""政治自由万岁!"[1]农村工人和无产农民应该投入到这场争取全俄人民自由的战斗中来,所有官吏必须经过人民选举才能任用,一切国家事务必须经过人民所召集的各种会议讨论。此外,必须保证人民出版的自由。

列宁在第一次俄国革命前对争取政治自由的方式上发生了一些变化,1901 年在《工人政党和农民》中,他提出要成立农民委员会和一种法庭来纠正沙皇贵族委员会在解放农奴中的不公平作法,以及有权降低地租和控告高利贷行为。"农民首先需要的是摆脱官吏的虐待和压迫,首先需要的是承认他们在各方面同其他各等级完全绝对平等,承认他们有迁移和迁徙的完全自由。"[2]到 1903 年,列宁

① 《列宁全集》第 7 卷, 北京:人民出版社, 1986 年, 第 117 页。
② 《列宁全集》第 4 卷, 北京:人民出版社, 1984 年, 第 383 页。

在《告贫苦农民》中提出首先由人民在全俄各地选举自己的议员（代表），然后由这些民选代表组成最高会议，建立管理机关，使人民摆脱对官吏和警察的农奴制依附。保证人民享有集会自由、言论自由和出版自由的权力，这也是社会民主党人要求政治自由的含义。[1]

---

[1]　《列宁全集》第7卷，北京：人民出版社，1986年，第117—118页。

第三章

土地革命与工农民主专政

　　1861 年农奴制改革废除了延续几百年的俄国封建农奴制,使生产力得到了一定程度的解放,俄国从此走上了资本主义发展道路。然而这次改革并不彻底,农奴制残余依然存在,农民没有真正完全摆脱农奴制盘剥的命运。[①] 1902 年春,波尔塔瓦和哈尔科夫两省不堪重负的农民发动了一场声势浩大的起义。[②] 这次起义是 20 世纪初俄国第一次大规模的农民运动,它暴露出沙皇专制统治下农奴制残余的强大威力和农民急欲扫除农奴制残余的决心! 但是由于种种原因,导致了这次起义最终失败了。列宁后来在总结这次起义的教训时归纳了其失败的三个原因:一是起义没有确定鲜明的政

_____

　　① 关于 1861 年俄国农奴制改革的不彻底性,在本书第一章的相关部分已经作了比较详细的考察。

　　② 1902 年 3 月底至 4 月初,由于农民生活的极端困苦加之前一年歉收导致的饥荒引发了波尔塔瓦和哈尔科夫两省的农民起义。 起义农民夺取地主庄园的粮食和饲料,分掉地主的财产,把粮食分给挨饿的人,起义席卷了拥有 15 万人口的 165 个村庄,两省共 80 个地主庄园被袭击。 然而,起义遭到了沙皇政府的残酷镇压,沙皇政府派遣军队像对付敌人一样向农民开枪,造成重大的人员伤亡,最终起义失败了。 列宁在 1903 年 3 月所写的小册子《告贫苦农民》中对这次农民运动的性质和原因进行了分析,认为这是农民在忍无可忍的境况下所作出的"不自觉的斗争"。 参见《列宁全集》第 7 卷,北京:人民出版社,1986 年,第 170—171 页。

治要求;二是没有准备好;三是农村无产者没有同城市无产者结成联盟。① 尽管列宁对 1902 年波尔塔瓦和哈尔科夫两省农民起义的原因有着理性的认识和精准的判断,但是悲剧似乎并没有因为列宁天才的总结而终止。三年后的 1905 年革命最后还是以失败告终,这次失败同样暴露了俄国工人阶级在革命中没有同农民建立起巩固的联盟以及社会民主党人对革命的性质和特征没有准确认识等问题。

然而,农民对于土地的诉求并没有因为起义(革命)的失败而停止。相反,列宁认为"只要农民还没有获得足够数量的土地,只要人民群众还不能对国家管理施加主要的影响,伟大的俄国革命就不会停止"②。针对当时俄国资产阶级政党甚至社会民主党内部少数分子提出用"温和的""改良的"方式解决俄国土地问题,列宁态度鲜明地表达了自己的主张:"社会民主党人应当竭尽全力把人民的伟大事业——革命即争取自由和土地的斗争继续下去。"③

第一节　土地问题:"俄国资产阶级革命的根本问题"

土地问题是俄国社会民主党一直关注的重大问题,早在 1884 年俄国第一个社会主义团体"劳动解放社"成立之初,社会民主党人就在其第一个纲领草案中明确地提出了解决俄国土地问题的主张,即"用激进手段改变土地关系"以及扫除俄国农村中一切农奴

---

① 参见《列宁全集》第 7 卷,北京:人民出版社,1986 年,第 171 页。
② 《列宁全集》第 16 卷,北京:人民出版社,1988 年,第 173 页。
③ 《列宁全集》第 16 卷,北京:人民出版社,1988 年,第 173 页。

制关系。作为"劳动解放社"创立者之一的普列汉诺夫在其《全俄经济破产》《俄国社会民主党人同饥荒作斗争的任务》等著作中对农民问题(包括土地问题)的重要性进行了阐述,甚至提出了"土地平分"的设想。列宁在革命斗争中也充分认识到解决土地问题对于整个俄国革命的重要性。在俄国民主革命时期列宁深入分析土地问题症结之所在,深刻阐述社会民主党的土地纲领,提出了"土地问题是俄国资产阶级革命的根本问题,它决定了这场革命的民族特点"的科学论断。①

一、沙皇政府主导的两次土地改革的失败

1861 年改革和斯托雷平改革是 19 世纪中叶到 20 世纪初俄国历史上的两次重大改革。两次改革有一个共同的特点,那就是都由沙皇政府主动发起、自上而下开展实施。这两次由政府主导的改革从表面上看是沙皇的仁慈和对人民的关爱,但实际上是沙皇政府为了调和日渐复杂的阶级矛盾和平息濒于爆发的人民愤怒。两次改革从内容上看是比较丰富的,涉及经济、政治、文化等诸多领域,其中对土地问题的改革是重要内容之一。遗憾的是,两次改革所制定的政策和所推行的措施都没有解决俄国的土地问题,改革最终也没有达到沙皇政府所期望的、让俄国农民"满意"的结果。俄国农民由于土地权益没有得到维护,与统治阶级不可调和的矛盾依然存在。

1861 年 2 月 19 日法令虽然有专门的条文对土地改革进行了规定,但是这些规定并没有照顾到绝大多数处于悲惨境地的农民。相

---

① 《列宁全集》第 16 卷, 北京: 人民出版社, 1988 年, 第 387—388 页。

反,农民仅有的少数肥沃的土地被地主割走,农民赎回维持生计的份地还要支付高昂的赎金。稀少的份地、高昂的赎金、繁重的赋税压得农民喘不过气来。2月19日法令所谓的"解放农民"的口号已经幻化成一句欺人的谎话,农民不得不继续扛起自己的农具在地主的土地上耕耘,不得不扮演"暂时义务农"的角色。列宁显然对这次农奴制改革深恶痛绝,他深刻指出这次改革所标榜的"解放"是"臭名远扬"的"掠夺",这次所谓的"解放"使得黑土地带各省的农民土地被割去 1/5 以上,有的省份更是高达 1/3,甚至 2/5!无怪乎列宁将这种"解放"称为是对农民的"暴力"和"侮辱"。[①]

1861 年改革后的农奴制残余并没有像有的人所期望的,沙皇在某一天会"良心发现"主动将其废除。显然,沙皇作为俄国最大的农奴主不会自己革自己的命。当农民意识到这一点以后,斗争和反抗在所难免。1861 年改革后频繁爆发的农民起义震撼了俄国封建专制的集权统治。改革并没有救农民于水火之中,它甚至阻碍了俄国资本主义的发展,正如列宁所说,1861 年改革无法改变发展的方向,也无法防止 1905 年资产阶级革命的爆发。"1861 年的改革打开了一定的阀门",它也许能够延缓沙皇专制统治的覆灭,但是无法逃脱这必然的结局,因为"农奴主在被压迫群众极不开展的时期所实行的改革,一旦这些群众中的革命分子觉悟成熟,就引起了革命",从这个意义上来讲,"1861 年产生了 1905 年"。[②]

1905 年革命的爆发使沙皇政府不得不重新考虑农民的诉求,为了平息武装起义和解决土地问题,从 1906 年起,沙皇政府授权新任总理斯托雷平开展了继 1861 年改革后又一次自上而下的改革。

---

① 《列宁全集》第 20 卷,北京:人民出版社,1989 年,第 173—174 页。
② 《列宁全集》第 20 卷,北京:人民出版社,1989 年,第 178 页。

这次改革以解决土地问题为重要目标,因此后来也把这次改革称为"斯托雷平土地改革"。斯托雷平土地改革所涉及的具体内容比较宽泛,核心措施归纳起来主要有三条:第一,削弱村社的功能。根据当时所颁布的 1906 年 11 月 9 日法令和《关于农民土地银行以份地作抵押发放贷款的法令》,农民可以连同份地一起退出村社,退出村社的农户依然拥有使用公共土地的权利。第二,建立单独田庄。政府对农村土地进行规划,专门为退出村社的农民划出一定的范围建立独家的田庄和独家的农庄,并为他们提供贷款。第三,开展移民运动。针对农村可耕种的土地稀缺以及人口集中地区社会稳定难以保障的境况,沙皇政府专门颁布相关法律实施移民政策,将人口集中的中心区域和人口稠密地区的农民迁至远东边疆地区,包括西伯利亚和中亚西亚等地。

斯托雷平土地改革是继 1861 年改革后的"第二次资产阶级改革",两次改革虽然都是由沙皇政府主动发起的,但是在改革内容上表现出了不同的重点。后者主要是巩固传统"米尔"(村社)①在农村中的作用。当时,被"解放"的农民依然在"米尔"的范围内从事一切社会活动,哪怕是要离开村庄也要经得"米尔"同意。换句话说,在 1861 年改革后,传统村社依然发挥着强大的功能。而斯托雷平土地改革恰恰相反,它极大的破坏了传统村社的功能,特别是破坏了村社中土地公有制的形式,这也导致了农民发生快速的分化。这次改革以扶植富农为主,农村无产阶级的贫农由于破产很快被沦为自由雇佣工人,这些自由雇佣工人为资本主义的发展提供了后备

---

① 米尔(мир)的词义为"兄弟般的联盟,相互依靠的之间的共同体",在俄国,人们把农村公社(村社)叫米尔。俄国人把米尔当作一个极为重要的共同体,在他们的眼里,村社就是他们的世界,世界也只是他们的村社,这种社会经济和组织形式从 13 世纪一直延续到 20 世纪 20 年代末期。

军。同时,斯托雷平土地改革为俄国资本主义的深入发展奠下了较好的基础,一定程度上缓解了资本主义和落后农业之间的矛盾。尽管如此,斯托雷平这种以"把农民的土地交给一小撮豪绅、富农、富裕农民去任意掠夺,把农村交给农奴主-地主去支配"的土地改革最终和1861年改革一样没有解决俄国的土地问题,从而使沙皇政府解决土地问题的计划失败了。

二、落后的土地制度阻碍了俄国资本主义的发展

俄国历史上第一次具有农奴制性质的资产阶级改革(即1861年改革)把俄国带入了资本主义发展阶段,但是直到1917年二月革命,残存的封建农奴制残余并没有因为多次改革和数次"农民起义"消除净尽。作为农奴制残余之一的沙皇政府反动土地制度阻碍了俄国资本主义的发展。事实证明,任何不适应历史发展规律的制度都必将被历史所淘汰,这是符合马克思主义历史观的。

(一)从封建农奴制步入资本主义阶段是历史的必然

从历史趋势论的观点来看,资本主义取代封建主义是历史的进步,符合历史发展的规律和潮流。因此,俄国从封建农奴制进入资本主义发展阶段也是历史的进步(尽管还存有农奴制残余)。当俄国步入资本主义阶段以后,资本主义得到了很大的发展。从经济形态上来看,自然经济逐渐让位于商品经济,生产力得到了空前的解放,俄国只用了数十年的时间就完成了欧洲某些国家几个世纪才完成的转变。自19世纪80年代起,俄国通过工业革命逐渐融入世界,成为世界经济体系中的一个重要组成部分。同时,沙皇政府十分注重利用外资,大量的欧洲资本流入俄国,为俄国铁路的建设、矿山的开采、工厂的设立等提供了充裕的资金,俄国一时成为欧洲在

外投资的"热土"。① 根据有关统计,到 1914 年,欧洲在俄国的投资额几乎与其在美国的投资额相等,分别达到 40 亿美元左右。在农业方面,改革后资本主义农业经济逐步取代地主经济;徭役制度也逐步向工役制度和资本主义制度混合形式的经济制度转变,商业性农业的发展提高了农业劳动生产率和农业产量,促进了国内资本主义市场的建立。列宁在 19 世纪 90 年代刚刚涉足革命的早期就对俄国农业在资本主义时期的发展情况进行了详细的考察和论述。在其著作《俄国资本主义的发展》中,列宁对当时民粹派的"资本主义不可能在俄国得到发展"的结论进行了批判,对 1861 年改革后俄国农业资本主义的演进及其特点、农民的分化、农业商品经济等内容进行了深入的阐述。总而言之,从封建农奴制走向资本主义发展阶段体现了社会的进步,尽管在较长的一段时期,俄国农民不但要承受资本主义的压迫,还要承受封建农奴制残余的盘剥,但从宏观历史的角度来看,社会制度的更迭体现了历史的必然性。

(二)俄国资本主义土地制度充满等级性

19 世纪中叶,尽管俄国在沙皇政府主动发起的农奴制改革后进入到资本主义发展阶段,但是改革并没有结束封建专制的统治,俄国也没有马上建立起资本主义制度。农奴制残余在已经步入资本主义时期的俄国还依然存在,沙皇作为这个国家中最大的地主,在几次改革中都没有触动其自身的土地利益。相反,沙皇和贵族通过愚弄和欺骗的伎俩加重了对农民的盘剥,1861 年改革提出的"割地""支付赎金""缴纳赋税"是这样;斯托雷平土地改革提出的"扶

① 值得一提的是,正是由于当时沙皇政府主要利用这些来自欧洲的资金发展本国资本主义,所以在农奴制改革的时候从农民身上搜刮的钱就减少了,这也一定程度上缓解了二者之间的矛盾。

植富农""破坏村社"也是这样。在土地占有量上,农民与贵族是不能同日而语的。虽然改革以后农民所占有的份地面积在总量上有所增加,但是农民人均占有的份地不及贵族的零头,这就出现了土地占有的两极分化。

改革后,一些经济实力较强的农民通过购买、出租土地等形式不断累积资本,使自己步入了富农的行列,而绝大多数贫苦的农民由于没有资金赎买土地,或者即使向国家贷款勉强缴纳赎金获得少量份地,但是由于地主的盘剥和偿付利息的压力,最终不得不走向破产。俄国著名学者安菲莫夫在其著作《1881—1904 年欧俄农民经济》中的相关统计显示,欧俄 46 省在 1861 年改革后的 28 年时间里,共有 65.8 万俄亩土地被农民成功赎买,仅占全部赎买份地的 0.5% 左右。[①] 列宁在 1908 年所著的《19 世纪末俄国的土地问题》一文中,将当时的土地占有者分为四大类:"占有 15 俄亩以下土地的农户列为第一类,这是受农奴制剥削的破产农民。第二类是中等农民,占有 15—20 俄亩土地。第三类是富裕农民(农民资产阶级)和资本主义地产,占有 20—500 俄亩土地。第四类是农奴制大地产,占有 500 俄亩以上的土地。"[②]显然,俄国土地占有者所占有土地的多少并不完全来自天生(这里不排除一些继承因素),俄国充满等级的土地制度是造成这种现象的主要原因,充满等级的土地制度所造成的危害是十分严重的。正如列宁所说:"陈旧的制度和充满等级性的土地制度无论在农业或工业中都产生着最有害的影响,使技术上落后的生产形式保留下去,这种生产形式必定使盘剥和人身依

① [俄]A.M.安菲莫夫:《1881—1904 年欧俄农民经济》,莫斯科:莫斯科大学出版社,1980 年,第 63—64 页。
② 《列宁全集》第 17 卷,北京:人民出版社,1988 年,第 55—56 页。

附极为盛行,使劳动人民处于最艰难和最孤立无援的地位。"①

（三）改革后还存在中世纪的农民份地占有制

1905 年革命失败以后,列宁对俄国当时的土地问题进行了详细的考察,他根据 1905 年最新的土地统计资料分析了 19 世纪末俄国的土地占有情况。统计资料显示,19 世纪末欧俄共有土地 39520 万俄亩,其中有 6/7 掌握在地主和农民两个对抗的阶级手中,前者掌握着大部分私有主土地,后者的土地主要是份地。在 10170 万俄亩私有主土地中,村团和协作社仅占约 15.5%(1580 万俄亩),其余的土地都属于个人所有,其所有者主要是贵族。在这一时期,贵族依然占有绝大部分的私有地产,贵族的封建地产或农奴制地产在资本主义发展阶段必然走向资产阶级的土地私有制。

19 世纪末,农奴主-地主的中世纪土地占有制还拥有很大的权力,列宁把它称为"土地权力"。在所有的私有地产中,大地产占有的土地面积十分惊人,相比之下,小地产几乎可以忽略不计。据统计,619000 个小地产占有者只占有 650 万俄亩的土地,平均每人占有约 10.5 俄亩;而 700 个土地私有主占有 2100 万俄亩土地,平均每人占有 3 万俄亩!② 这体现出俄国土地私有制的一个重要的特点——大地产。大地产的所有者主要是贵族,这些拥有特权的贵族同中世纪一样占有大量的土地,农奴主-地主依然是大地产的所有者。

农民由于所占有的份地极少,他们耕作有限的份地根本无法维持生活。列宁曾经做过一个推算,假设 15 俄亩是一个农户维持基本生计的土地面积,那么就有 1010 万农户过着半饥饿的生活,这个

---

① 《列宁全集》第 3 卷,北京:人民出版社,1984 年,第 405 页。
② 《列宁全集》第 17 卷,北京:人民出版社,1988 年,第 48—52 页。

人群占整个农户的 4/5！少地的农民为了维持生活不得不去租种地主的土地,农民也就不得不经受工役制和盘剥制的压迫。此外,在农民等级的划分、独立农庄的建立、参加村社等方面无不体现出当时农民份地占有制具有强烈的中世纪的色彩,他们和中世纪的农民一样被束缚在自己的土地上,在经济上依附于地主,在政治上极少自由。因此,列宁认为:"在俄国,不仅地主土地占有制是中世纪式的,而且农民份地占有制也是中世纪式的。"①

三、土地问题的实质是农民为了消灭地主土地占有制

俄国资本主义的发展具有与欧洲不同的"独特性",这种"独特性"是由于俄国的极端落后造成的。正如列宁曾经一针见血指出的:"我们的'特点'就是我们落后。"那些经过资产阶级革命步入资本主义发展阶段的西欧国家已经建立起资本主义制度,资产阶级土地制度也随之建立起来,农奴制亦不复存在,极少的农奴制残余影响微乎其微,不能发挥很大的作用,雇佣工人与农场主(土地占有者)之间的关系构成了农业方面的主要社会关系。尽管如同当时西欧资本主义国家这样的农业社会关系在俄国也已经确立,但是"纯资本主义关系还在广大范围内受到农奴制关系的压制",②农奴制残余成为俄国资本主义发展的主要障碍。处理"纯资本主义关系"

---

① 事实上,俄国资本主义的发展和农民的反抗等因素导致农民土地占有制的中世纪特征所覆盖的农民范围有一定程度的缩小,在这点上列宁后来也观察到了。在其1908年所著的《19世纪末俄国的土地问题》中,关于农民土地占有制的特征与其在前一年(1907年)《社会民主党在1905—1907年俄国第一次革命中的土地纲领》的表述发生了些许的变化。他说:"到目前为止,在俄国不仅地主土地占有制是中世纪的,就连相当一部分农民土地占有制也是中世纪的。"分别参见《列宁全集》第16卷(北京:人民出版社,1988年)第390页和《列宁全集》第17卷(北京:人民出版社,1988年)第111页。

② 《列宁全集》第21卷,北京:人民出版社,1990年,第313页。

和"农奴制关系"的关系对俄国资本主义的发展非常关键。列宁认为"居民群众，首先是全体农民群众正在同这种关系作斗争——这就是俄国土地问题的特点所在"。在西欧，早已解决了这个曾经普遍存在的"问题"，而在俄国却没有解决，1861 年改革没有解决，斯托雷平土地改革在当时也不可能解决好。[①]

俄国在进入资本主义发展阶段时还存在中世纪的农民土地占有制，大地产作为俄国土地私有制的一个重要特点也显示出其与西欧资本主义国家的明显差异。700 个大地产土地私有主平均每人占有 3 万俄亩土地；户均拥有 500 俄亩以上土地的大地主有 3 万个；他们一共占有 7000 万俄亩的土地，而与之相对应的是 1050 万农民总共占有 7500 万俄亩土地。列宁多次强调，这是一个重要的基本背景，因为"这就是农奴主—地主在俄国农业制度中以至整个俄国国家和俄国生活中占统治地位的基本条件"[②]。农奴制历史造成了大地产占有者土地占有制的基础，农奴制历史中贵族对农民无耻的掠夺导致了土地向私人集中，从而造就了为数不多的大地产占有者。因此，从经济意义上来说，大地产土地占有者就是农奴主。从经营方式上来看，工役制是主要的经营基础。这些特征都一定程度地说明了地主土地占有制带有明显的中世纪色彩。

实际上，1861 年改革后的大半个世纪，俄国的资本主义大大的向前发展。但是生产力与生产关系之间的矛盾日益凸显，资本主义和封建农奴制残余并存的奇特局面已经严重阻碍了资本主义的顺利发展。从农业方面来看，要继续长期保存地主土地占有制和农业制度中乃至整个社会政治中的农奴制残余已经不可能。消灭严重

---

① 《列宁全集》第 21 卷，北京：人民出版社，1990 年，第 313 页。
② 《列宁全集》第 16 卷，北京：人民出版社，1988 年，第 388 页。

阻碍俄国农业资本主义发展的农奴制残余已经成为俄国人民面临的紧迫任务,1905年革命就是对这个紧迫任务的一个强烈的回应。不发达的资本主义制度下,农业生产效率无法得到提高、落后的封建生产方式使得地主不愿意采用先进的农业技术和改善农民的耕作条件、工役制作为封建农奴制下徭役经济的直接残余依然发挥着巨大消极作用,这些都体现了改革后农奴制残余对资本主义发展的羁绊。加之农奴制大地产的长期存在,它们都为沙皇政府对农民进行农奴制剥削提供了基础。故此,列宁深刻指出:"我国革命中土地斗争的'关键'就是农奴制大地产。"①而农奴制大地产的存在基础是地主土地占有制,因此,消灭地主土地占有制成为农民斗争的重要目标之一,也成为俄国土地问题的实质。关于当时俄国土地问题的实质,列宁进行了精要的归纳:

俄国的土地问题是坚决摧毁旧的、中世纪的土地占有制即地主土地占有制和农民的份地占有制的问题,由于这种土地占有制极端落后,由于这种土地占有制与已经资本主义化了的国民经济的整个体制极不适应,这种摧毁已成为绝对必要的了。②

列宁认为这种对地主土地占有制的"摧毁"是带有资产阶级性质的摧毁,因为在当时,整个俄国的经济生活已经资产阶级化了,作为经济生活中的一个重要组成部分的土地占有制必然要服从已经资产阶级化了的俄国经济生活,如若不服从必然摧毁之。换句话说,消灭地主土地占有制是俄国土地问题的实质,也是俄国资产阶级革命的一个重要目标。

① 《列宁全集》第16卷,北京:人民出版社,1988年,第219页。
② 《列宁全集》第21卷,北京:人民出版社,1990年,第315页。

第二节　革命与改良：列宁与资产阶级政党各自不同的土地观

在"是否要解决土地问题？"这个问题上，当时俄国不同的政治团体和思想流派几乎没有不同的意见，甚至连沙皇政府也是和他们持一样肯定的态度。1861 年和 1905—1907 年两次自上而下的"改革"表明沙皇政府也曾经试图通过主动改革解决俄国的土地问题。然而，在"通过什么途径？采用什么方式和手段？"解决俄国土地问题上却发生了很大的分歧。当时不同的政治派别提出了各自解决土地问题的主张，而且分别认为自己的主张是最佳的途径。列宁运用马克思主义基本原理全面分析了俄国资本主义时期土地问题，通过考察世界资产阶级革命的历史，总结出了两条解决土地问题的道路——普鲁士式道路和美国式道路。所有的地主和资产阶级政党都提出只有通过改良的方式（普鲁士式道路）才能解决俄国的土地问题，坚持走改良的地主式道路；与前者不同的是，列宁认为要用革命（美国式道路）的方式解决俄国土地问题，通过土地革命实现俄国革命的胜利，他说："俄国革命只有作为农民土地革命才能获得胜利。"[1]

一、普鲁士式道路与美国式道路

19 世纪末 20 世纪初，俄国农业资本主义得到了很大的发展。

---

① 　《列宁全集》第16卷，北京：人民出版社，1988 年，第392页。

然而,与一些西欧国家相比,俄国当时的资本主义程度并不高。1861 年改革没有完全清除一切俄国封建农奴制赖以生存的经济基础和政治基础,农奴制残余在一定范围内还依然存在。对于 1905 年革命以前俄国资本主义的发展程度,列宁曾经估计过高,而把农奴制残余的威力估计过低。所以当时以列宁为代表的社会民主党人并不认为农民会主动发起土地革命,而 1905 年革命的爆发显示了农民力图消除农奴制残余的决心,这次全国规模的农民运动后来被列宁称为"十月革命的总演习"。整个革命的情势以及农民在革命中的表现,使得列宁在革命后不得不重新评估当时俄国农业资本主义的发展程度和农奴制残余的负面影响。他从当时的经济发展角度出发,提出了俄国革命的基本问题,即"革命要保证资本主义的发展,是通过农民对地主的彻底胜利呢,还是通过地主对农民的胜利"[1]。前者称为普鲁士式农业资本主义发展道路,后者称为美国式农业资本主义发展道路。土地问题是俄国农业资本主义发展的重大问题,列宁多次提出要解决土地问题。当然在不同的阶段重点和策略有所不同,但是在解决土地问题的重要性和紧迫性上却始终没有变化。列宁认为解决当时俄国的土地问题不能避开农业资本主义的两种发展道路,他说:"我所指出的'解决'日益发展的资产阶级俄国的土地问题的两种办法,是同农业资本主义发展的两条道路相适应的。我把这两条道路叫作普鲁士式的道路和美国式的道路。"[2]

（一）普鲁士式道路

19 世纪初期,由于政治上的长期分裂和战争的影响使得德国

① 《列宁全集》第 15 卷,北京:人民出版社,1988 年,第 336 页。
② 《列宁全集》第 17 卷,北京:人民出版社,1988 年,第 113 页。

工业革命起步比英、法、美三国都要晚，国内经济因为没有工业革命的驱动而无法得到快速的发展。为了保证工业革命的顺利进行，德国通过解放农奴在国内进行赎金的掠夺，希冀以此解决工业革命的资金问题，而这种大肆的掠夺导致了农民强烈的反抗和斗争。农民的抗争引起了普鲁士政府的严重恐慌，从1807年起，普鲁士开始实行自上而下的农奴制改革。改革重要的法律依据是1807年10月颁布的《关于放宽土地占有的条件限制和自由使用地产以及农村居民的人身关系的敕令》《关于废除国有土地上农民世袭人身隶属关系的法令》，1821年颁布的《公有地分割敕令》，1850年颁布的《调整地主和农民关系法》等，通过解除农民对地主的人身依附、允许农民缴纳赎金赎买土地以及割地等具体措施解放农奴。但是，农民没有因为普鲁士政府的这次改革而得到真正的解放。一方面，农民缴纳的赎金数额十分庞大，农民如果要赎买土地成为自己的份地，需要支付相当于其常年地租25倍的赎金；另一方面，这种由统治阶级主动发起的自上而下的改革根本没有触及普鲁士当时的封建君主制，容克地主与改革前一样依然是政权和土地的占有者。1848年欧洲革命给改革带来了巨大的冲击，普鲁士政府不得不于1850年3月颁布新的法令，取消了农民的一些封建义务，但其前提是继续保持容克地主土地所有制。新法令的颁布虽然取消了农民的一些封建义务，但是这些义务都是次要的，农民继续在容克地主的压迫下艰难生活，而且由于割地和支付赎金使得资金和土地向容克地主私人积聚。资金和土地的积聚为普鲁士资本主义社会化大生产提供了有利的条件。为了获取更多的利润，容克地主愿意采取先进的生产技术和增加对土地的投入，机器和化肥被大量运用在农业生产中，容克地主通过资本主义的经营方式来改造土地和庄园，使普鲁士逐步走上了资本主义道路。

普鲁士所走的是一条既要最大限度保存封建农奴制残余,又要适应资本主义发展的改良道路。这条道路不可避免地使广大农民长期受到封建主义和资本主义的双重剥削,这条道路尽管客观上促进了德国农业的发展和加速了农民的分化并为工业革命提供了大量的自由劳动力,但是改革并没有解决德国的土地问题。列宁后来在总结普鲁士式道路的特点时深刻地指出:"中世纪的土地占有关系不是一下子被消灭掉,而是慢慢地适应资本主义,因此资本主义长期保存着半封建的特征。普鲁士的地主土地占有制没有为资产阶级革命所粉碎,而是得到了保全,并成为'容克'经济的基础。"[1]这种"容克经济"基本上就是资本主义经济,但是又有别于纯粹的资本主义经济,因为它没有完全清除农民对容克地主的人身依附关系和封建专制下的土地所有关系。故此,1848年欧洲资产阶级革命并没有撼动容克地主在政治和土地上的霸权地位,容克的社会统治和政治统治在革命后依然维持,并长达数十年之久,德国的落后的社会统治和政治统治阻碍了农业生产力的发展,列宁认为甚至"比美国慢得无法相比"[2]。

(二)美国式道路

1776年美国宣布独立,此时的美国还是一个典型的农业国家,资本主义程度非常低。直到19世纪中叶,美国的工业还落后于英、法、德三国。但是到了19世纪末,美国一跃成为工业发展世界排名第一的国家,资本主义在国内已经比较成熟。美国的发展道路引起其他国家的关注,列宁对美国的资本主义、特别是美国农业资本主

---

[1]   《列宁全集》第17卷,北京:人民出版社,1988年,第113页。
[2]   《列宁全集》第17卷,北京:人民出版社,1988年,第113页。

义的发展道路进行了深入的研究,在其著作《关于农业中资本主义发展规律的新材料 卷 1 美国的资本主义和农业》中,重点考察了"美国式道路"。

客观地讲,美国资本主义的高速发展并不是偶然的,而是有着深刻的内部和外部因素。第一,1865 年内战结束为美国资本主义发展扫清了障碍。美国建国以后还长期存在着资本主义雇佣劳动制和黑人奴隶制,并且集中体现在北方和南方版域中。随着资本主义的发展,南北之间的差距日益拉大,北方资本主义工业与南方种植园经济格格不入,冲突频繁。1861—1865 年的美国内战以北方胜利告终,扫除了落后的奴隶制度,确立了资本主义制度,实现了政治经济的统一,这为美国的资本主义的发展扫清了障碍。第二,美国拥有广阔的垦殖土地,为其农业资本主义发展提供有利条件。美国地域广阔,可耕种的土地丰富,在关于利用闲置土地的问题上也拥有十分宽松的政策。根据有关政策,美国新移民只要支付极低的金钱就可以占用、甚至无偿地占有未开垦的处女地,这大大降低了农民的生产成本,也为革命地解决土地问题奠卜良好基础。第三,美国内战期间通过革命的手段解决了土地问题。1776 年美国独立解决了建国的问题,使美国在世界上成为一个主权国家,但是土地问题并没有因为国家的独立而得到有效解决。南方的种植园经济实质上是一种封建大地产制,与北方的资本主义农业经济相比显得十分落后。由于落后的封建大地产制阻碍了整个国家的资本主义农业发展,资产阶级提出要用战争的手段摧毁南方种植园经济,以资本主义经济取而代之。亦即通过没收地主土地,扫除美国中世纪的农奴制残余,建立自由的土地所有制,通过农民解放使美国走上资本主义民主发展的道路。

美国式道路的特点是通过革命的方式扫除落后的种植园经济，将农业建立在土地国有的基础之上，使小农经济得到自由发展，并且在小农经济的基础上建立资本主义大市场。列宁认为美国式道路与普鲁士式道路正好相反，美国"资本主义的基础不是大地主的旧的奴隶占有制经济（国内战争彻底粉碎了奴隶主庄园），而是自由的农场主在自由土地上的自由经济"①。正是由于美国式道路能够彻底清除当时美国的落后的封建关系，使得美国农业生产力得到了极大的解放，从而也加速了美国经济的发展，创造了当时的"美国奇迹"。

二、资产阶级政党改良的地主式道路

（一）"六三体制"的确立

1907 年的"六三政变"标志着第一次俄国革命的结束和斯托雷平反动时期的开始。沙皇政府虽然在第一次俄国革命中最终控制了局势，但是革命给沙皇的统治带来了巨大的冲击，整个俄国社会的政治经济秩序遭到了极大的破坏。沙皇政府深知要想完全恢复到革命前的秩序已不可能，因此试图实行新政策（以六三体制和新土地政策为主要内容）来实现一个良好的社会秩序。

"六三体制"带有浓厚的资产阶级性质，所维护的必然是资产阶级的利益。第一，"六三体制"以保持沙皇政府的反动统治为目的，要求把全部的政权都交给农奴主-地主，竭力维护资产阶级的种种特权，通过建立农奴主-地主和资产阶级的同盟构筑一个少数人的统治阶级。第二，"六三体制"集中体现在地主和大资产阶级绝

---

① 《列宁全集》第 17 卷，北京：人民出版社，1988 年，第 113 页。

对控制下的第三届杜马中。第三届杜马是根据新选举法选举产生的,参加选举的代表中,有产阶级代表名额大大增加,而工人、农民和城市小资产阶级的代表席位受到了限制。新选举法与1905年"旧选举法"相比,农民席位和工人席位分别减少了20%和2%。第三届杜马中一改前两届杜马以立宪民主党为主导的局面,转而以十月党人为主,在442名代表中,十月党人及其追随者154人,温和的右派和民族主义者97人,立宪民主党人54人,极右派分子50名,进步派28人,劳动团分子14人,伊斯兰教徒8人,波兰各民族党派的议员团11人,立陶宛-白俄罗斯选举团7人,社会民主党人19人。第三,"六三体制"下的第三届杜马形成了"右翼-十月党人多数"(列宁称"黑帮-十月党人多数")和"十月党人-立宪民主党人多数"的以十月党人为多数的两个中心。① 前者主张保护农奴主——地主的利益,加大对反对统治者的镇压和迫害,以期恢复沙皇的封建专制政体;后者在杜马中所占的席位不到1/3,代表的主要是资产阶级的利益,它们通过与沙皇政府的妥协、勾结打压人民的革命和斗争。总之,以十月党人为多数的两个中心都是反革命的、妥协的、傀儡的政治实体,它们构成了反动的第三届国家杜马。由于第三届杜马与政府采取妥协、合作的态度,因此被称为"俯首听命于斯托雷平的杜马"。

（二）斯托雷平新土地政策的推行

"六三政变"标志着1905年革命的失败,随着革命转入低潮,斯托雷平的新土地政策成为当时解决俄国土地问题的重要依据和指南。客观地讲,斯托雷平土地改革一定程度上适应了当时的政治经

---

① 《苏联大百科全书》(第三版),莫斯科,"国家杜马"的解释。 参见刘显忠《试论第三届国家杜马》,《史学集刊》,1997年第3期,第59—64页。

济环境,起到了促进经济发展和缓解国内矛盾的作用,巩固了统治阶级的阶级统治。第一,新土地政策有效防止了国内矛盾的激化,制止了农民运动的再爆发。俄国第一次资产阶级民主革命(即1905年革命)给统治阶级带来了很大的震动,尽管后来他们以血腥的镇压控制住了局面,但是革命前频繁的农民运动和这次革命的爆发不得不引起高度的重视,正是基于此,斯托雷平土地改革时期提出了"先稳定后改革"的口号。这个口号迎合了"俯首听命于斯托雷平的杜马"中多数代表的要求,杜马中的多数代表希望通过斯托雷平改革维护他们的既得利益,保护他们长期以来所拥有的特权。斯托雷平在改革中所提出的信仰和人身不受侵犯、无等级乡村自治的自由、扩大地方自治局权利、取消自治局长官等主张与第三届杜马中的十月党人的基本精神一致。而第三届杜马以十月党人为主导,先后担任第三届杜马主席的霍米亚科夫、古契柯夫、罗将柯都是十月党人,这就使得斯托雷平的改革容易在杜马中获得支持。"先稳定后改革"的思路要求斯托雷平新土地政策要照顾到不同阶级的利益,改革后的土地方案一定程度上缓和了国内的阶级矛盾,斯托雷平利用改良的办法诱使群众脱离革命,防止农民革命的再度爆发。第二,新土地政策促进了国内资本主义的发展。为了击败革命党,瓦解强大的革命力量,在政府掌握全权的前提下争取国内温和派和明智派的支持成为斯托雷平改革的出发点。因此,在他的强烈建议下解散了第一、二届国家杜马,因为这两届杜马解决俄国土地问题的主张与斯氏的出入很大。① 而第三届杜马之所以能与政府达成妥协,一个最大的原因就是他们在土地问题上达成了共识。斯

---

① 典型的例子就是斯托雷平1906年11月9日的土地法令在第二届杜马中被否决,后来在第三届杜马的支持下才于1910年6月14日成为正式的法律。

托雷平的土地改革以扶植富农、扩大有产阶级的力量为目标,使他们(富农和有产阶级)成为政府的有力支持者。对于农民,新土地政策允许农民出售从公社分得的份地,允许农民自由的离开村庄,有支付能力的农民还可以在贵族或公社那里购买财产或者土地,并且享有对它们的私有权。通过制定法律,瓦解村社,减少农民对村社的依附关系,打破 1861 年改革以来的条条框框,消除了部分农奴制残余。土地政策的改变使得农民迅速地发生分化,导致自然经济受到了冲击从而促进了商品经济的发展,农业生产水平得到了很大的提高,促进了国内资本主义(尤其是农业资本主义)的发展。第三,新土地政策试图按照地主的方式解决土地问题。地主的方式简单的说就是改良的方式,这是斯托雷平新土地政策中一个重要的出发点。新土地政策虽然也承认摧毁旧的土地占有制的必要性,但是其最终维护的还是地主的利益,因为斯托雷平之流认为这种摧毁所带来的负担由广大贫苦农民来承担。列宁在《斯托雷平土地纲领和民粹派土地纲领的比较》一文中,一针见血地揭示了斯托雷平土地纲领的实质:"地主在这种摧毁中不应有丝毫损失,如果他们不可避免地要失掉自己的一部分土地,那么这部分土地应当完全根据地主的自愿,并按照他们认为'公道的'价格转让。富裕农民应得到支持,广大'弱者'的破产则不必考虑。"①这样的土地纲领必定不会要求用暴烈的手段(革命)真正解决俄国的土地问题,而是采用改良的方式对细枝末节的稍加修饰,但这显然不会触动有产阶级的根本利益,最终受害者还是广大的农民。

(三)资产阶级政党的改良主张

俄国资产阶级政党在解决土地问题上的主张始终没有脱离地

①　《列宁全集》第 21 卷,北京:人民出版社,1990 年,第 389 页。

主和资产阶级的利益,他们企图用笼络人心和欺骗的手法蒙蔽人民,指出只有走改良的道路才能真正解决俄国的土地问题。

在第三届杜马中,十月党人和右派(黑帮分子)占绝大多数,这导致他们可以为所欲为。他们作为有产阶级,极力维护自身的利益,通过多种手段保护自己的私有财产和人身安全不受侵犯,他们害怕革命,害怕剥夺。正如列宁所说:"他们象害怕火一样地害怕革命,害怕为自由和土地而奋起进行伟大斗争的工人和农民的强大冲击。"[1]在土地问题上,他们追崇西欧成熟的资本主义国家以改良的方式解决土地问题的路径,竭力维护个人土地所有制,他们认为个人所有制是"俄国的力量和未来"。右派代表鲍勃凌斯基伯爵提出要用"自己的智慧和真诚信念的全部力量来维护这种所有制",要使俄国农民走上西欧和波兰的道路。他说:"他们(指俄国农民——本书作者注)会走上一切文明民族已经走上的唯一正确的道路,也就是走西欧邻邦和波兰弟兄的道路,走俄国西部农民的道路,这些农民已经充分认识到村社所有的土地和农户所有的土地犬牙交错的情况有多大的害处,并且在有些地方已经开始采用独立农庄的经营方式。"[2]右派和十月党人排斥那条号召俄国农民夺取土地和强制转让土地的道路,认为这是一条"下坡路"。这条路的尽头是悬崖峭壁,这对俄国农民乃至整个国家来说都是一条死路。他们转而为农民指出了一条"活路",认为这条路虽然是"上坡路",但是却能指引农民到达"真理、权利和长久幸福的高峰"[3]。显然,右派和十月党人所排斥的道路就是革命,指引的"活路"就是改良。

---

① 《列宁全集》第16卷,北京:人民出版社,1988年,第170—171页。
② 《列宁全集》第16卷,北京:人民出版社,1988年,第333—334页。
③ 《列宁全集》第16卷,北京:人民出版社,1988年,第334页。

　　与右派和十月党人不同,第一、二届杜马的主导力量立宪民主党人在第二届杜马中采取的是中派立场,当时他们既批评右派也批评左派。然而,后来立宪民主党人发生了转向,公然向右转,完全抛弃了土地国有化的思想,主张农民土地私有。列宁认为“所谓向右转,也就是转到土地私有制方面去!”①具体表现就是立宪民主党人最初是反对具有改良性质的斯托雷平新土地政策的,后来转为支持,认为新土地政策是“严肃而务实的”,它能摒弃农民乌托邦的企图。为此,立宪民主党人提议成立土地委员会解决土地问题,这个委员会虽然建议农民和地主的代表各占一半,但是由于委员会主席由地主(官吏)担任,事实上还是以地主占优势。以地主占优势的土地委员会所维护的必然是地主的土地私有制。但是,在革命的威慑下,他们不敢赤裸裸地恣意妄为,而是进行无耻的欺骗。他们对左派提出的要遵从“普遍、平等、直接和无记名投票”选举土地委员会表示坚决的反对,竭力保持地主占优势的局面。“立宪民主党人反对任何形式的土地公用原则,反对无偿地转让土地,反对农民占优势的地方土地委员会,反对革命,尤其反对农民土地革命。”②这说明,立宪民主党人与右派一样,反对土地革命,否定阶级斗争。

　　民粹派知识分子中,民粹派的机会主义者人民社会党人在第二届杜马中有两股潮流:一股保护农民利益,另一股反对农民斗争。后一股潮流带有浓厚的市侩气息,与立宪民主党人在对待土地问题上如出一辙。这种民粹主义思想企图以改良来发展国内资本主义,这恰恰迎合了斯托雷平企图通过改良防止社会革命的精神。而事实是“斯托雷平的‘道路’同农民革命相比,会延缓资本主义的发

---

①　《列宁全集》第16卷,北京:人民出版社,1988年,第339页。
②　《列宁全集》第16卷,北京:人民出版社,1988年,第343页。

展,会造成比无产者更多的贫民"①。民粹派知识分子认同官僚主义者臆造出来的所谓"土地份额",他们以一种欺骗的方式论证农民只要拥有维持生活所需的"土地份额"就不必去触动地主的利益了。而事实上农民所要求的是消灭地主土地占有制,因为农民意识到所谓的"土地份额"不过是骗人的空话,"农民是讲究实际的人,民粹派知识分子则是讲空话的人"②。

资产阶级政党在对待俄国的土地问题上有的抱有小资产阶级的幻想、有的构筑"土地份额"的谎话、有的提出"巩固村社"的废话、有的抛出"平均使用土地"的空话等。不管他们的主张有多么的不同,有一点是共同的:他们都主张改良的地主式发展道路。列宁在《社会民主党在1905—1907年俄国第一次革命中的土地纲领》中详细地分析了资产阶级政党的土地纲领,得出结论:"改良主义的道路就是建立容克-资产阶级俄国的道路,其必要的前提是保存旧土地占有制的基础,并且使这种基础适应资本主义,而这一适应过程是缓慢的,对多数居民来说是痛苦的。"③

三、列宁的土地革命观

1884年"劳动解放社"成立以后公布了其第一个纲领草案,其中包括主张"用激进手段改变土地关系",而"激进手段"就包含革命的意蕴在里面。一直以来,土地革命是俄国社会民主党解决俄国土地问题的重要手段。1906年,列宁在《修改工人政党的土地纲领》中归纳了自党成立以来"一贯坚持的关于俄国土地问题在理论

---

① 《列宁全集》第16卷,北京:人民出版社,1988年,第354页。
② 《列宁全集》第16卷,北京:人民出版社,1988年,第358页。
③ 《列宁全集》第16卷,北京:人民出版社,1988年,第391—392页。

上的提法":"俄国社会民主党人从党的诞生之日起直到现在,始终
捍卫着以下三个论点。第一,土地革命将是俄国民主革命的一部
分。使农村从农奴式奴役制下解脱出来,将是这个革命的内容。第
二,行将来临的土地革命,就其社会经济意义来说,将是资产阶级民
主革命;它不会削弱反而会加强资本主义和资本主义阶级矛盾的发
展。第三,社会民主党有充分根据用坚决的方式支持这个革命,并
且规定一些当前的任务,但它决不束缚自己的手脚,甚至对'土地平
分'也决不拒绝给以支持。"①

　　正是基于此,与地主和资产阶级政党所提出的以改良的地主式
道路解决俄国土地问题主张不同,以列宁为代表的觉悟的无产阶级
政党——社会民主党摒弃资产阶级和小资产阶级改良的路径,主张
以革命的农民式道路解决俄国的土地问题,即通过走美国式道路清
除中世纪农奴制残余。列宁清醒地认识到,任何幻想剥削阶级良心
发现对农民施以恩惠解决土地问题的行为都是不切实际的,他说:
"难道农奴主-地主和资本家吸血鬼会给农民土地,会把主要权力
让给人民吗？不会！他们会赏给饥饿的农民一口饭吃,却要先把农
民抢劫一空,他们只会帮助富农和土豪安排妥帖,并把全部权力抓
到自己手里,让人民仍旧处于被压迫和被奴役的地位。"②因此,"我
们应当不同于社会改良主义者,我们所要求的是农奴主-地主永远
不会给也不可能给我们(或农民)的东西,是农民革命运动只有用
暴力才能夺得的东西"③。无产阶级政党必须领导工人和农民通过
暴烈的土地革命剥夺剥夺者的土地实现土地国有,最终真正解决俄

① 《列宁全集》第12卷,北京:人民出版社,1987年,第216页。
② 《列宁全集》第16卷,北京:人民出版社,1988年,第173页。
③ 《列宁全集》第6卷,北京:人民出版社,1986年,第291页。

国的土地问题。

（一）支持农民没收一切私有土地

1905 年 11 月 6—10 日，全俄农民协会第二次代表大会在莫斯科召开。在这次大会中，俄国社会民主党进一步明确了对待农民运动的态度，列宁认为这是俄国马克思主义者在确定自己纲领和策略时所考虑的一个迫切问题。自俄国第一个社会主义团体劳动解放社成立以来，俄国的马克思主义者就反复地说明和践行自己的口号和观点，这些口号和观点不是资产阶级的而是马克思主义的。在俄国第一次资产阶级革命中，马克思主义的口号必须贯彻到革命农民中去，因为革命农民一旦成为觉悟的创造者就能改变革命走势和结局，为此列宁认为："俄国大革命的进程和结局在很大程度上取决于农民觉悟的提高。"①每一个政治活动家必须要解决两个问题：农民向革命要求什么？革命能够给农民什么？列宁对自己所提出的这两个问题给出了肯定的答案：争取土地和自由，直至争取社会主义。列宁认为，每一个觉悟的工人在解决这两个问题的时候都要全力地支持农民革命，他们都希望并且努力地促使农民取得全部的土地和充分的自由。

列宁反对在争取土地问题上农民与地主达成妥协，反对农民满足于任何局部的让步和小恩小惠，主张农民通过革命取得全部土地，直到消灭地主土地所有制。在这一点上，社会民主党也一直持有最坚决的态度。1905 年 5 月召开的俄国社会民主工党第三次代表大会上通过的《关于对农民运动的态度的决议》明确地表明了社会民主党对待农民革命的态度。《决议》要求社会民主党要坚决地

---

① 《列宁全集》第 12 卷，北京：人民出版社，1987 年，第 88 页。

支持农民革命,支持农民对为得到全部土地这一要求所作的斗争。号召通过革命的手段消除一切农奴制残余,直至没收一切私有土地。关于这一点,在第三届杜马中也得到了体现。社会民主党的代表虽然在第三届杜马中所占的席位不能与"两个大多数"相提并论,但是这并不能阻止杜马中的社会民主党人与"俯首听命于斯托雷平的杜马"进行坚决的斗争。列宁认为斗争策略十分重要,杜马中的社会民主党人要通过在杜马讲坛上发表演说、向政府提出质询和提出法案等"合法"的手段来开展斗争。① 杜马中的社会民主党人需要联合其他集团才能提出法案,显然,立宪民主党人不是联合的对象,因为他们是卑微的妥协派,真正能够纳入到这个"提出质询和议案联合体"内的是比立宪民主党更左的集团。社会民主党人要特别注意在土地问题上彻底揭露反动政府或自由派提出的相关提案的阶级实质,并且针对他们的观点提出自己的社会主义的和民主主义的要求,即支持农民没收一切私有土地。

（二）夺取政权是土地革命的重要条件

列宁认为无产阶级政党只有通过领导土地革命才能彻底地消除一切农奴制残余,废除地主土地占有制,最终解决俄国的土地问题。因此,在第一次俄国革命中,觉悟的工人阶级已经在革命农民中开展了广泛的鼓动工作,号召建立巩固的工农联盟,将土地革命进行到底。当然,农民要想将土地革命进行到底"就必须把政治革

---

① 关于社会民主党人在与杜马进行斗争的策略选择上,列宁曾经就第三届杜马选举中出现的抵制派提出的抵制手段提出过批判。 在《反对抵制》一文中,他认为在革命进入低潮的时候还不具备抵制杜马的客观条件,因此不能采取抵制派的那种简单的抵制杜马的手段,社会民主党应该参加第三届杜马的选举,争取有代表进入这个反动机构,以便利用它来同沙皇政府和立宪民主党进行斗争。 参见《列宁全集》第 16 卷,北京:人民出版社,1988 年,第 1—33 页。

命也进行到底；没有彻底的政治革命，就根本不会有土地革命或者
不会有比较巩固的土地革命"①。社会民主党一贯重视政治革命，
把它视为实现土地革命的一个重要条件乃至整个民主主义革命最
终取得胜利的基本前提。

在1906年斯德哥尔摩大会上，②提出了修改土地纲领的三种不
同主张：列宁的土地国有化纲领、一部分布尔什维克的分配土地纲
领和孟什维克的土地地方公有纲领。③ 尽管大会最终以高票通过
了孟什维克的土地地方公有纲领，但是列宁对反对国有化的几种观
点还是进行了详细的比较。在比较的过程中着重强调了夺取政权
对于土地革命的重要性，他说："如果土地革命的胜利不是以革命人
民夺取政权为前提，土地革命就是空谈。如果没有革命人民夺取政
权这个条件，那就不是土地革命，而是农民骚乱或者立宪民主党的
土地改良。"④普列汉诺夫也注意到了列宁的土地纲领草案中所包
含的革命农民夺取政权的思想，而且对此十分关注，但是普氏并没
有真正理解列宁这一思想的要旨，而是把它归结为民意党夺取政权
的思想，列宁认为这是"大错特错"的。列宁将19世纪70年代和80
年代民意党夺取政权的思想与1905年资产阶级革命中（特别是
1905年10—12月后）革命人民夺取政权的思想也进行了对比，前
者是在没有开展广泛真正群众性革命运动的情况下由一群知识分
子为主体的民意党人传播夺取政权的思想，列宁认为这是"一小撮
知识分子的愿望和空谈，而不是已经兴起的群众运动进一步发展的

---

① 《列宁全集》第12卷，北京：人民出版社，1987年，第328—329页。
② 指1906年4月10—25日在斯德哥尔摩举行的俄国社会民主工党第四次（统一）
代表大会。
③ 《列宁全集》第12卷，北京：人民出版社，1987年，第424页。
④ 《列宁全集》第12卷，北京：人民出版社，1987年，第330页。

必然趋势"①。后者是革命人民(包括广大的工人阶级、半无产阶级知识分子和农民群众)以夺取政权的斗争实践(如在莫斯科、南方、波罗的海沿岸边疆区爆发的革命人民夺取政权的斗争)向世界展示了早已看不到的革命运动形式。因此,普列汉诺夫把列宁土地纲领中的夺取政权思想与早年民意党传播夺取政权的思想混为一谈是错误的,列宁认为这是一种倒退。在 1905 年最后一个季度发生的夺取政权的斗争后"再把革命人民夺取政权的思想归结为民意主义,就等于整整落后了 25 年,就等于从俄国历史中勾销了一个完整的重大时期"②。

(三)无产阶级是土地革命的领导者

列宁在 1905 年革命之前就有过无产阶级争取革命领导权思想的萌芽,但是在那个时期,一方面由于俄国封建农奴制残余力量过于强大,另一方面俄国无产阶级还没有足够的准备和实力担负起领导一场资产阶级革命的重任。正是基于此,在列宁最初提出的工农民主专政思想中,还极少涉及无产阶级领导权问题,更多的是强调无产阶级的独立性。列宁在《关于社会民主党参加临时革命政府的决议草案》中十分清楚地表明了在 1905 年之前无产阶级还不能独立领导资产阶级革命的观点,他说:"国际革命社会民主党一向认为,无产阶级必须最积极地支持革命资产阶级同一切反动阶级和反动制度的斗争。"③这里,列宁还没有把无产阶级作为一个独立领导资产阶级革命的领导阶级来看待,而是认为无产阶级必须"支持"革命资产阶级的斗争活动。这在当时政治背景之下是可以理解的,

---

① 《列宁全集》第 12 卷,北京:人民出版社,1987 年,第 330 页。
② 《列宁全集》第 12 卷,北京:人民出版社,1987 年,第 330 页。
③ 《列宁全集》第 10 卷,北京:人民出版社,1987 年,第 119 页。

当时的一些社会主义者(如马尔丁诺夫等)教条地运用马克思主义创始人关于不同革命阶段革命性质的思想来对待俄国革命,他们认为1905年革命是属于资产阶级性质的革命,理应由资产阶级领导,而无产阶级如果参加到临时革命政府中去会导致社会主义革命,这是不符合马克思主义创始人相关理论的。在无产阶级是否参加到临时革命政府都还存在如此大的争议的情况下,显然更不适合谈论无产阶级的领导权问题,尽管列宁也多次说明无产阶级参加临时政府并不会改变革命的性质,但是为了避免反对派在革命性质上对社会民主党的诟病,列宁策略地提出无产阶级"支持"革命资产阶级的斗争。当然,这种"支持"既不意味着将无产阶级完全沦为革命资产阶级的附庸,也不表示无产阶级受后者的牵制,因为列宁接着说道:"无产阶级的党必须保持完全的独立性,并且以严格批判的态度对待它的临时同盟者。"[①]在稍后的《关于临时革命政府的决议草案》中,列宁对社会民主党参加临时政府的必要条件进行规定时,同样提出了保持无产阶级政党的独立性:"党对自己的全权代表进行严格的监督,并坚定不移地保持社会民主党的独立性。"[②]由此可见,列宁对于无产阶级和无产阶级政党保持独立性是十分重视的,他甚至认为"在整个选举运动和整个杜马运动中,保持阶级的独立性是我们最重要的总任务"[③]。列宁在这里所指的这个"阶级"就是无产阶级。

　　无产阶级在俄国革命中不可能永远只停留在追求保持"独立性"上,革命实践已经充分暴露出资产阶级在革命斗争中的软弱性

---

① 《列宁全集》第10卷,北京:人民出版社,1987年,第119页。
② 《列宁全集》第10卷,北京:人民出版社,1987年,第137页。
③ 《列宁全集》第14卷,北京:人民出版社,1988年,第74页。

和不彻底性,资产阶级已无法继续领导革命。相反,无产阶级经受住了革命的考验,他们在反对专制制度中表现出了彻底的革命性和先锋性。因此,"无产阶级担负着把资产阶级民主革命进行到底和充当这一革命的领袖的积极的任务"①。争取无产阶级革命领导权成为列宁在 1905 年革命以后"无产阶级和农民的革命民主专政"思想重要的组成部分。在"无产阶级为什么要争取革命领导权?"这个问题上,列宁的态度一直是明确的,他认为无产阶级在革命中是争取民主主义的先进战士,只有争取领导权才能取得革命的胜利。在《革命和反革命》一文中,列宁对无产阶级的革命领导地位进行了精当的概括:

　　社会民主党通过对俄国的经济现实进行分析,得出了无产阶级在我国革命中起领导作用、掌握领导权的结论,这样的说法在当时似乎是理论家死啃书本的结果。革命证实了我们的理论,因为它是唯一真正革命的理论。无产阶级实际上始终在领导革命。社会民主党实际上是无产阶级在思想上的先进部队。群众斗争在无产阶级的领导下,发展异常迅速,超过了许多革命家的预料。②

　　列宁对无产阶级在革命中所起的"领袖"作用的态度是坚定不移的,孟什维克曾经对列宁提出的决议议案中关于无产阶级在资产阶级民主革命中的领袖作用提出过修正意见,建议把"领袖"这个词换成"先锋队""先进部队"和"主要的动力"。但是列宁认为"不完全指出无产阶级在革命中的领袖作用,就等于为机会主义敞开大门。无产阶级可能成为地主的打了折扣的资产阶级革命的'主要动

---

① 《列宁全集》第 15 卷,北京:人民出版社,1988 年,第 367 页。
② 《列宁全集》第 16 卷,北京:人民出版社,1988 年,第 111 页。

力'"①。因此,孟什维克所有关于削弱无产阶级领导权的修正意见被否决了。列宁在关于土地革命中的领导权问题上与其对无产阶级在革命中的领导地位的态度是一致的,他认为无产阶级是唯一彻底革命的阶级,无产阶级领导农民群众进行反对地主土地占有制和农奴制国家的斗争是其将民主革命进行到底的重要条件。在土地革命中如果削弱甚至放弃无产阶级的领导权,就会如同孟什维克一样陷入机会主义的泥潭。②

第三节　工农民主专政:民主革命走向彻底的唯一保障

20世纪初,俄国与当时世界各主要资本主义国家一样,资本主义进入了帝国主义阶段。俄国是世界资本主义体系中最薄弱的一环。俄帝国主义的特点是资本主义生产关系同经济制度和政治制度方面的极端严重的农奴制残余交织在一起。1905年俄国第一次资产阶级民主革命的爆发激发了广大人民群众的革命热情,为了呼应不断高涨的革命形势和领导罢工,最早的一批工人代表苏维埃随之诞生。在农村,俄国农民也开展了声势浩大的农民运动,甚至在有些村庄农民还作出了分配和耕种地主土地的决定。此时的俄国资产阶级以一种十分矛盾的心境面对这场革命:一方面,他们对沙皇专制制度由不满进而反对。从这个角度看,他们欢迎甚至支持革命对沙皇统治发动进攻;另一方面,他们又害怕工农的革命运动,担

① 《列宁全集》第15卷,北京:人民出版社,1988年,第378页。
② 《列宁全集》第15卷,北京:人民出版社,1988年,第364页。

心革命会伤害到他们自己的切身利益。从这个角度看,他们对革命存有拒斥的心理。正是这样一种矛盾的心理,说明俄国资产阶级不能担负起领导革命,并把革命进行到底的重任。

列宁此时对俄国的革命形势和阶级结构状况有了更深入了解,他承认这次革命的资产阶级性质,指出现阶段所面临的是民主革命的任务而不是社会主义革命的任务。在民主革命中只有与农民建立广泛的联盟,才能取得革命的胜利。民主革命胜利以后,应该是沙皇专制政府被临时革命政府所取代,而"临时革命政府只能是无产阶级和农民的革命专政"①。由此,列宁根据当时俄国民主革命的情势在继承马克思主义创始人无产阶级专政的基础上,提出了"无产阶级和农民的革命民主专政"的思想。无产阶级和农民的革命民主专政是从整个马克思主义世界观和俄国社会民主工党的纲领中必然产生出来的口号,是关于资产阶级革命中无产阶级领导权和工农联盟的思想的具体体现。

一、"尾巴主义"与工农民主专政的提出

"尾巴主义"是对以马尔丁诺夫、马尔托夫等为代表的机会主义者和孟什维克的一种别称,也就是给他们取的绰号,意在批评讽刺他们保守、落后甚至倒退的思想。1905 年革命的发展出乎许多人的意料之外,在轰轰烈烈的革命形势下,人们认为推翻沙皇专制制度指日可待。然而,"尾巴主义者"再一次显露出他们拖后腿的"本领",连列宁都不得不承认"社会民主党又要同企图把运动拉向后退、企图贬低运动任务、模糊运动口号这样的反动机会主义者打

---

① 《列宁全集》第 10 卷,北京:人民出版社,1987 年,第 27 页。

交道"①。列宁认为,俄国社会民主党内机会主义非常明显地反映出党的知识分子翼没有任何独立的观点,它既迷恋于伯恩斯坦主义的时髦字眼,又迷恋于纯粹的工人运动的直接结果和形式。这种迷恋使合法马克思主义者纷纷叛变而投到自由主义方面,使某些社会民主党人创造出一种崇拜自发的机会主义理论——"策略-过程"论。"这个理论使我们的机会主义者得到尾巴主义者的绰号。"②创刊伊始就为"经济派"辩护的《工人事业》杂志也时常滑到"经济派"的基本错误上去,它不仅追随这种"策略—过程",而且把它奉为原则。因此,列宁认为,"与其把《工人事业》这一派别称为机会主义,倒不如(根据尾巴这个词)称为尾巴主义"③。尾巴主义者的特点是"他们一筹莫展地尾随在事变的后面,从一个极端跳到另一个极端,在一切场合缩小革命无产阶级活动的范围,降低对革命无产阶级的力量的信心,而且这样做时通常都打着无产阶级的主动性的旗号"④。

产生于19世纪90年代的"经济派"是尾巴主义的重要秉持者,这个奉行妥协主义和机会主义的政治派别一直被列宁视为破坏无产阶级革命运动的死敌。1899年,一部分"经济派"分子发表了自己的宣言。他们公开反对革命的马克思主义,要求放弃建立无产阶级的独立政党,放弃工人阶级独立的政治要求。"经济派"认为,工人只需要进行经济斗争,而政治斗争应当让自由资产阶级去进行,工人要支持自由资产阶级的政治斗争。"经济派"的特点是推崇西

① 《列宁全集》第10卷,北京:人民出版社,1987年,第1页。
② 《列宁全集》第9卷,北京:人民出版社,1987年,第236页。
③ 《列宁全集》第6卷,北京:人民出版社,1986年,第50页。
④ 《列宁全集》第9卷,北京:人民出版社,1987年,第236页。

欧的伯恩斯坦主义,迷恋工人运动的自发性,满足于分散状态,醉心于经济斗争,忽视无产阶级运动的政治任务,否认党的领导作用。"经济派"还有自己的机关刊物《工人思想报》和被列宁称为"尾巴主义"的《工人事业》杂志。为了揭露经济主义的机会主义哲学,从思想上彻底粉碎经济主义造成的组织思想混乱、组织涣散的状态,列宁在《怎么办?》中对经济主义的机会主义进行了严厉的批判。列宁指出,赞美工人运动的自发过程而否认党的领导作用,把党的作用归结为充当事变的登记者,这就是宣传"尾巴主义",主张把党变成自发过程的尾巴,变成运动的消极力量,即只能观望自发过程和指靠自流趋势的力量。进行这种宣传,就是企图消灭党,也就是使工人阶级陷于没有政党的地位,使工人阶级陷于没有武器的地位。[1] 在列宁看来,社会民主党的"作用当然不是做运动的尾巴,因为,如果做运动的尾巴,那么好则对运动无益,坏则对它极其有害。"[2]列宁认为:"'经济主义'的最明显的特点之一,就是不了解无产阶级最迫切的要求(从政治鼓动和政治揭露中获得全面的政治教育)同一般民主主义运动的要求是相联系的,甚至是相吻合的。而这种不了解不仅表现于'马尔丁诺夫式的'词句,并且还表现于意思与这些词句相同的那种援引所谓阶级观点的论调。"[3]在这里,列宁一针见血地批判了以马尔丁诺夫为代表的尾巴主义者所谓"政治鼓动应当服从于经济鼓动"等错误思想,强调对工人阶级进行政治教育,发展工人阶级的政治意识的重要性。

　　《怎么办?》的出版和传播给"经济派"以致命的打击,它揭露了

---

[1]　《联共(布)党史简明教程》,北京:人民出版社,1975年,第39页。
[2]　《列宁全集》第6卷,北京:人民出版社,1986年,第50页。
[3]　《列宁全集》第6卷,北京:人民出版社,1986年,第86页。

经济主义的机会主义的思想立场,把机会主义即尾巴主义、自流主义的思想体系彻底粉碎,同时为俄国社会民主工党第二次代表大会的召开作出了重要思想贡献。在1903年召开的社会民主工党第二次代表大会上,火星派与反火星派在建党问题、土地问题、民族问题等方面展开了多次激烈的交锋。最后,在列宁的艰苦努力下,大会通过了火星派提出的纲领。这个纲领分为最高纲领和最低纲领两个部分。最高纲领为:进行社会主义革命,推翻资本家政权,建立无产阶级专政。最低纲领为:推翻沙皇专制制度,建立民主共和国,为工人实行八小时工作制,在农村中消灭一切农奴制残余,把地主夺去的农民土地("割地")归还给农民。可见,最高纲领主要体现工人阶级政党的主要任务;最低纲领体现的是党在推翻资本主义制度、建立无产阶级专政以前所应实现的当前任务。① 在党的第二次代表大会以后,经历着深刻的党内危机。布尔什维克和孟什维克之间的意见分歧更加严重,孟什维克与"经济派"亲密接触,并在党内代替了"经济派"的地位,其主要表现就是经济主义的机会主义。布尔什维克面对即将与孟什维克的分裂局面,主动采取各种措施约束分裂派,动员各个地方组织积极准备召开党的第三次代表大会。

　　1905年在伦敦召开了社会民主工党第三次代表大会,在这次旨在增进组织团结、共商革命策略的大会上,却并没有孟什维克的身影,他们拒绝参加此次大会,所以这次大会是布尔什维克单独召开的。为了对抗党的"三大",孟什维克单独在日内瓦召开了自己的代表会议。自此,党内组织分裂局面形成,布尔什维克和孟什维克成为各自拥有不同方针、路线和策略的两个党。关于俄国社会民

---

　　① 　《联共(布)党史简明教程》,北京:人民出版社,1975年,第44页。

主工党是否参加未来的临时革命政府成为当时布尔什维克和孟什维克争论的一个主要问题。① 面对党的组织上的分裂、意见上的分歧，列宁用创造性的马克思主义态度对待俄国资产阶级民主革命胜利后将要产生的国家政权，提出俄国在推翻沙皇专制制度后，必须建立无产阶级和农民的革命民主专政，即工农民主专政的思想。②

二、工农民主专政何以可能

马克思恩格斯在革命实践中创立了无产阶级专政理论，却几乎从未提及"工农民主专政"，③这也成为后来俄国"尾巴主义者"批评列宁"工农民主专政"思想的"重要依据"之一。诚然，列宁的工农民主专政思想确实不算完美，甚至还存在一定的缺陷。但是瑕不掩瑜，在当时的历史条件下，列宁的工农民主专政思想为建立俄国新型无产阶级政党、为粉碎经济主义的机会主义思想，乃至为十月革命后政权形式再次回到无产阶级专政轨道上来都发挥了重要的作用。

———————

① 关于推翻专制制度后如何对待临时政府的态度问题上，曹浩瀚（2007）总结了党的"三大"上的三种不同意见：1.以马尔丁诺夫为代表的新火星派认为，社会民主党参加临时政府是不能允许的；2.以托洛茨基和帕尔乌斯为代表的"不断革命"的观点拥护革命专政的思想，同意参加临时政府；3.列宁的"无产阶级和农民的革命民主专政"（简称"工农民主专政"）认为，临时革命政府只能是无产阶级和农民的革命专政。参见曹浩瀚《列宁工农民主专政思想的回顾与思考》，《探索》，2007年第5期，第111—112页。

② 列宁常常以其他的称呼来表达他工农民主专政的思想，这些称呼主要有"无产阶级和农民的革命民主专政"（《列宁全集》第二版第10卷，第18页）、"无产阶级和农民的革命专政"（《列宁全集》第二版第10卷，第27页）、"革命人民的专政"（《列宁全集》第二版第12卷，第289页）、"无产阶级和贫苦农民的专政"（《列宁全集》第二版第32卷，第288页）等。

③ 以本书作者有限的资料收集范围以及尚浅的学识，通过查找和研究前人关于马克思主义专政理论、马克思主义无产阶级专政理论等内容，并没有找出马克思恩格斯论述工农民主专政的只言片语。但本着学术严谨的态度，在书中还是用"几乎从未提及"这样留有空间的表述。

（一）马克思恩格斯提出无产阶级专政的政治考量

无产阶级专政理论是马克思政治思想的主要内容，是马克思主义的重要组成部分。马克思恩格斯作为无产阶级的伟大导师，在探索科学社会主义道路的早期就已经认识到无产阶级只有夺取国家政权才能实现社会主义，建设共产主义。这也说明了无产阶级革命的根本问题是国家政权问题。马克思恩格斯写于 1845—1846 年的著作《德意志意识形态》中较早地提出了无产阶级夺取政权的任务，他们写道："每一个力图取得统治的阶级，如果它的统治就像无产阶级的统治那样，预定要消灭整个旧的社会形态和一切统治，都必须首先夺取政权，以便把自己的利益说成是最普遍的利益，而这是它在初期不得不如此做的。"[①]这是马克思恩格斯关于打碎资产阶级国家机器，建立无产阶级专政思想的最早表述。1848 年，马克思恩格斯在《共产党宣言》中又深刻指出："共产党人的最近目的是和其他一切无产阶级政党的最近目的一样的：使无产阶级形成为阶级，推翻资产阶级的统治，由无产阶级夺取政权。"[②]"无产阶级用暴力推翻资产阶级而建立自己的统治"，"工人革命的第一步就是使无产阶级上升为统治阶级，争得民主"。所以，建立无产阶级专政是必要的。他们认为，无产阶级专政的任务是"无产阶级将利用自己的政治统治，一步一步地夺取资产阶级的全部资本，把一切生产工具集中在国家即组织成为统治阶级的无产阶级手里，并且尽可能快地增加生产力的总量"[③]。1848 年，欧洲革命爆发。马克思恩格斯密切关注着人民群众的革命斗争，并积极投身于这场革命中。尤其

---

① 《马克思恩格斯文集》第 3 卷，北京：人民出版社，2009 年，第 38 页。
② 《马克思恩格斯选集》第 2 卷，北京：人民出版社，1995 年，第 285 页。
③ 《马克思恩格斯选集》第 1 卷，北京：人民出版社，1995 年，第 293 页。

是在法国巴黎无产阶级六月起义以后，他们深刻总结革命斗争的经验教训，进一步阐释了无产阶级专政的观点。马克思在其著作《1848至1850年的法兰西阶级斗争》中第一次提出了"无产阶级专政"的口号，他指出："这种社会主义（指革命的社会主义——本书作者注）就是宣布不断革命，就是无产阶级的阶级专政，这种专政是达到消灭一切阶级差别，达到消灭这些差别所由产生的一切生产关系，达到消灭和这些生产关系相适应的一切社会关系，达到改变由这些社会关系产生出来的一切观念的必然的过渡阶段。"[1]在这里，马克思对无产阶级专政的思考比此前更加成熟，他不但明确提出了"无产阶级的阶级专政"这个口号，而且指出了这种专政所要达到的四个目的。同时，马克思指出，无产阶级专政并不是社会发展的终极目标，它只是革命过渡或者说革命转变的一种持续状态或形式。这一思想在马克思另一篇著作《哥达纲领批判》中得到深化，马克思写道："在资本主义和共产主义社会之间，有一个从前者变为后者的革命转变时期。同这个时期相适应的也有一个政治上的过渡时期，这个时期的国家只能是无产阶级的革命专政。"[2]可见，马克思认为，作为"革命形式"的无产阶级专政在时间跨度上来看是不会太长久的，因为它仅限于过渡的"革命转变时期"。正是基于此，马克思恩格斯后来提出未来社会主义国家的政权形式或组织形式是实行统一的民主共和国。

（二）列宁工农民主专政思想要核

　　1905年3月，当俄国资产阶级民主革命正如火如荼进行的时候，围绕"俄国社会民主工党是否参加未来的临时革命政府"这个

---

① 《马克思恩格斯选集》第1卷，北京：人民出版社，1995年，第462页。
② 《马克思恩格斯选集》第3卷，北京：人民出版社，1995年，第314页。

问题,布尔什维克与孟什维克展开了激烈的争论。为了回应和批判孟什维克的错误主张,列宁在《社会民主党和临时革命政府》和《无产阶级和农民的革命民主专政》等文章中重点阐述了这个问题,并提出了工农民主专政的思想。

列宁在《社会民主党和临时革命政府》一文中,对以马尔丁诺夫为代表的孟什维克关于"资产阶级民主革命的胜利应该是资产阶级取得政权,而不是实行无产阶级和农民的革命民主专政"的观点进行了批判。马尔丁诺夫在其《两种专政》这本小册子中提出,在建立民主共和国时,无产阶级和农民自觉地担负起专政任务是危险的。他为了证明观点的"正确性"还搬用恩格斯的一些观点来进行"佐证"。恩格斯写于 1850 年的著作《德国农民战争》中指出,为了保证无产阶级的统治的政权,即为了实现社会主义变革的无产阶级专政所"必须贯彻一些措施的时机还未成熟,而这个领袖在这种时期中被迫出来掌握政权,这是最糟糕不过的事了"①。列宁认为,尾巴主义者马尔丁诺夫曲解恩格斯这段论述,"他把推翻专制制度时的临时革命政府同推翻资产阶级时的必不可少的无产阶级统治混为一谈,他把无产阶级和农民的民主专政同工人阶级的社会主义专政混为一谈"②。正是马尔丁诺夫这两个"混为一谈"导致他违背恩格斯的原意,得出了错误的结论。不仅如此,马尔丁诺夫还多次曲解(甚至篡改)恩格斯的观点以达到为我所用的目的。为了直观地进行比对,下面以矩阵的形式列举马尔丁诺夫曲解恩格斯的几个具有代表性的观点。

① 《马克思恩格斯全集》第 7 卷,北京:人民出版社,1959 年,第 468—469 页。
② 《列宁全集》第 10 卷,北京:人民出版社,1987 年,第 4 页。

表 3-1　马尔丁诺夫曲解恩格斯的观点对比

序号	恩格斯原观点	马尔丁诺夫曲解后的观点
一	无产阶级领袖们不了解变革的非无产阶级性质是危险的。	无产阶级领袖们在纲领、策略（即一切宣传和鼓动）以及组织上同革命民主派划清了界限,在建立民主共和国时起领导作用是危险的。
二	领袖把变革的假社会主义内容与真民主主义内容混为一谈是危险的。	在建立民主共和国这个资产阶级统治的最后形式也是无产阶级同资产阶级作阶级斗争的最好形式时,无产阶级和农民一起自觉地担负起专政的任务时危险的。
三	如果陷入虚伪的苦境,即说的是一套,做的是另一套,答应一个阶级的统治,实际上则是保证另一个阶级的统治,是危险的。	灭亡的危险是由于资产阶级民主派不让无产阶级和农民得到真正的民主共和国而造成的。

　　从以上几个观点的对比来看,恩格斯的原观点被马尔丁诺夫曲解得几乎"面目全非"。读者们很容易就能发现,后者为了说明"无产阶级不能起领导作用""无产阶级和农民不能担负起专政的任务"等观点,硬生生地把恩格斯原来的观点进行没有边际的"解读"。列宁认为,这是典型的现代社会民主党的机会主义者即新火

星派的反动观点。马尔丁诺夫观念的"根源就在于他把民主主义变革同社会主义变革混为一谈了,他把处于'资产阶级'和'无产阶级'之间的中间人民阶层(城乡贫苦的小资产阶级群众、'半无产者'、半有产者)的作用忘记了,他不懂得我们的最低纲领的真正意义"①。"马尔丁诺夫没有想到,在专制制度崩溃时放弃革命民主专政的思想,就等于放弃实现我们的最低纲领……这个纲领中提出的各种经济改造和政治改造,如建立共和国、人民武装、教会同国家分离、完全的民主自由、坚决的经济改革这些要求。如果没有下层阶级的革命民主专政,要在资产阶级制度基础上实行这些改造是不可思议的。"②列宁之所以强调"下层阶级"在民主革命中的重要作用,主要是针对马尔丁诺夫在《两种专政》中的一个观点:无产阶级和"人民"对社会上层施加革命压力,但不要无产阶级和农民的革命民主专政。列宁一针见血地指出:"马尔丁诺夫要无产阶级用表现自己缺乏意志的方式来对上层的意志施加压力。马尔丁诺夫要无产阶级促使上层'同意'把资产阶级革命进行到它的民主共和国的逻辑终点,而促使的办法就是表示自己不敢同人民一起承担把革命进行到底的任务,不敢掌握政权并实行民主专政。"③与马尔丁诺夫等尾巴主义者观念不同的是,以列宁为代表的布尔什维克认为,革命无产阶级将以全力参加民主主义变革,他们将勇往直前,不是害怕革命的民主专政,而是寄厚望于这种专政,即无产阶级和农民的革命民主专政。

　　在另一篇文章《无产阶级和农民的革命专政》中,列宁进一步

① 《列宁全集》第10卷,北京:人民出版社,1987年,第10页。
② 《列宁全集》第10卷,北京:人民出版社,1987年,第11页。
③ 《列宁全集》第10卷,北京:人民出版社,1987年,第9页。

批驳了孟什维克关于无产阶级掌权和社会民主党参加革命临时政府的错误论调。孟什维克认为："社会民主党参加临时政府，就要掌握政权；而社会民主党作为无产阶级的政党，如果不打算实现我们的最高纲领，也就是说，不打算实现社会主义变革，是不能掌握政权的。而这么干，它必然在现在遭到失败，并且只会使自己丢脸，只会对反动派有利。因此，社会民主党参加临时革命政府是不能允许的。"①列宁针对以上论调，再一次重申并强调了这种论调的基础（根源）是他们把民主主义变革同社会主义变革混为一谈。列宁承认，"如果社会民主党打算立刻把社会主义变革作为自己的目标，那的确只会使自己丢脸"②。然而，事实上真正持有这种观念的不是社会民主党人，而是社会革命党人。正因为如此，社会民主党人始终坚持俄国面临的革命是资产阶级性质的革命，并且严格要求把民主主义的最低纲领同社会主义的最高纲领区别开来。列宁认为，社会民主党同资产阶级革命民主派一道参加临时政府，并不是像孟什维克所批评的那样就是推崇资产阶级制度，"它是把资产阶级共和国仅仅当作阶级统治的最后形式来'推崇'的，把它当作无产阶级同资产阶级斗争的最方便的舞台来推崇的，它推崇的不是资产阶级的监狱和警察、私有制和卖淫，而是为了对这些可爱的设施进行广泛的和自由的斗争"③。列宁进一步指出，没有无产阶级和农民的革命专政，争取共和国的斗争的胜利就毫无希望，"临时革命政府只能是无产阶级和农民的革命专政"④。列宁在提纲性短文《胜利的革命》中也简明地表达了这一观点："胜利的革命＝无产阶级和农民

① 《列宁全集》第 10 卷，北京：人民出版社，1987 年，第 21 页。
② 《列宁全集》第 10 卷，北京：人民出版社，1987 年，第 21 页。
③ 《列宁全集》第 10 卷，北京：人民出版社，1987 年，第 25 页。
④ 《列宁全集》第 10 卷，北京：人民出版社，1987 年，第 27 页。

的民主专政。"①

　　俄国社会民主工党第三次代表大会以后,列宁认为有一个迫切的政治问题摆在面前,那就是"召集全民立宪会议的问题"。当时,就如何解决这个问题存在着三种不同的政治趋向,即①沙皇政府。承认有召集人民代表会议的必要,但是无论如何不愿意让这个代表会议成为全民的和立宪的会议。②社会民主党领导下的革命无产阶级。要求权力完全转归立宪会议,为了实现这个目的,不仅要力争普选权,不仅要力争充分的鼓动自由,而且要立刻推翻沙皇政府,代之以临时革命政府。③自由派资产阶级。不要求推翻沙皇政府,不提出成立临时政府的口号,不坚持切实保障选举的完全自由和公正,不坚持切实保障代表会议能成为真正全民的和真正立宪的会议。② 在这个问题上,"孟什维克新火星派的代表会议恰好犯了自由派即解放派经常犯的错误"。他们认为"决定"召集立宪会议就是革命的彻底胜利,这从孟什维克 1905 年召开的代表会议的决议表述中可以发现:"革命对沙皇制度的彻底胜利,可能表现为来自胜利的人民起义的临时政府的成立,也可能表现为某个代表机关在人民的直接的革命压力下决定召开全民立宪会议的革命倡议。"③列宁驳斥了孟什维克这种反动的观点,他指出:"胜利的人民起义和临时政府的成立是表示革命在事实上胜利,而'决定'召开立宪会议表示革命仅仅在口头上胜利。"④孟什维克的策略恰恰犯了尾巴主义的错误,他们不是把革命推向前进,而是拉向后退。对于孟什维

① 《列宁全集》第 10 卷,北京:人民出版社,1987 年,第 214 页。
② 《列宁全集》第 11 卷,北京:人民出版社,1987 年,第 5 页。
③ 《列宁全集》第 11 卷,北京:人民出版社,1987 年,第 16 页。
④ 《列宁全集》第 11 卷,北京:人民出版社,1987 年,第 16 页。

克所提出的没有超过君主派资产阶级的民主口号,列宁认为"先进的阶级必须更大胆地提出自己的民主主义任务,必须更明白地彻底说清这些任务,提出直接的共和制的口号,宣传必须成立临时革命政府、必须无情地粉碎反革命的思想。"①在布尔什维克看来,"'革命对沙皇制度的彻底胜利',就是无产阶级和农民的革命民主专政。这一早已由《前进报》指出过的结论,是我们的新火星派怎么也无法避开的。除此之外,没有任何力量能够取得对沙皇制度的彻底胜利"②。

(三)列宁工农民主专政的命运

"具体的政治任务要在具体的环境中提出。一切都是相对的,一切都是流动的,一切都是变化的。"③列宁在详细阐述他的工农民主专政思想的著作《社会民主党在民主革命中的两种策略》中的这段表述似乎已经预示了工农民主专政的命运。

列宁在《两种策略》中,运用马克思主义唯物辩证法回应了关于无产阶级和农民的革命民主专政要有"统一的意志",而无产阶级和小资产阶级却不可能有统一的意志的批评。他认为,意志在某一方面统一,而在另一方面不统一是常有的事。因此,在民主主义范围内,无产阶级和农民资产阶级之间的意志统一是可能的。在此基础上,列宁论述了工农民主专政的过去和未来问题,他写道:

无产阶级和农民的革命民主专政,同世界上一切事物一样,有它的过去和未来。它的过去就是专制制度、农奴制度、君主制、特权。在和这种过去作斗争时,在和反革命作斗争时,无产阶级和农

---

① 《列宁全集》第 11 卷,北京:人民出版社,1987 年,第 23 页。
② 《列宁全集》第 11 卷,北京:人民出版社,1987 年,第 38 页。
③ 《列宁全集》第 11 卷,北京:人民出版社,1987 年,第 69 页。

民的"意志统一"是可能的,因为这里有利益的一致。

它的未来就是反对私有制的斗争,雇佣工人反对业主的斗争,争取社会主义的斗争。在这里意志的统一是不可能的。在这里,我们所面临的道路就不是从专制制度走向共和制,而是从小资产阶级的民主共和制走向社会主义。①

从以上论述中可见,工农民主专政反映了无产阶级和农民在民主主义问题上和争取共和制的斗争中的意志的统一,同时又能把民主革命推向前进,力求最大限度地利用民主革命,使无产阶级下一步争取社会主义的斗争得以最顺利的进行。列宁认为,在具体的历史环境中,尽管资产阶级革命和社会主义革命确实截然不同,但是不能否认这两种革命的个别的、局部的成分在历史上互相交错的事实。同理,工农民主专政的过去和未来也并不是泾渭分明的两个绝对独立的阶段,过去和未来的成分交织在一起,前后两条道路互相交错。② 由此,列宁有力地回应了孟什维克关于工农民主专政是社会主义革命的革命形式,而不是民主革命的革命形式的批评。他指出:"社会民主党人永远不应当而且一分钟也不应当忘记,无产阶级为了争取社会主义,必然要同最主张民主共和的资产阶级和小资产阶级进行阶级斗争。"③

事实上,从列宁与孟什维克在第一次俄国资产阶级民主革命中关于是否参加临时政府的论战中提出工农民主专政主张,到迎来革命的高潮,再到革命高潮的退去,他对此问题关注的强度呈一个逐渐递减的态势。尤其是在革命高潮退去后直到革命的再次到来为

① 《列宁全集》第11卷,北京:人民出版社,1987年,第67—68页。
② 《列宁全集》第11卷,北京:人民出版社,1987年,第68页。
③ 《列宁全集》第11卷,北京:人民出版社,1987年,第68页。

止，列宁在相当长的时间内很少涉及这个题目。① 就像马克思在《哥达纲领批判》中对"无产阶级的革命专政"的时间跨度表述一样，列宁并不认为工农民主专政是终极的革命形式（政权形式）。他写道："无产阶级和农民的革命民主专政当然只是社会主义者的一个暂时的、临时的任务。"②这个任务在1917年二月革命爆发后得到了实现。在《论两个政权》中，列宁针对革命后形成的两个政权并存的现象，解释了"两个政权并存是怎么回事"，即除了资产阶级政府外，还有一个工兵代表苏维埃。后者的阶级成分是无产阶级和农民（穿了军装的农民）、政治性质是革命的专政。列宁认为，这个政权和1871年的巴黎公社是同一类型的政权。③ 在《论策略书》中，列宁更加明确地指出："'无产阶级和农民的革命民主专政'在俄国革命中已经实现了，因为这个'公式'所预见到的只是阶级的对比关系，而不是实现这种对比关系、这种合作的具体政治机构。'工兵代表苏维埃'——这就是已由实际生活所实现的'无产阶级和农民的革命民主专政'。"④

　　随着俄国革命由民主革命转入社会主义革命，布尔什维克领导俄国无产阶级和劳动人民最终推翻了资产阶级临时政府的统治，夺取了政权。十月革命胜利之初，列宁就提出"我们现在应该着手建设无产阶级的社会主义国家"。细心的读者发现，列宁已经逐渐淡化工农民主专政的主张。1917年10月召开的全俄工兵代表苏维埃

　　① 曹浩瀚：《列宁工农民主专政思想的回顾与思考》，《探索》，2007年第5期，第113页。
　　② 《列宁全集》第11卷，北京：人民出版社，1987年，第69页。
　　③ 《列宁全集》第29卷，北京：人民出版社，1985年，第131—132页。
　　④ 《列宁全集》第29卷，北京：人民出版社，1985年，第138页。

第二次代表大会通过了列宁起草的《关于成立工农政府的决定》，
成立了以列宁为主席的工农政权的中央国家管理机关——人民委
员会,这个政府最初只由布尔什维克组成。1918 年 1 月召开的全俄
工兵代表苏维埃第三次代表大会批准列宁草拟的《被剥削劳动人民
权利宣言》中,所提出的是"无产阶级专政的基本任务",而不是"无
产阶级和农民的革命民主专政"的基本任务了。列宁指出:"国内
战争的经验向农民代表清楚地指出,除了无产阶级专政和对剥削者
统治的无情镇压,再没有别的道路可以通向社会主义。"①无产阶级
专政已经成为新生苏维埃政权的组织形式,工农民主专政在俄国的
实践结束了。

三、无产阶级领导的工农联盟

马克思恩格斯在革命斗争中提出了工农联盟的思想,工农联盟
是以根本利益一致为基本前提的两大劳动阶级的阶级合作形式,是
工农民主专政的基本前提。马克思恩格斯认为,工人阶级只有建立
起同广大劳动群众、首先是农民的联盟,并率领他们进行革命解放
斗争,才能完成自己的历史使命。农民"把负有推翻资产阶级制度
使命的城市无产阶级看作自己的天然同盟者和领导者"。如果工人
阶级得到农民的援助,那么"无产阶级革命就会得到一种合唱。若
没有这种合唱,它在一切农民国度中的独唱是不免要变成孤鸿哀鸣
的"②。列宁继承和发展了马克思恩格斯工农联盟思想,并在运用
于革命发展的各个阶段中使之具体化。

---

① 《列宁全集》第 33 卷,北京:人民出版社,1985 年,第 265 页。
② 《马克思恩格斯选集》第 1 卷,北京:人民出版社 1995 年,第 684 页。

（一）"俄国工人是俄国全体被剥削劳动群众唯一的和天然的代表"

1894 年，列宁在《什么是"人民之友"以及他们如何攻击社会民主党人?》这本著作中第一次以正式文本的形式提出了工农革命联盟是推翻沙皇专制制度、推翻地主资产阶级的主要手段的思想，即工农联盟思想。

列宁在批判"已经堕落为最平庸的小资产阶级激进主义的理论"的民粹主义时，论证了社会民主党人的基本纲领和策略，阐明了"俄国工人的历史使命是为全体劳动人民的解放而斗争"①。列宁指出，俄国劳动群众之所以遭受剥削，并不仅仅是人们表面所看到的种种形式：如缺少土地、税款过重、受行政机关压迫等所造成的，其根源在于资产阶级社会经济组织的存在，或者说资产阶级制度的存在。因此，"社会民主党人的政治活动是要协助俄国工人运动发展和组织起来，把工人运动从目前这种分散的、缺乏指导思想的抗议、'骚动'和罢工的状态，改造成整个俄国工人阶级的有组织的斗争，其目的在于推翻资产阶级制度，剥夺剥夺者，消灭以压迫劳动者为基础的社会制度"②。在这里，列宁从社会民主党的政治任务的视角再次重申了工人阶级"组织社会主义工人政党"这个"直接任务"，强调了有组织的斗争对于消灭剥削制度的重要性。③ 列宁认为，要完成这一"直接任务"需要一个重要的活动基础，那就是马克思主义者的共同信念——"俄国工人是俄国全体被剥削劳动群众唯一的和天然的代表"④。之所以把工人阶级作为"唯一的和天然的

① 《列宁全集》第 1 卷，北京：人民出版社，1984 年，第 257 页。
② 《列宁全集》第 1 卷，北京：人民出版社，1984 年，第 262—263 页。
③ 关于列宁的建党思想，可参见本书第一章第一节。
④ 《列宁全集》第 1 卷，北京：人民出版社，1984 年，第 263 页。

代表",列宁从当时深刻的政治环境中找出了原因。他认为,俄国全体被剥削的劳动者处于被农奴制残余和俄国资产阶级的双重压迫的境地。如果忽略当时正在走向灭亡的农奴制残余,那么俄国劳动者所受的剥削"实质上到处都是资本主义的剥削"。根据受众的不同,列宁又将这种剥削分为两种:一种是生产者大众。他们所受的剥削是小规模的、零散的、不发达的。这种剥削依然被各种中世纪形式、各种政治上、法律上和习俗上的附加成分、各种狡猾手段所蒙蔽,所以使压在劳动者身上的制度的实质难以被发现,以至于让被剥削者产生迷茫,看不到出路。另一种是工厂无产阶级。他们所受的剥削是大规模的、社会化的、集中的。这种剥削已经十分发达,并且以赤裸裸的形式表现出来,没有任何扰乱真相的枝节成分。故此,现实的被剥削状况必然要求工人阶级组织起来,与不仅在工厂里而且到处都在压榨和压迫劳动者的那个阶级——资产阶级开战。用列宁的原话来讲,就是"必然会成为不是反对个人而是反对阶级的战争"。在此背景下,"工厂工人不过是全体被剥削群众的先进代表","工厂工人在整个资本主义关系体系中所处的这种地位,使他们成为争取工人阶级解放的唯一战士"。① 列宁认为,社会民主党的任务就是帮助工人阶级领会科学社会主义思想,认识到自己的历史使命,组织起来,把分散的经济斗争变成自觉的阶级斗争。他坚信,俄国工人阶级一定会率领一切民主分子去推翻专制制度,并且和全世界无产阶级肩并肩地循着公开政治斗争的大道走向胜利的共产主义革命。②

---

① 《列宁全集》第1卷,北京:人民出版社,1984年,第264页。
② 《列宁全集》第1卷,北京:人民出版社,1984年,第264页。

（二）"只有实现工农联盟才能获得土地和和平"

1917 年二月革命以后,列宁结束长期流亡生活回到俄国。4 月 4 日,列宁向党中央委员会委员、彼得堡委员会委员和出席全俄工兵代表苏维埃会议的布尔什维克代表作了一个提纲性报告。会后他把这个提纲冠以《论无产阶级在这次革命中的任务》的标题,并加了说明和注释在《真理报》上正式发表,这就是著名的《四月提纲》。《四月提纲》向无产阶级提出了从资产阶级革命过渡到社会主义革命的革命路线,即一个争取从资产阶级民主革命过渡到社会主义革命、从革命第一阶段过渡到第二阶段的革命路线。列宁在提纲中写道:"俄国当前形势的特点是从革命的第一阶段向革命的第二阶段过渡,第一阶段由于无产阶级的觉悟和组织程度不够,政权落到了资产阶级手中,第二阶段则应当使政权转到无产阶级和贫苦农民手中。"[1]在革命的新阶段,形成了新的阶级对比关系。这也使得革命动力发生重大转变,只有无产阶级和贫苦农民才是真正愿意把社会主义革命进行到底的阶级。中农是个摇摆不定的阶级,一方面它作为劳动者倾向于贫农,另一方面它作为私有者又支持富农。正是基于此,俄国布尔什维克党提出了在社会主义革命中中立中农的口号。但是,在社会主义革命中中立中农,同在资产阶级民主革命中中立资产阶级完全是两回事。中立资产阶级就是揭穿资产阶级同沙皇政府的勾结,孤立资产阶级,不让它用"人民自由党"的假招牌欺骗农民。中立中农绝不是把中农从革命中孤立出来。相反地,党尽力吸引中农参加革命,把他们从妥协分子那里争取过来,使他们离开富农,成为无产阶级的同盟者。[2] 正如列宁所指出的:"对

① 《列宁全集》第 29 卷,北京:人民出版社,1985 年,第 114 页。
② 《联共(布)党史简明教程》,北京:人民出版社,1975 年,第 224 页。

于中农,我们一贯的政策是同他们结成联盟。中农决不是苏维埃制度的敌人,决不是无产阶级的敌人,决不是社会主义的敌人。"①"我们对待资产阶级和对待中农的基本区别,就是完全剥夺资产阶级,同不剥削别人的中农结成联盟。"②

十月革命胜利后,俄国无产阶级和劳动人民建立起世界上第一个工农社会主义国家,无产阶级成了统治阶级,布尔什维克党成了执政党。革命胜利伊始,列宁通过颁布《土地法令》以期解决土地问题。他认为土地问题的解决有助于满足当时农民对土地的诉求,有助于巩固已经形成的工农联盟。他说:"不管怎样解决土地问题,不管是在什么纲领的基础上把土地转交给农民,都不妨碍农民和工人结成巩固的联盟。既然农民世世代代都坚决要求废除土地私有制,那就应该加以废除,这才是重要的事情。"③同样,"只有实行工农联盟才能获得土地与和平"④。列宁认为,在无产阶级专政下,无产阶级作为统治阶级所维护的不能仅限于自身的阶级利益,所反映的应该是广大人民群众的共同意志,这样才有助于实现国家的稳固,而要达到这一目的同样离不开工农联盟。他说道:"俄国革命的发展表明,对地主和资本家卑躬屈节的妥协政策已经象肥皂泡那样地破灭了。居于统治地位的应当是多数人的意志;这种多数人的意志要靠劳动者联盟,要靠工人和农民在共同利益基础上的真诚的联合来贯彻。"⑤由此可见,列宁一如既往地重视和强调工农联盟,他认为:"这个联盟始终是国家生活的基础;只要这个联盟是巩固的,

① 《列宁全集》第35卷,北京:人民出版社,1985年,第356页。
② 《列宁全集》第29卷,北京:人民出版社,1985年,第185页。
③ 《列宁全集》第33卷,北京:人民出版社,1985年,第111页。
④ 《列宁全集》第33卷,北京:人民出版社,1985年,第95页。
⑤ 《列宁全集》第33卷,北京:人民出版社,1985年,第111页。

任何东西也破坏不了向社会主义过渡的事业。"①

（三）"没有经济联盟，军事联盟就无法维持"

1918年，俄国爆发国内战争。此时的俄国内外交困。国外而言，与德国签订布列斯特合约虽然使苏维埃国家争得了短暂的和平喘息，但立刻就引起了西方帝国主义尤其是协约国帝国主义者极大的恐慌，他们决定对俄国进行武装干涉，以推翻苏维埃政权从而成立资产阶级政权；国内而言，十月革命推翻的资产阶级、白卫将军和哥萨克军官等组成的反革命势力疯狂向新生的苏维埃政权发动进攻。此时，革命的首要任务无疑就是保住国家的政权。为了实现这个目标，列宁认为必须实现和巩固工农联盟，他说：目前"唯一的生路是农村同城市联合起来，农村的无产阶级分子和不使用别人劳动的半无产阶级分子同城市的工人一道向富农和寄生虫进军"②。由于当时国内出现严重的饥荒，富农囤积居奇，进行粮食投机来大发横财。列宁看到此种情形十分痛恨，他说："对于富农，我们没有说应该像对待地主资本家一样，剥夺他们的全部财产。我们是说应该粉碎富农对于像粮食垄断之类的必要措施的反抗，他们不执行粮食垄断制，趁着非农业地区的工人和农民受饥饿折磨的时候拿余粮搞投机买卖，大发其财，因此，一遇到这种情况，我们的政策就是象对付地主资本家那样进行无情的斗争。"③1918年7月，在全俄苏维埃第五次全国代表大会上，列宁指出："只有城市工人同贫苦农民、即不搞粮食投机的农村劳动群众结成联盟，才能拯救革命。"④同样，

---

①　《列宁全集》第33卷，北京：人民出版社，1985年，第111页。
②　《列宁全集》第35卷，北京：人民出版社，1985年，第173页。
③　《列宁全集》第35卷，北京：人民出版社，1985年，第356页。
④　《列宁全集》第34卷，北京：人民出版社，1985年，第479页。

列宁认为,贫苦农民也应该与城市工人联合起来与富农进行坚决的斗争。他指出:"只有通过劳动农民和工人的联盟,才能保卫住社会革命的果实……同工人结成联盟,对农民来说比同任何人结成联盟的好处都要多,因此,有觉悟的农民一定会同工人结成联盟。"①事实上,"贫苦农民知道,城市是支持他们的,无产阶级会尽力帮助他们的,并且实际上已经在帮助他们"②。

1921年3月,俄共(布)第十次代表大会召开,决定以粮食税代替余粮收集制,实行商品交换和自由贸易的政策,开始实施新经济政策。自此,列宁工农联盟思想增加了新的内容,即由此前的军事联盟向经济联盟转变。他说:"在我们共和国最艰苦的年代,我们实行过工农的政治联盟和军事联盟。1921年我们第一次实行了工农的经济联盟。"③显然,经济联盟与军事联盟在性质与目的上是不同的,前者侧重于恢复和发展当时苏维埃俄国的经济,以经济建设为重点;后者主要是针对激烈的政治和军事斗争结成的工农联盟。列宁承认军事联盟在保卫新生的苏维埃政权中所发挥过的巨大作用,但是在新的历史阶段,他认为工农联盟必须发生转变,他说:"无产阶级和农民的军事联盟曾经是而且不能不是他们巩固的联盟的初步形式,但是,如果没有这两个阶级的一定的经济联盟,军事联盟连几个星期也不能维持。"④在列宁看来,宏观方面如建立大工业和恢复运输业;微观方面如工人用产品与农民交换粮食等都关系到工农联盟的巩固。实行新经济政策无疑就是为了解决诸如以上这些宏观和微观经济方面的问题。列宁说:"新经济政策对我们所以重要,

① 《列宁全集》第36卷,北京:人民出版社,1985年,第369—370页。
② 《列宁全集》第35卷,北京:人民出版社,1985年,第172页。
③ 《列宁全集》第41卷,北京:人民出版社,1986年,第299页。
④ 《列宁全集》第42卷,北京:人民出版社,1987年,第5页。

首先是因为它能够检查我们是否真正达到了同农民经济的结合。"①作为新经济政策的重要措施之一,商品交换也是列宁十分关注的内容,他甚至认为商品交换与工农联盟的巩固有着重要的关联。列宁写道:"应当把商品交换提到首要地位,把它作为新经济政策的主要杠杆。如果不在工业和农业之间实行系统的商品交换或产品交换,无产阶级和农民就不可能建立正常的关系,就不可能在从资本主义到社会主义的过渡时期建立十分巩固的工农联盟。"②通过新经济政策的实施,工农关系得到了极大的改善,工农联盟也得到了进一步的巩固。同样,通过在不同阶段实现不同的工农联盟,使国家政权得到稳固,使社会主义建设得到发展。

---

① 《列宁全集》第 43 卷,北京:人民出版社,1987 年,第 73 页。
② 《列宁全集》第 41 卷,北京:人民出版社,1986 年,第 327 页。

第四章

土地国有化：最彻底的资产阶级措施

马克思从《哲学的贫困》起，就多次肯定过"土地国有化是最彻底的资产阶级措施"①。列宁认为，与马克思《剩余价值理论》中所提到的"激进的资产者"因为自己弄到了土地而缺乏勇气在实践上对私有制进行攻击的情况稍有不同，俄国当时的"激进的资产者"自己没有弄到土地，所以他们"有勇气"为千百万群众提出土地国有化纲领。列宁指出，要取得俄国革命的胜利，必须满足两个条件：第一，"动摇于立宪民主党人和工人之间的'激进的资产者'用群众性的发动来支持无产阶级的革命斗争"；第二，"建立无产阶级和农民的革命民主专政"。② 在列宁所提到的这两个条件中包含着土地国有化纲领对农民资产阶级革命顺利发展所起的推动作用。

如何准确把握俄国资产阶级革命的特点？如何在俄国社会民主党的土地纲领中体现农民已经发生变化的要求？这已经成为1905年革命后摆在列宁面前的现实问题。1905年对列宁而言，可

---

① 《列宁全集》第17卷，北京：人民出版社，1988年，第144页。
② 《列宁全集》第17卷，北京：人民出版社，1988年，第144—145页。

以说是他对俄国土地问题探索的一个重要时间节点,①革命的发展情势使列宁不得不重新审视革命前的土地主张。面对纷繁复杂的土地关系,面对党内的分裂,面对革命逐渐步入低潮,列宁冷静地总结 1905 年革命的教训,正式提出了土地国有化的纲领。事实上,俄国革命的实践最终证明了列宁的判断:"俄国革命只有作为农民土地革命才能获得胜利,而土地革命不实行土地国有化是不能全部完成其历史使命的。"②客观地来看,列宁土地国有化思想经历了几次转变的过程,这与当时俄国革命发展的外部环境及列宁参与和领导革命的个人经历是不无关系的。概括地来讲,列宁对土地国有化的认识经历了从否定土地国有化到肯定土地国有化的过程。事实证明,土地国有化理论是列宁土地理论的重要组成部分,它的确立也是列宁民主革命理论成熟的重要标志。

第一节　列宁对土地国有化的认识进路

在俄国资产阶级民主革命发生前后,列宁对土地国有化的态度大致经历了否定(反对土地国有化)——谨慎(有条件地实行土地国有化)——肯定(坚决地支持土地国有化)的过程。从列宁对待土地国有化态度的转变,可以清晰地看出俄国革命发展的进程,这种思想的转变也体现了列宁革命实践经验的不断丰富和对革命认

---

　　① 列宁在《关于 1905 年革命的报告》中讲到在群众参与的革命斗争中本身对群众就是一种教育,认为 1905 年是非常具有意义的一年,是"斗争的一年""疯狂的一年",这一年最终埋葬了宗法制的俄国。参见《列宁全集》第 28 卷,北京:人民出版社,1991年,第 320 页。

　　②《列宁全集》第 16 卷,北京:人民出版社,1988 年,第 392 页。

识的不断深入;同时可以体会到列宁在探索解决俄国土地问题道路上的艰辛。

一、"土地国有化的要求虽然在原则上完全正确，在一定时期完全适用，但是目前，在政治上不妥当"①

（一）在政治上不妥当的，不是归还割地，而是土地国有化

1861年改革虽然部分地解放了农民的人身自由,也一定程度上促进了俄国资本主义的发展,但是沙皇政府规定农民缴纳赎金赎买份地和割走农民地段良好、地力丰腴的土地的割地政策使农民再次被统治阶级无耻地"掠夺"。对此,列宁在投身革命初期就已经敏锐地洞察到了。在与自由主义民粹派数次论战以及制定土地纲领中,列宁逐渐确立了"归还赎金"和"收回割地"的主张,在《什么是"人民之友"以及他们如何攻击社会民主党人?》(1894年)、《社会民主党纲领草案》(1895年)、《工人政党和农民》(1901年)等著作中都包含有收回割地的思想,这种思想一直持续到1905年革命爆发。

列宁之所以提出收回割地的主张,与其扫除农奴制残余的思想有着内在的逻辑联系,列宁说:"既然大家都承认,割地是工役制最主要的根源之一,而工役制是阻碍资本主义发展的农奴制的直接残余,那么,对于归还割地会破坏工役制和加速社会经济的发展,怎么能表示怀疑呢?"②列宁论述的割地与农奴制残余的逻辑联系,可见

---

① 国内学界许多学者通过对列宁土地国有化思想的研究认为,列宁早期对土地国有化是持一种否定的态度,换言之,列宁早期是反对土地国有化的。参见金雁《农村公社、改革与革命:村社传统与俄国现代化之路》,北京:中央编译出版社,1996年,第282页;曹浩瀚《列宁革命思想研究》,北京:中央编译出版社,2012年,第40页。

② 《列宁全集》第6卷,北京:人民出版社,1986年,第303页。

下图所示:

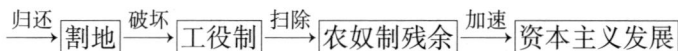

图4-1　割地与农奴制残余的关系

　　关于此,当时许多人对列宁的看法提出了疑义,列宁收集整理了各方面的意见,归纳出他们的四种论据。① 列宁认为,归还割地的主张并不是如他人所说的那样在政治上是不妥当的,他说:"根据我的判断,所有'反对归还割地'的意见,都可以归结为这四项中的某一项,而且大多数反对者(马尔丁诺夫也包括在内)对所有这四个问题的回答都是否定的,认为归还割地的要求在原则上不正确,在政治上不妥当,在实践上实现不了,在逻辑上前后不一贯……这种议论只是乍看起来显得冠冕堂皇……如果我们提出归还割地这个要求的理由是而且仅仅是:你看,这里出现了不公平的现象,让我们来纠正它吧,——那就是空洞的民主主义词句。"②

　　1861年改革所遗留的农奴制残余成分十分复杂,单从土地关系的视角来看,当时顽固的工役制经济所具有的强大"生命力"归因于俄国错综复杂的土地关系。列宁认为:"被俄国所有的经济研究无数次证明了的直接的徭役经济残余,并不靠某种专门保护它们的法律来维持,而靠实际存在的土地关系的力量来维持。"③所以,

____

　　① 这四种论据为:"(一)归还割地的要求是不是符合马克思主义的理论原理和社会民主党的纲领原则? (二)既然历史上的不公平现象的意义随着经济的逐步发展在日渐缩小,那么从政治上是不是妥当来考虑,提出纠正这种现象的要求是明智的吗? (三)这种要求实际上是不是实现得了? (四)既然承认,我们可以而且应当提出这种要求,并且在我们的土地纲领中不是提出最体要求,而是提出最高要求,那么从这个观点来看,归还割地的要求是不是彻底? 这样的要求实际上是不是最高要求?"
　　② 《列宁全集》第6卷,北京:人民出版社,1986年,第304—307页。
　　③ 《列宁全集》第6卷,北京:人民出版社,1986年,第301页。

社会民主党土地纲领中"任何表现或肯定这些残余的统一的法律设施都是不存在的"①。

列宁认为,尽管马克思主义与民粹主义在诸多问题上有着不同的看法甚至冲突,但是在对农奴制残余的认识上却有着惊人的一致:"这两派的代表都一致认为:在俄国农村中有大量农奴制残余,都认为(请注意)在俄国中部各省盛行的私有私营方式("工役经济制度")是农奴制的直接残余。其次,他们还一致认为:把农民土地割给地主——就是说不论是直接意义上的割地,还是剥夺农民放牧、利用森林、饮马场、牧场等等的权利,——是工役制最主要的基础之一(甚至是最主要的基础)。"②

列宁收回割地的思想构成了列宁早期解决俄国土地问题的重要主张,这一思想一经提出就引起了社会民主党内激烈的争论。列宁在《俄国社会民主党的土地纲领》中批驳了马尔丁诺夫等人关于收回割地的反对意见,指出收回割地的要求尽管是农民多种要求中的一种,但是,这个要求是最能起革命作用,最应该得到无产阶级支持的东西。③ 列宁认为,在农奴制改革中农民手中的土地被地主强行"割走",而被"割走"的原本属于农民的土地却依然被地主利用,最终成为地主压榨农民的新的手段,农民由于在自己仅有的土地上耕种已经无法糊口,不得不租用地主的土地,沦为"暂时义务农"。因此,收回割地成为解决俄国土地问题的基本前提。正是基于此,列宁无论是在他的第一个土地纲领中,还是在后来与党内持不同意见者进行论战过程中,都积极捍卫"收回割地"的思想。在收回割

①　《列宁全集》第6卷，北京：人民出版社，1986年，第301页。
②　《列宁全集》第6卷，北京：人民出版社，1986年，第301—302页。
③　《列宁全集》第6卷，北京：人民出版社，1986年，第310页。

地手段及方式上,列宁主张通过设立农民委员会,用剥夺的方式实现,他认为"这些农民委员会不但应该有权讨论和采取各种消灭徭役制、消灭各种农奴制残余的措施,而且也应该有权夺回割地并且把割地归还农民"①。列宁写道:"归还割地的要求,从农民的所有两面性的、自相矛盾的要求中,恰恰抽出了在整个社会发展方面能够起革命作用、因而应该得到无产阶级支持的东西。"②

由此可见,列宁当时对归还割地作为社会民主党土地纲领,甚至作为扫除农奴制残余中所发挥的作用是十分肯定的。他批驳了对此持反对意见的人的那种认为归还割地在政治上不妥当的言论,通过深入的分析回应了归还割地的正当性和可行性。与此同时,他在对待土地国有化上却持一种否定的态度。③ 他说:"土地国有化则是另外一回事。"④"我们认为,在现代社会制度的基础上,我们土地纲领的最高要求,不应超出对农民改革进行民主修改的范围。土地国有化的要求虽然在原则上完全正确,在一定时期完全适用,但是目前,在政治上不妥当。"⑤这说明当时列宁认为在政治上不妥当的不是归还割地,而是土地国有化。

(二)"不仅在专制制度下,而且在半立宪君主制下,提出土地国有化的要求也是完全错误的"

1903 年俄国社会民主工党第二次代表大会通过的土地纲领重点落在取消赎金、归还割地等主张上。当时列宁对土地国有化并没

---

① 《列宁全集》第 7 卷,北京:人民出版社,1986 年,第 162 页。
② 《列宁全集》第 6 卷,北京:人民出版社,1986 年,第 310 页。
③ 曹浩瀚认为,列宁当时对土地国有化所持的这种否定的态度"更多的是一种策略上的否定而不是根本原则上的否定"。 曹浩瀚:《列宁革命思想研究》,北京:中央编译出版社,2012 年,第 40 页。
④ 《列宁全集》第 6 卷,北京:人民出版社,1986 年,第 310 页。
⑤ 《列宁全集》第 6 卷,北京:人民出版社,1986 年,第 311 页。

有引起足够的重视,甚至在思想上还比较抵触。在批驳马尔丁诺夫等"经济派"提出的土地国有化主张时,列宁阐述了自己反对土地国有化的观点:

第一,如果从资产阶级意义上来看待土地国有化,"在原则上我们完全赞同这个要求",①因为从这个意义上来讲,土地国有化比归还割地的要求的确要"更进一步"。因此,"在一定的革命时期,我们当然不会拒绝提出这个要求"②。然而,马尔丁诺夫等人提出土地国有化的时期显然不是列宁所指的"一定的革命时期"。在列宁看来,当时从社会主义意义上提出土地国有化的要求是"不合时宜"的,当时社会民主党制定的土地纲领"不仅是为了革命起义时代",而且是"为了政治奴役的时代"(即为了政治自由以前的时代)。"在这样的时代,用土地国有化的要求来表现反农奴制的民主运动的直接任务就太软弱无力了。"③

第二,列宁将马尔丁诺夫等人提出的土地国有化主张看作是一种"以国家社会主义精神的实验"。列宁认为这种实验在"设立农民委员会和归还割地"的要求中找不到任何的借口,因为"设立农民委员会和归还割地的要求能直接激发当前农村中的阶级斗争"。"相反,土地国有化的要求在某种程度上却会使人忽视农奴制的最突出的表现和最厉害的残余。"④因此,以马尔丁诺夫为代表的"经济派"才会反对"设立农民委员会和归还割地的要求"转而提出"土地国有化的要求"。在列宁看来,"不仅在专制制度下,而且在半立

---

① 《列宁全集》第6卷,北京:人民出版社,1986年,第310页。
② 《列宁全集》第6卷,北京:人民出版社,1986年,第310页。
③ 《列宁全集》第6卷,北京:人民出版社,1986年,第310页。
④ 《列宁全集》第6卷,北京:人民出版社,1986年,第310页。

宪君主制下，提出土地国有化的要求也是完全错误的"①。之所以完全错误，一个重要的原因就是当时的民主政治制度还不够牢靠。在这里，列宁指出了要提出土地国有化要求必须先具备一定的政治前提，否则"提出这个要求与其说有助于'农村阶级斗争的自由发展'，不如说会使人热衷于国家社会主义的荒谬实验"②。

第三，从社会主义的意义上来讲，社会民主党所要求的是一切生产资料的国有化，所以在资产阶级社会的基础上提出土地国有化要求不但不会阻碍，甚至会加速农业的资本主义演进。列宁认为，只有把土地国有化的要求作为资产阶级的措施而不是作为社会主义的措施，才是社会民主党纲领的原则上正确的要求。③ 这也是列宁为什么指出"在原则上我们完全赞同这个要求"的缘故。针对"尾巴主义者"马尔丁诺夫等挖苦道"有人想'在晚了40年以后的今天重新解放农民'"④，列宁批评道："这些'尾巴主义者'在土地问题上也迟迟不提出明确的指示，那只是把最有力、最可靠的武器交给了非社会民主主义的革命派别。"⑤

值得一提的是，此时列宁一边在维护1903年社会民主党土地纲领的同时，一边运用马克思主义辩证法批判"尾巴主义者""土地平分"的主张。他说："世界上一切事物都有两面。"⑥"'土地平分'是旧民粹主义的一个最突出的口号，这个口号恰恰使革命的成分和反动的成分交织在一起。社会民主党人曾经几十次肯定说：他们绝

① 《列宁全集》第6卷，北京：人民出版社，1986年，第310页。
② 《列宁全集》第6卷，北京：人民出版社，1986年，第310—311页。
③ 《列宁全集》第6卷，北京：人民出版社，1986年，第311页。
④ 《列宁全集》第6卷，北京：人民出版社，1986年，第307页。
⑤ 《列宁全集》第6卷，北京：人民出版社，1986年，第308页。
⑥ 《列宁全集》第6卷，北京：人民出版社，1986年，第305页。

不象一个蠢人那样,把整个民粹主义直截了当地一概抛弃,而是从中提取革命的、一般民主主义的成分,并把这些成分变成自己的东西。在土地平分这个要求中,把小农生产普遍化和永久化的空想是反动的,但是,这个要求(除了似乎"农民"能成为社会主义革命的体现者这种空想以外)也有革命的一面,即希望用农民起义来铲除农奴制的一切残余。"①可见,列宁当时尽管对"土地平分"(和土地国有化)基本上持一种否定的态度,但是他并没有极端地全部予以否决,而是辩证地去看(对)待。后来的革命实践充分证明了列宁的政治智慧和哲学素养,这从他对土地国有化的认识转变和《土地法令》运用社会革命党的土地纲领都可见一斑。

(三)"在警察国家里提出土地国有化的要求,就等于模糊阶级斗争这个唯一革命的原则,助长一切官僚习气"

1903年7月,列宁在回应伊斯克(即马斯洛夫)批评《火星报》编辑部制定的社会民主工党纲领草案的土地部分时,指出了伊克斯对社会民主工党关于土地问题的纲领(比如如何处理没收的田产)的批评带有自己的主观臆断,还指出了伊克斯所提出的土地措施"也并没有提出十分确定的东西"。列宁接着说:"在存在着阶级的警察国家,②即使是立宪制的国家里,私有主阶级同依赖这个国家

---

① 《列宁全集》第6卷,北京:人民出版社,1986年,第309—310页。
② 关于警察民粹主义,秦晖和金雁应该属于国内学界比较关注并且研究得比较深入的学者了。他们认为,以往的民粹主义研究主要建基于"革命民粹派"与"自由主义民粹派"两个概念之上,但是实际上还有一种反自由主义的民粹主义——"警察民粹主义"存在。警察民粹主义最突出的特点之一就是它的"警察性",即政治上的专制倾向。参见金雁《农村公社、改革与革命:村社传统与俄国现代化之路》,北京:中央编译出版社,1996年,第148页;金雁《"论警察民粹主义"》,《开放时代》,2001年第7期,第50—61页;秦晖《社会民主主义VS"警察民粹主义":"人民专制"论及其转向》,《社会科学论坛》,2008年第3期(上),第5—16页。

的租地者阶级相比,往往可能是民主制的更加可靠得多的支柱。"①
萨宗诺夫、尤佐夫、尼·一逊、社会革命党人、霍夫斯泰特尔、托托米
安茨等提出的"国家土地占有制——由国家把土地转交农民——村
社——合作社——集体主义"的公式属于"警察民粹派"的公式。②
他们同样是"国家社会主义"的精神的实验,这种"实验"只有在土
地国有化要求中才能使人忽视农奴制的最突出的表现和最厉害的
残余,而这在设立农民委员会和归还割地的要求中无法找到任何借
口。因此,"在警察国家里提出土地国有化的要求,就等于模糊阶级
斗争这个唯一革命的原则,助长一切官僚习气"③。可见,列宁此时
对土地国有化是持否定态度的。他说:"社会革命党人把土地社会
化同资产阶级的土地国有化混为一谈了。抽象地说来,在资本主义
的基础上,在不消灭雇佣劳动的条件下,实行资产阶级的土地国有
化是有可能的。"④他又说:"在民主革命完全胜利的条件下,可能是
实行国有化。"⑤然而,他所列举和假设的条件在当时并不成立。
1861 年改革虽然废除了农奴制,使俄国进入到资本主义阶段。但
由于农奴制残余依然存在,加之国家政治经济条件所限,俄国并没
有马上建立起资本主义制度。而且在列宁 1902 年写就《俄国社会
民主党的土地纲领》时,俄国 1905 年革命还没有爆发,更毋言"民主
革命完全胜利"。纵观种种迹象表明,当时列宁认为实行土地国有
化的条件并不成熟,他认为"在奴役性的、农奴制的大地产占优势而
实现大规模社会主义生产的物质条件尚未具备的地方,可能是把土

---

① 《列宁全集》第 7 卷,北京:人民出版社,1986 年,第 204 页。
② 《列宁全集》第 6 卷,北京:人民出版社,1986 年,第 382 页。
③ 《列宁全集》第 6 卷,北京:人民出版社,1986 年,第 384 页。
④ 《列宁全集》第 6 卷,北京:人民出版社,1986 年,第 384 页。
⑤ 《列宁全集》第 11 卷,北京:人民出版社,1987 年,第 223 页。

地转归小私有农民阶级掌握"①。至于在警察国家为什么要反对土地国有化,列宁曾经也有过一段论述:

> 凡写文章论述土地问题的社会民主党人都不止一次地指明,如果我们在这个问题上醉心于制定空洞的计划,那是非常不恰当的,因为,最主要的土地改革措施——土地国有化,在一个警察国家中必然会被歪曲并且会被用来模糊运动的阶级性质。而其他一切改造土地关系的措施,在资本主义制度下都只是接近于国有化,都只是一些局部的措施,只是某些可能采取的措施,但社会民主党绝不打算用它们来限制自己。目前,社会民主党人正在反对国有化,甚至社会革命党人受了我们的批判的影响,也开始更谨慎得多地对待这种国有化了。②

诚然,列宁在早期确实明确地表示过反对土地国有化的主张。但是值得思考的是,列宁在反对土地国有化的时候也许如有的学者所指出的,他囿于革命形势的估计不足所以存在策略上的"短视"。笔者认为,列宁可能更多的是基于当时党的中心工作的考量。在他的眼里,当时党在农村中的中心工作应该是通过革命而不是改良的方式扫除农奴制的残余,建立民主共和国。在农村当务之急应该是让农民"认识到并且在实际上去用革命手段摧毁旧制度",应该是成立革命农民委员会,实现政治自由,等等。在列宁看来,在这一切都还没有实现的前提下"制定'土地平分'或土地国有化的空洞计

---

① 《列宁全集》第 11 卷,北京:人民出版社,1987 年,第 223 页。关于列宁当时为什么拒绝土地国有化,而是提出把土地转归小私有农民阶级掌握的理由,曹浩瀚博士提出自己的观点:"列宁对国有化的拒绝也同缺乏实践经验有关,因为在革命尚未发生之前,列宁并不知道农民对于土地问题的普遍要求如何,而只能按照通常的小生产者观念去揣度——似乎俄国农民作为小生产者就一定拥护土地的小私有制。"曹浩瀚:《列宁革命思想研究》,北京:中央编译出版社,2012 年,第 7 页。

② 《列宁全集》第 9 卷,北京:人民出版社,1987 年,第 341—342 页。

划"显然不正确。但即使是这样,列宁并没有态度坚定地全盘拒绝土地国有化。他不只一次地讲到"社会民主党不能发誓拒绝土地国有化,从而在这个问题上束缚住自己的手脚"①。事实上,托洛茨基口中的俄国"第一次革命"——1905 年革命爆发以后,列宁对土地国有化的态度确实发生了转变。

二、"在一定的政治条件下,反对土地私有制,而拥护土地国有"

(一)"必须修改土地纲领的条件逐渐成熟"

1905 年,彼得堡 1 月 9 日事件②拉开了俄国第一次资产阶级民主革命的序幕,革命风暴席卷全国。在革命初期,对于正在发生的革命属于什么性质的革命,列宁有着深入的思考。他把马克思主义关于不断革命的思想创造性地运用于俄国革命实践,区分了俄国民主革命和社会主义革命两个性质不同的历史阶段。他说:"在现代俄国,构成革命内容的不是两种斗争力量,而是两种不同性质的社会战争:一种是在目前的专制农奴制度内部发生的,另一种是在未来的、正在我们面前诞生的资产阶级民主制度内部发生的。一种是全体人民争取自由(争取资产阶级社会的自由)、争取民主,即争取人民专制的斗争,另一种则是无产阶级为争取社会主义社会制度而

---

① 《列宁全集》第 9 卷,北京:人民出版社,1987 年,第 342 页;《列宁全集》第 11 卷,北京:人民出版社,1987 年,第 222 页。

② 1905 年 1 月 22 日(俄历 1 月 9 日),星期日,由格·阿·加邦神父领导的"彼得堡工厂工人大会"组织彼得堡 150000 工人去冬宫向沙皇和平请愿。 队伍到达冬宫入口处时被封锁住了,军警突然向手无寸铁的工人开枪射击,鲜血染红了积雪的广场,死伤达 4600 多人。 这就是有名的"彼得堡 1 月 9 日事件",也被称为"流血星期日",它成为俄国 1905 年革命的开端。 参见王雪《关于"流血星期日"》,《陕西师范大学学报(哲学社会科学版)》,1997 年第 5 期,第 80 页。

同资产阶级进行的阶级斗争。"①

　　此时,列宁在对待土地国有化的态度上,与革命爆发之前基本上没有太大的改变。在列宁看来,因为这次革命是资产阶级性质的革命,所以"那些对俄国来说是势在必行的政治制度方面的民主改革和社会经济方面的改革,就其本身来说,不仅不会摧毁资本主义,不仅不会摧毁资产阶级的统治,反而会第一次为资本主义的广泛而迅速的发展,即欧洲式的而不是亚洲式的发展,真正扫清基地,第一次使资产阶级这个阶级的统治成为可能"②。故此,列宁认为"即使农民起义完全成功,即使为着农民的利益和按照农民的愿望重新分配了全部土地("土地平分"或者其他类似办法),也丝毫不会消灭资本主义,反而会促进资本主义发展,加速农民本身的阶级分化"③。正是在这样的思想指引下,列宁此时一如既往地否定了土地国有化。这从 1905 年 9 月列宁撰写的《社会主义和农民》中评价波兰社会党的最新土地纲领草案(这个纲领草案发表在 1905 年《黎明》杂志第 6—8 期上)部分可以找到根据。在该草案中,列宁认为"在充分的政治自由和人民专制还没有实现,民主共和国还没有建立以前,提出国有化的要求是为时过早的,是不明智的,因为国有化就是转由国家来掌握,而目前的国家是警察的和阶级的国家,明天的国家不管怎样将是阶级的国家"④。

　　随着 1905 年革命形势的变化,列宁对此前自己的一些土地主张的坚持态度有所"松动"。列宁认为,尽管收回割地的要求并不

---

①　《列宁全集》第 11 卷, 北京: 人民出版社, 1987 年, 第 284—285 页。
②　《列宁全集》第 11 卷, 北京: 人民出版社, 1987 年, 第 30 页。
③　《列宁全集》第 11 卷, 北京: 人民出版社, 1987 年, 第 30 页。
④　《列宁全集》第 11 卷, 北京: 人民出版社, 1987 年, 第 289 页。

会限制农民运动的规模和党对这个运动的支持,"然而,事变的进程表明,纲领的这一条是不能令人满意的,因为农民运动在广度和深度方面迅速地发展起来,而我们的纲领在广大群众当中引起了误解,工人阶级的政党应当考虑到广大群众,而决不能单靠作注解,用一些不是全党所必须接受的理由来解说大家都必须遵守的纲领"①。在这里,列宁已经认识到此前对俄国资产阶级民主革命中农民运动的广度和深度的估计存在偏差,以至于在革命发生之前提出了不符合甚至违背农民意愿的土地主张。革命爆发以后,农民运动所迸发的积极活力和顽强斗争力使列宁不得不改变原来的看法,他认为"必须修改土地纲领的条件逐渐成熟"②。

（二）革命揭露了"归还割地"这个错误

"俄国社会民主党从诞生之日起,就认为俄国的土地问题特别是农民问题具有极大的意义,并且在自己的一切纲领性文献中都对这个问题作了专门的分析。"③由此可见,土地问题是一个必须直面的、非常重要的现实问题。当时民粹派和社会革命党人经常散布与社会民主党土地纲领相反的意见,不但如此,即使在社会民主党内也存在几类不同的意见。列宁把当时党内关于俄国社会民主工党土地纲领问题的意见综合在一起,归纳出四大类意见。根据列宁的归纳,本书作者制作了一个简表,帮助理解。如下:

① 《列宁全集》第12卷,北京:人民出版社,1987年,第219页。
② 《列宁全集》第12卷,北京:人民出版社,1987年,第219页。
③ 《列宁全集》第12卷,北京:人民出版社,1987年,第215页。

表 4-1 俄国社会民主工党土地纲领问题的不同意见

类别	土地纲领的意见	持此类意见的人
第一类	俄国社会民主工党的土地纲领既不应当要求把地主的土地实行国有,也不应该要求没收地主的土地	拥护现行纲领的人,拥护象罗日柯夫等对这个纲领所作的不大的修改的人
第二类	俄国社会民主工党的土地纲领应当要求没收地主土地,但不应当要求任何形式的土地国有	普列汉诺夫等
第三类	转让地主的土地,同时实行一种特殊的和有限的土地国有	马斯诺夫、格罗曼和其他人的"地方自治机关有"和"省有"
第四类	没收地主土地,并在一定政治条件下实行土地国有	党统一的中央委员会所委任的专门委员会的大多数人,列宁

从这里可以看出,此时的列宁已经改变过去那种完全拒绝土地国有化的态度,转而提出"在一定政治条件下实行土地国有"。与此同时,列宁反思此前提出的归还割地的主张已经不能适应革命的发展和农民对土地的诉求,他认为:

从前我们在提出归还割地要求时所犯的错误,就在于对农民中这个民主主义即资产阶级民主主义的运动的广度和深度估计不足。现在革命已教会了我们许多东西,再来坚持这种错误就是不明智了。对发展资本主义来说，没收全部地主土地所能提供的益处，要比分割资本主义大经济所带来的害处大得不可计量。分割土地消灭不了资本主义，也不会把它拉向后退，而会极大地为它的（资本主义的）新的发展扫净、平整、扩大和巩固基地。我们一向认为，限制农民运动的规模决不是社会民主党人干的事，而现在，拒绝没收全部地主土地的要求，就会成为对已经形成了的社会运动的规模的明显的限制。[①]

此前列宁天才地预设并在土地纲领注解中提出的"收回割地是一道门"的思想在其后土地纲领中逐渐得到了体现。"建立革命农民委员会以消除一切农奴制残余，对一切农村关系实行民主改革并采取革命措施来改善农民的状况直到地主的土地"这个一向只在土地纲领注解出现的主张被"扶正"为土地纲领的正式条文，"而'割地'却由纲领转入注解"。[②] 1905 年革命的爆发给俄国社会各个阶层带来了巨大的冲击。革命的不断深入使沙皇政府始料未及，以至于慌乱地企图通过立宪等措施缓解革命对其阶级统治所带来的破坏。革命的发展也使得以列宁为代表的社会民主党人眼前一亮，特别是在土地问题上，列宁结合革命形势诚恳地指出党在革命前的土地纲领所犯的错误，同时针对农民在革命中的积极表现，承认曾经对农民的革命性估计不足。

1907 年，列宁在评价社会民主党人芬、波里索夫、沙宁等"分配派"的土地主张时，一方面肯定了他们未陷入"地方公有派"类似的"理论上的二元论"。另一方面客观地指出他们在历史前途问题上重犯了党在 1903 年的"归还割地的"纲领的错误。显然，革命爆发

---

① 《列宁全集》第 12 卷，北京：人民出版社，1987 年，第 223 页。
② 《列宁全集》第 9 卷，北京：人民出版社，1987 年，第 341 页。

后,列宁对社会民主党在 1903 年土地纲领中的最重要的主张——
"归还割地"进行了深刻的反思,他把"归还割地"当作党的土地纲
领中的一个错误。究其原因,主要是由于当时对俄国农业资本主义
的发展程度估计过高,以为资本主义农业成分不但在地主经济中,
而且在农民经济中完全形成了,此外还低估了农奴制残余存在的广
泛性。① 这一错误纲领的弊端最终在 1905 年革命中暴露了出来,列
宁说:"革命揭露了这个错误。"②

（三）"在民主革命和农民起义时代，我们无论如何不能绝
对地屏弃土地国有"

随着"必须修改土地纲领的条件逐渐成熟",1905 年初,列宁在
《前进报》上提出并阐述了土地纲领的修改草案,尤其是关于"收回
割地"的条文,他主张取消这一条文,而代之以"支持农民的要求直
到没收全部地主土地为止"③。当时,尽管社会民主党已经分裂为
布尔什维克和孟什维克,而且党的这两个派别在土地纲领上绝大多
数主张并不一致,但是在这一点上却惊人地达到了意见的统一。
1906 年 3 月,列宁为即将召开的俄国社会民主工党第四次(统一)
代表大会(即 1906 年斯德哥尔摩代表大会)写就了《修改工人政党

---

　　① 对此,列宁在 1907 年所著的《社会民主党在 1905—1907 年俄国第一次革命中的
土地纲领》中是这样总结的:"1903 年的错误的根源在于,我们当时正确地判明了发展的
方向,却没有正确地判明所处的发展时机。我们以为资本主义农业成分在俄国已经完全
形成了,既在地主经济中(盘剥性的'割地'除外,由此提出了归还割地的要求),也在
农民经济中完全形成了,以为农民经济已经分化出了强有力的农民资产阶级,因此就没有
进行'农民土地革命'的可能。这一错误纲领的产生,并不是由于我们'害怕'农民土
地革命,而是由于我们对俄国农业资本主义发展的程度估计过高。当时我们觉得农奴制
残余不过是很小的局部现象,觉得份地和地主土地上的资本主义经济已经十分成熟和巩固
了。"见《列宁全集》第 16 卷,北京:人民出版社,1988 年,第 255—256 页。
　　② 《列宁全集》第 16 卷,北京:人民出版社,1988 年,第 256 页。
　　③ 《列宁全集》第 12 卷,北京:人民出版社,1987 年,第 219 页。

的土地纲领》。列宁总结了当时社会民主工党内土地纲领的四种不同意见，并明确表示拥护"没收地主土地，并在一定政治条件下实行土地国有"的土地纲领。① 这个土地纲领与当时马斯诺夫等人提出的空洞的、虚幻的、不能解决俄国社会民主工党基本任务的土地纲领相比，更加体现出了它的现实性和科学性。这个土地纲领蕴含了列宁对原来党的土地纲领提出的修改意见，将原来"剥夺地主土地"改为"没收地主土地"，措辞更加严厉和坚决。同时指出"在一定政治条件下"实行土地国有化，从列宁的这个表述中，我们也可以看出列宁此时对土地国有化纲领还是持一种"谨慎"或者"保留"态度的，尽管他认为"在民主革命和农民起义时代，我们无论如何不能绝对地屏弃土地国有"，但是此时这种"不能绝对的屏弃"还是被附上了一个重要的条件（即列宁所说的"在一定政治条件下"）：土地国有化的实现需要"一定的政治制度，没有这种制度，土地国有对无产阶级和农民可能是有害的"②。列宁所指的这种"一定的政治制度"就是"人民专制"，③"即建立起共和制度和充分民主的国家制度"④。列宁写道："我们应当开诚布公地和坚决地向农民说，土地国有是资产阶级的措施，这种措施只有在一定的政治条件下才是有益的，但是我们社会主义者如果在农民群众面前干脆否定这项措

---

① 《列宁全集》第12卷，北京：人民出版社，1987年，第222页。

② 《列宁全集》第12卷，北京：人民出版社，1987年，第239页。

③ 秦晖对列宁"人民专制"思想进行过比较深入的研究，认为列宁作为一个从"超民粹主义"角度来批判民粹派的典型代表不可能完全不受民粹派的影响，在俄国革命实践中，列宁将马克思的"专政"换成了民粹派的"专制"，从而改造了俄国马克思主义，并成为后来苏联模式的思想基础。参见秦晖《社会民主主义 VS "警察民粹主义"："人民专制"论及其转向》，《社会科学论坛》，2008年第3期（上），第5—16页；金雁、秦晖《"无产阶级专政"与"人民专制"——1848—1923年间国际社会主义政治理念的演变》，《当代世界社会主义问题》，2007年第3期，第3—31页。

④ 《列宁全集》第12卷，北京：人民出版社，1987年，第241页。

施,那就是政治上的近视了。这不仅是政治上的近视,而且也是从理论上对马克思主义的歪曲,因为马克思主义十分肯定地证明,土地国有在资产阶级社会中也是可能的、可以设想的,它不会阻碍而会促进资本主义的发展,它是土地关系方面的资产阶级民主改革的最高限度。"①

　　第一次俄国革命的爆发使列宁对俄国土地问题有了更加深入的理解和判断,从此前的反对土地国有化到有条件地实行土地国有化证明了列宁在关于土地问题主张上的一些转变,这是列宁根据俄国革命运动的发展从马克思主义的立场、观点出发,从俄国革命的实际出发的结果,彰显了列宁革命的智慧。

三、"社会民主党在俄国资产阶级革命中的纲领只能是土地国有化"

　　(一)斯德哥尔摩代表大会与列宁土地国有化主张

　　1906 年的斯德哥尔摩代表大会通过了社会民主党新的土地纲领,纲领体现的一个重要成果就是承认没收地主土地和承认农民的土地革命。与党的上一个土地纲领相比,这是一个重大的进步。然而,党内关于土地问题的分歧并没有因为对土地关系上的一致认同而结束。事实上,在土地所有权划归问题上还存在着两种不同的意见:把地主土地分给农民归农民私有? 还是实行全部土地国有

---

①　《列宁全集》第 12 卷,北京:人民出版社,1987 年,第 227 页。

化?① 列宁认为,正确解决这个分歧既要从农民土地革命的观点出发,还要回答农民土地革命的性质和意义是什么。他说:"我们不能'臆造出'什么特别的改革'方案'。我们应该研究清楚在按资本主义道路发展的俄国,农民土地变革的客观条件是什么,根据这种客观的分析把某些阶级的错误思想同经济变革的现实内容区分开来,并且确定,在这些实际的经济变革的基础上,生产力发展的利益和无产阶级斗争的利益所要求的究竟是什么。"②在列宁看来,要解决没收地主土地以后究竟实行怎样的土地所有形式这个问题,要制定符合农民意愿的土地纲领,其前提是不能脱离当时俄国革命的实际。列宁认为,当时俄国的地主经济更多的是立足于农奴制的束缚,而与资本主义经济制度关联较少,谁要是否认这点,谁就不能解释目前俄国革命的农民运动的深度和阔度。③ 事实上,许多人看轻了农民运动在资产阶级民主革命中所能发挥的积极作用,由于没有认识到这一点,在第一次俄国资产阶级民主革命中农民土地革命的广度和深度超出了许多人的想象,这其中就包括列宁。

正是认识到了革命发生前所制定的土地纲领的错误之处,列宁在斯德哥尔摩代表大会上提出了包含土地国有化内容的土地纲领。但是,孟什维克的代表、斯德哥尔摩代表大会土地纲领的主要起草者约翰(马斯洛夫)和科斯特罗夫因为担心无产阶级与农民的分裂

---

① 罗切斯特(Anna Rochester)提出,当时对如何处分从地主那里收夺下来的土地,党内有三种不同的意见:(1)有些人站在"黑色的再分配"的立场,主张使农民的土地私有大致平均;(2)有些人主张土地国有化;(3)有些人主张土地私有与土地公有并行,即一方保留农民的小所有制,而将没收的土地转移给地方自治会成为公有地。 参见[美]Anna Rochester《列宁论土地问题》,林伦彦译,上海:中华书局,1950年,第70—71页。

② 《列宁全集》第16卷,北京:人民出版社,1988年,第224页。

③ 转引自[美]Anna Rochester:《列宁论土地问题》,林伦彦译,上海:中华书局,1950年,第70页。

以及担心土地国有化会引起农民反对革命而使这个土地纲领规定的俄国土地制度具有两重性："土地私有制以及（至少在革命胜利发展的情况下）以地方公有和国有为形式的公有制。"①科斯特罗夫提出了他反对土地国有化的理由，他说："带着这个主张〈国有化主张〉到农民中去，就等于把农民推开。农民运动就会避开我们或者反对我们，我们就会被革命所抛弃。国有化会削弱社会民主党的力量，使它同农民隔绝，从而也就削弱了革命的力量。"②连列宁自己也承认，科斯特罗夫"这个论据的确有说服力"。列宁接着说："在农民土地革命中，竟然试图违反农民意志，把他们的私有土地收归国有！斯德哥尔摩代表大会既然听信了约翰和科斯特罗夫的话，那么否决国有化主张就是毫不奇怪的了。"③在此次大会上，由于许多布尔什维克在十二月起义后被捕，在人数上比孟什维克要少很多。在对土地纲领进行表决时，大会采用了孟什维克的土地公有主张。列宁的土地国有化主张没有被采纳，甚至连他提出的"党将力求做到废除土地私有制，并且把全部土地转变为全民公有财产"④的主张都没有被写入土地纲领中。

（二）俄国农民群众是拥护土地国有化的

斯德哥尔摩代表大会的大多数代表尽管最终听信了约翰（马斯诺夫）和科斯特罗夫的话，并且采纳了他们的主张，使他们的土地纲领成为了社会民主党的土地纲领。但是，列宁认为他们两人的话却并没有道理，他说："现在特别不伦不类地成了我们党的纲领的马斯

---

① 《列宁全集》第 16 卷，北京：人民出版社，1988 年，第 224 页。
② 《列宁全集》第 16 卷，北京：人民出版社，1988 年，第 225 页。
③ 《列宁全集》第 16 卷，北京：人民出版社，1988 年，第 225—226 页。
④ 《列宁全集》第 12 卷，北京：人民出版社，1987 年，第 241 页。

诺夫纲领,同劳动派的纲领相比,显得十分荒谬。"①而劳动派提出
的土地纲领恰恰就是土地国有化。

　　此前,列宁在为即将召开的斯德哥尔摩代表大会所写的《修改
工人政党的土地纲领》中就已经论证了农民是拥护土地国有化的。
后来他通过回顾各派围绕土地国有化所展开的争论的历史,同样认
为"在两届杜马中,来自全俄各地的农民代表都主张国有化"②。但
是地方公有派却固执地认为农民是拒绝土地国有化的,农民是不会
同意国有化这种"无谓的空想"。马斯洛夫坚信哪怕俄国的农民有
实行土地国有化的倾向,那也只是资本主义社会中小私有者的一般
特性,并不是由于农民土地革命的特殊条件。③ 然而,马斯洛夫的
这种论调只是代表地方公有派的"一厢情愿"。列宁一针见血地指
出:"马斯诺夫回避了我国革命历史向他提出的问题,即为什么农民
不怕自己的土地收归国有。这是问题的关键!"④"事实上,提出土
地国有化的要求,并不是由于特殊的土地占有制形式,也不是由于
农民的'村社习惯和本能',而是由于全部小农地产(村社地产和个
体农户地产都在内)都受农奴制大地产压迫这个总情况。"⑤正因为
如此,列宁指出:"要在俄国建立起真正自由的农场主经济,必须
'废除'全部土地——无论是地主的土地还是份地——的'地界'。
必须摧毁一切中世纪的土地占有制,必须为自由的业主经营自由的
土地铲除一切土地方面的特权。必须尽最大的可能保证自由交换
土地、自由迁居、自由扩大地块,建立新的自由的协作社来代替陈旧

---

① 《列宁全集》第16卷,北京:人民出版社,1988年,第232页。
② 《列宁全集》第16卷,北京:人民出版社,1988年,第227页。
③ 《列宁全集》第16卷,北京:人民出版社,1988年,第228页。
④ 《列宁全集》第16卷,北京:人民出版社,1988年,第230页。
⑤ 《列宁全集》第16卷,北京:人民出版社,1988年,第234页。

的带滞纳性质的村社。必须把一切土地上的中世纪垃圾全部清扫。"①劳动派所提出的土地国有化的主张就是用农民方式为资本主义"清扫土地",这是一种建立在农民式资产阶级变革经济基础之上的"土地方案"。与农民式"清扫"不同,斯托雷平地主式"清扫"建立在地主资产阶级变革的经济基础之上,这种"清扫"方式客观上确实遵循了俄国资本主义进步发展的路线,但是它却完全迎合了地主的利益。② 农民式"清扫土地"按照资本主义方式改造旧的土地占有关系的条件下能够在资产阶级社会中一种成分战胜另一种成分的经济下实现,其必然要按照新的方式即自由的商业性农业要求进行分配,进步的分配必须是建立在种地的农民新的分化的基础上,"这种新的分化是土地国有化,就是完全消灭土地私有制,就是经营土地的充分自由,就是农场主可以从旧式农民中自由地产生"③。

在列宁看来,马斯诺夫等人提出的土地公有主张虽然蒙蔽了斯德哥尔摩代表大会上的一些代表,从而使它成为了党的土地纲领,但这并不代表他们的土地主张就是正确的,是符合当时革命形势需要的。针对马斯诺夫等人提到俄国农民并不拥护土地国有化的论断,列宁予以坚决的回击,他认为土地国有化使得建立真正自由的农场主经济成为必要,这也是俄国农民拥护土地国有化的重要原因,他写道:

体现这种经济必要性的,就是土地国有化,废除土地私有制,将全部土地转归国家所有,就是完全摆脱农村中的农奴制度。正是这

---

① 《列宁全集》第16卷,北京:人民出版社,1988年,第390—391页。
② 《列宁全集》第16卷,北京:人民出版社,1988年,第242页。
③ 《列宁全集》第16卷,北京:人民出版社,1988年,第244页。

种经济必要性使俄国农民群众成了土地国有化的拥护者。大多数小私有农民在 1905 年农民协会代表大会上,在 1906 年第一届杜马中和在 1907 年第二届杜马中,即在整个革命第一个时期中,始终表示赞成国有化。他们之所以赞成国有化,并不是因为"村社"在他们中间培育出了什么特殊的"萌芽",培育出了什么特殊的、非资产阶级的"劳动原则"。恰恰相反,他们之所以赞成土地国有,是因为实际生活要求他们摆脱中世纪式的村社和中世纪式的份地占有制。他们之所以赞成国有化,并不是因为他们想要建立或者能够建立社会主义的农业,而是因为他们过去和现在都想要建立而且能够建立真正资产阶级的小农业,也就是在最大程度上摆脱一切农奴制传统的小农业。[①]

事实上,俄国的资产阶级民主革命表明俄国农民不但不惧怕自己的土地收归国有,而且积极主张如此,当地方公有派"自作多情"地向劳动派农民夫证明他们不应该让自己的土地实行土地国有化时,列宁略带嘲讽地说:"历史开了一个玩笑,用马斯洛夫、约翰、科斯特罗夫之流的论据打了他们自己的耳光。"[②]

（三）土地国有化"是在资本主义制度下可能有的最好的土地制度"

1861 年改革使俄国进入到资本主义阶段,资本主义的发展对旧有的农民土地占有制造成了巨大的冲击,"旧的等级制的村社,农民对土地的依附,半农奴制农村的因循守旧,这一切都同新的经济条件发生了极其尖锐的矛盾"[③]。是止步不前、极力维护改革前的

---

① 《列宁全集》第 16 卷,北京:人民出版社,1988 年,第 391 页。
② 《列宁全集》第 16 卷,北京:人民出版社,1988 年,第 232 页。
③ 《列宁全集》第 16 卷,北京:人民出版社,1988 年,第 407 页。

农奴制土地状况,还是戮力前行、破除一切阻碍资本主义发展的牵牵绊绊。在列宁看来,这就是改良与革命的问题。他指出:

改良主义的道路就是建立容克-资产阶级俄国的道路,其必要的前提是保存旧土地占有制的基础,并且使这种基础适应资本主义,而这一适应过程是缓慢的,对多数居民来说是痛苦的。革命的道路是真正推翻旧制度的道路,它必然要求消灭俄国一切旧的土地占有形式以及全部旧的政治机构,以建立自己的经济基础。俄国革命第一个时期的经验已经彻底证明:俄国革命只有作为农民土地革命才能获得胜利,而土地革命不实行土地国有化是不能全部完成其历史使命。①

在这里,列宁把土地国有化提到了一个前所未有的高度。他把土地国有化与俄国革命的前途紧密相连,中间实现的途径是土地革命。② 第一次俄国资产阶级民主革命失败后,俄国革命步入低潮,随后进入斯托雷平反动时代。革命后的社会民主工党需要在总结革命经验的基础上修改党的土地纲领。列宁作为布尔什维克的领导人,在批判地主资产阶级政党、小资产阶级政党和孟什维克土地纲领的基础上从理论上论证了布尔什维克的土地纲领。此时列宁对土地国有化的态度已经明朗而坚决,他运用马克思主义基本原理深刻论述了土地国有化的理论基础,表明土地国有化在促成俄国农业中的资产阶级变革所起到的清扫中世纪土地关系和土地制度的重要作用。他认为"国有化可以加速农奴制的灭亡,可以使纯粹资产阶级农场在清除了一切中世纪废墟的土地上加速发展。这就是

---

① 《列宁全集》第16卷,北京:人民出版社,1988年,第391—392页。
② 关于列宁土地革命思想可参见本书第三章的相关内容。

19世纪末提出的俄国土地国有化的真正历史意义"①。

列宁认为,作为"独立的、纯粹的"国际无产阶级政党,"作为争取在全世界实现社会主义的政党",俄国社会民主党的任务只有一个:"为了团结无产阶级进行社会主义革命,要最坚决地支持一切反对旧制度的斗争,在新兴的资产阶级社会中尽量争取有利于无产阶级的一切条件。由此必然得出结论:我们社会民主党在俄国资产阶级革命中的纲领只能是土地国有化。"②可见,列宁当时对革命前景的预估已经超出了俄国本土的视域。他立足于世界革命的基点,在俄国资产阶级民主革命尚处于低潮的时候已经放眼社会主义革命的伟大目标,强调了党作为国际无产阶级政党的历史使命和革命担当。他提出:"应该把土地国有化同政治改革的一定形式和一定阶段联系起来…应该把土地国有化同小资产阶级的幻想、同官僚知识分子关于'土地份额'的废话、同巩固村社或平均使用土地这类反动的空话严格地区别开来。"③最后,他得出结论:"土地国有化不仅是彻底消灭农业中的中世纪制度的唯一方式,而且是在资本主义制度下可能有的最好的土地制度。"④

从以上"只有""只能是""唯一""最好"等修饰土地国有化的词语我们可以很清楚看出,列宁此时对土地国有化的态度已经是十分坚决地支持,⑤它表明列宁已经正式提出土地国有化的土地革命

① 《列宁全集》第17卷,北京:人民出版社,1988年,第112页。
② 《列宁全集》第16卷,北京:人民出版社,1988年,第392页。
③ 《列宁全集》第16卷,北京:人民出版社,1988年,第392页。
④ 《列宁全集》第16卷,北京:人民出版社,1988年,第393页。
⑤ 1917年,列宁在为《社会民主党在1905—1907年俄国第一次革命中的土地纲领》一书出版所写的《跋》中依然用非常肯定的语调写道:"土地国有化不仅是资产阶级革命的'最高成就',而且是走向社会主义的一个步骤。不采取这样的步骤,就不能消除战争的灾祸。"参见《列宁全集》第16卷,北京:人民出版社,1988年,第396页。

措施。比照列宁在 1905 年革命前后对待土地国有化的态度可以发现这种转变是比较明显的。从革命前的否定土地国有化,到革命高潮时期有条件地接受土地国有化,到革命步入低潮时毫无保留地支持土地国有化,展现了列宁对土地国有化认识的思想轨迹。列宁把这一思想转变的原因用一句十分精炼而又恰当的话进行了总结——"凡事各有其时"。① 作为一个坚定的马克思主义者,他敢于挑战权威(如斯德哥尔摩代表大会通过的马斯诺夫土地纲领),也敢于承认错误(如革命前提出归还割地的主张),为土地国有化成为党的土地纲领付出了艰辛的努力。

第二节　列宁土地国有化理论的主要内容

作为资产阶级的一个重要措施和资产阶级革命"唯一彻底的口号",土地国有化"意味着在资本主义社会中可能实现的和可以设想的最充分的阶级斗争的自由,意味着土地的使用最彻底地摆脱一切非资产阶级的附加物"②。列宁从马克思主义立场出发,针对俄国历史和俄国革命运动的发展状况,得出了只有实行土地国有化才能彻底解决俄国土地问题的结论。客观地来讲,列宁土地国有化思想不是列宁本人的"即兴创作",而是他基于在对俄国土地问题的探索中从实践到理论,再从理论回到实践的不断升华,以及在他领导无产阶级革命的进程中逐渐确立起来的。从最初反对土地国有化到后来毫无保留地支持土地国有化,列宁论证了土地国有化的价

---

① 《列宁全集》第 16 卷,北京:人民出版社,1988 年,第 257 页。
② 《列宁全集》第 29 卷,北京:人民出版社,1985 年,第 418—419 页。

值之所在。他从理论和实践上阐述并验证了土地国有化的内涵、动力、实现条件等,这些构成了列宁土地国有化理论的基本内容。

一、土地国有化的内涵

"什么叫作土地国有化?"列宁在《社会民主党在 1905—1907 年俄国第一次革命中的土地纲领》"第三章"中开门见山地提出并回答了这个问题。他在分析"国有化"和"地方公有化"的理论基础时,客观地评价了当时社会民主党报刊尤其是 1906 年党的统一代表大会中几次讨论的缺点,即"都是实践上考虑多,理论上考虑少;政治上考虑多,经济上考虑少"[①]。这也是列宁为什么会从理论基础出发去揭示土地国有化内涵的一个重要的原因。

列宁对于革命理论的一贯重视是其领导俄国革命取得胜利的一个重要"法宝"。早在 1901—1902 年之间所写的小册子《怎么办?(我们运动中的迫切问题)》中,列宁就指出了理论武装对于增强党的力量的重要性,并提出了著名的论断:"没有革命的理论,就不会有革命的运动。"[②]在阐释土地国有化内涵时,列宁运用马克思主义的地租理论从资产阶级民主革命的视角进行了解析。

(一)"以经济现实为依据的土地国有化概念,是商品社会和资本主义社会的范畴"

1861 年改革后虽然一定程度地促进了地主经济的进步,但是由于农奴制残余依然存在,农奴主-地主经济阻碍了资本主义的发展。在土地问题上,列宁多次强调"在俄国不仅地主土地占有制是中世纪的,就连相当一部分农民土地占有制也是中世纪的"。他认

---

① 《列宁全集》第 16 卷,北京:人民出版社,1988 年,第 258 页。
② 《列宁全集》第 6 卷,北京:人民出版社,1986 年,第 23 页。

为"坚决抛开过去的东西,就能一下子消灭这种土地占有制。消灭的办法就是全体农民代表在 1905—1907 年间一贯要求的土地国有化。消灭土地私有制丝毫也不改变商业性的和资本主义的土地占有制资产阶级基础"①。正是因为土地国有化的经济意义不在于反对资产阶级关系,而在于反对农奴制关系,所以与社会主义消灭商品经济的性质不同,"国有化是把土地变为国家所有,这丝毫也不触动土地的私人经营"②。关于此,列宁接着作了进一步说明,他说:

在我国常常有人认为,土地国有化把土地排斥在商业周转之外。大多数先进农民和农民思想家无疑都有这种看法。但是这种看法是根本错误的。情况恰恰相反。土地私有制是对土地自由投资的障碍。因此,在可以向国家自由租种土地(在资产阶级社会中,土地国有化的实质就在于此)的情况下,土地被卷入商业周转的情形要比在土地私有制占统治地位的情况下更加普遍。在自由租佃的情况下,对土地投资的自由,农业竞争的自由,都比在私有制的情况下多得多。土地国有化可以说是一种没有大地主的大地主占有制。③

长期受封建农奴制(及其残余)压迫的俄国农民在与农奴制大地产进行斗争时,希冀着小农业生产能够居于统治地位。他们素朴地用所谓的"土地归人民所有"的词句自发地表达着对土地的要求,却"根本没有把土地转归人民同任何稍微确切的经济学概念联系起来"④。当时农民这种要求和希望集中的以民粹主义思想表现出来,"消灭地主土地占有制,同时也消灭份地占有制的'羁绊'"成

---

① 《列宁全集》第 17 卷,北京:人民出版社,1988 年,第 111 页。
② 《列宁全集》第 17 卷,北京:人民出版社,1988 年,第 111 页。
③ 《列宁全集》第 17 卷,北京:人民出版社,1988 年,第 114 页。
④ 《列宁全集》第 16 卷,北京:人民出版社,1988 年,第 259 页。

为农民土地国有化思想包含的否定的概念,"对于所谓'消化了'地主大地产的革新了的小经济来说,将来究竟需要哪些土地占有形式,这一点农民并没有想到过"①。显然,民粹主义者的目光是短视的、思想是狭隘的,他们并没有看到新社会的资本主义属性,因此所提出的观点是幼稚的。马克思主义者认为商品生产的制度体现了不同经营方式的小业主之间的平等,彰显着农民经济上的充分自由。此时,市场发挥着重大的作用,产品的交换使得货币的权力更加突出,农产品和劳动力都变成货币,"商品生产成为资本主义生产"。资本主义生产条件下,俄国农民经济中的土地问题成为其资本主义关系发展的一个重要变量,农民经济受土地"牵掣"的程度和农民摆脱中世纪土地占有关系和土地占有制度等因素的影响,"牵掣"越少、摆脱越彻底,农民经济的资本主义关系发展越迅猛。列宁说:"农民愈自由,受农奴制残余的压迫愈少。"②

　　(二)土地国有化的理论概念同地租理论不可分割地联系在一起

　　商品社会和资本主义社会条件下的土地国有化概念与农民和民粹派所理解的土地国有化概念完全不是一回事,"这个概念所包含的现实内容,并不是农民所想的或者民粹派所说的东西,而是由当前的经济关系产生的"③。列宁通过比对民粹主义与马克思主义关于资本主义经济关系的核心内容,揭示了前者在认识此问题上的局限性。他指出:"在反映农民的要求和希望的民粹主义思想中,占主导的无疑也是国有化概念(或者说模糊思想)所包含的否定方

---

①　《列宁全集》第 16 卷,北京:人民出版社,1988 年,第 259 页。
②　《列宁全集》第 17 卷,北京:人民出版社,1988 年,第 114 页。
③　《列宁全集》第 16 卷,北京:人民出版社,1988 年,第 260—261 页。

面。消除旧障碍,赶走地主,……,这一切多半都是否定的概念,因为民粹主义者无法想象作为社会经济关系某种结构的新制度。"① 在同一问题上,马克思主义与民粹主义持有相反的观点。马克思主义认为"农民经济获得最充分的自由,在全民的或者说不属于谁的或者说属于'上帝的'土地上经营的小业主相互之间完全平等,——这就是商品生产的制度"②。由此可见,"民粹主义者无法想象作为社会经济关系某种结构的新制度"与"马克思主义研究的是正在形成的新制度"形成了鲜明的对比。民粹主义者"看不到自己所缔造的新社会的资本主义属性",所以他们强调土地国有化的否定概念,重视巩固小农经济和小农利益。而马克思主义者把土地国有化作为资本主义商品经济的范畴,认为"国有化可以彻底扫除土地占有制方面的一切中世纪关系,可以消灭在土地上的一切人为的界限,使土地变成真正自由的土地"③。列宁认为,土地国有化是不能脱离资本主义经济关系的。在俄国当时的条件下,实行土地国有化并不消灭商品流通和货币,也不意味着农民不自愿地把自己的土地交给国家。在资本主义关系下实行土地国有化,无非就是"'废除'地界,摆脱份地占有制的羁绊,巩固小经济,用'平等、博爱、自由'来代替'不平等'(地主大地产)——民粹主义思想中十分之九都是这些东西。平等的土地权、平均使用土地、社会化,这一切都不过是同一种思想的不同的表现形式。"④

"什么是资本主义社会的地租呢?"列宁认为,这种"地租"不是从土地上得到的任何收益,而是资本主义社会中"特种阶级"(土地

---

① 《列宁全集》第 16 卷,北京:人民出版社,1988 年,第 260 页。
② 《列宁全集》第 16 卷,北京:人民出版社,1988 年,第 260 页。
③ 《列宁全集》第 17 卷,北京:人民出版社,1988 年,第 112 页。
④ 《列宁全集》第 16 卷,北京:人民出版社,1988 年,第 260 页。

占有者阶级)的特种收入。在资本主义生产条件下,农业中采用雇佣劳动,农民变成农场主和企业主是存在"地租"这种形式的基本前提(列宁称为"先决条件")。"土地国有化(纯粹的国有化)的先决条件就是国家从农业企业主那里收取地租,而这些企业主付给雇佣工人工资并获得自己资本的平均利润,即对本国或若干国家的所有农业企业和非农业企业来说是平均的利润。"①

(三)土地"国有化更换级差地租的占有者,并根本消灭绝对地租"

马克思在《资本论》中把地租划分为级差地租和绝对地租,他指出:"级差地租实质上终究只是投在土地上的等量资本所具有的不同生产率的结果。"②绝对地租是由土地所有权垄断造成的,"在任何情况下,这个由价值超过生产价格的余额产生的绝对地租,都只是农业剩余价值的一部分,都只是这个剩余价值到地租的转化,都只是土地所有者对这个剩余价值的攫取"③。从性质上来看,二者有着本质的区别,级差地租不是由资本的力量产生,它的存在与土地私有制和土地占有形式并无关系,它是由于有限的、作为经营对象的土地被资本家经营者加以垄断利用而产生的。因此,级差地租是随着资本主义生产方式的存在而存在的,它是一切资本主义农业所固有的。④ 而绝对地租是在包括最劣等地在内的所有土地上,由于存在着土地所有权的垄断,所以不支付地租就不能使用土地,不管土地的好坏都要支付地租,它"不是任何资本主义农业所固有

---

① 《列宁全集》第 16 卷,北京:人民出版社,1988 年,第 261 页。
② 《马克思恩格斯全集》第 25 卷,北京:人民出版社,1975 年,第 759 页。
③ 《马克思恩格斯全集》第 46 卷,北京:人民出版社,2003 年,第 861 页。
④ 《列宁全集》第 16 卷,北京:人民出版社,1988 年,第 262 页。

的,而只是在土地私有制的条件下,只是在历史上形成的、凭借垄断保持下来的农业落后状况下才有的"①。

考茨基曾经比较深入地对比了级差地租和绝对地租之间的差别,并且将二者与土地国有化的关系进行了分析。考茨基认为,级差地租产生于生产的资本主义性质,所以即使在土地国有化的前提下它也不会消失,只是地租缴纳的对象由原来的私人变成国家了。而绝对地租却不然,它产生于土地私有制,实行土地国有化能够消灭绝对地租,降低相当于这种地租总数的农产品价格。可见,实行土地国有化对于两种地租形式的影响是不同的。列宁指出:"资本主义社会的土地国有化问题分为两个本质上不同的部分:级差地租问题和绝对地租问题。国有化更换级差地租的占有者,并根本消灭绝对地租。因此,国有化一方面是资本主义范围内的局部改良(更换一部分剩余价值的占有者),另一方面是取消阻碍整个资本主义充分发展的垄断。"②列宁认为,如果不了解和区分级差地租国有化和绝对地租国有化这两个方面就无法真正理解俄国土地国有化问题的"全部经济意义"。

二、土地国有化的思想要核

（一）在俄国革命中，争取土地的斗争的彻底的口号就是土地国有化

在对土地国有化的阐释过程中,列宁不但从经济的视角予以了解析,而且从"政治司法"的角度进行了理论观照。他认为,从政治

---

① 《列宁全集》第16卷，北京：人民出版社，1988年，第262—263页。
② 《列宁全集》第16卷，北京：人民出版社，1988年，第264页。

司法的角度来看,"土地国有化就是全部土地收归国家所有。所谓归国家所有,就是说国家政权机关有权获得地租、有权规定全国共同的土地占有和土地使用的规则"①。于此,在土地国有化前提下,这种共同规则便具有一定的排他性(即列宁指出的"禁止一切中介行为",具体包括禁止转租土地,禁止将土地让给并不亲自经营的人,等等)。正是基于土地国有化在政治司法视域中所具有的这些特征,列宁认为"在统一的资本主义国家里,土地私有制和大规模的国有制这两种制度是不可能并存的"②。在土地私有制和国有制之间是一种零和博弈,即"其中必有一个要占上风"。因此,就地方公有化和国有化而言,二者之间的基本区别是"前一种纲领容许'土地关系上的复本位制',而后一种纲领却能加以消除。"换言之,二者之间的基本区别"在于实行地方公有化后还会保存某一类土地的私有制,实行国有化后则完全废除了这种私有制"③。

　　1906 年斯德哥尔摩代表大会通过的社会民主党土地纲领中关于没收土地的主张与土地国有化一样所走的是"农民土地革命"的道路,而不是"斯托雷平式改革"的道路。列宁认为:"在资产阶级社会里,没收土地即不付赎金地剥夺土地,也象土地国有化一样,是同改良绝对不相容的。又要讲没收土地,又要容许采用改良的办法而不是采用革命的办法来解决土地问题,这无异于向斯托雷平递送呈文,祈求消灭地主土地占有制。"④可见,在列宁看来,土地国有化实际上是通过农民土地革命的方式消灭地主土地占有制和农民份

---

① 《列宁全集》第 16 卷, 北京: 人民出版社, 1988 年, 第 302 页。
② 《列宁全集》第 16 卷, 北京: 人民出版社, 1988 年, 第 302 页。
③ 《列宁全集》第 16 卷, 北京: 人民出版社, 1988 年, 第 303 页。
④ 《列宁全集》第 16 卷, 北京: 人民出版社, 1988 年, 第 253 页。

地占有制,从而为资本主义农业的自由发展扫清道路。那种所谓的采用改良的办法没收土地的主张实际上是一种幻想,就像祈求斯托雷平消灭地主土地占有制那样不切实际。

列宁认为,小农之所以在一定的历史时期和一定的时间内对土地私有制有着"狂热"的坚持,就在于小农向来同自己的田产结合得很紧。然而,在俄国第一次资产阶级民主革命时期,"大多数俄国农民屏弃了私有者的狂热","普遍地和坚决地要求土地国有化"。这是为什么呢?为此,列宁给出了答案:

这种情形所以发生,是由于小农即农村小业主的现实生活条件向他们提出的经济任务,不是用把土地分归私有的办法来巩固业已形成的新农业,而是为了在"自由的"即国有化的土地上创立(由现有的成分创立)新农业扫清地基。私有者的狂热到一定的时候可能而且一定会出现,那是已经破壳而出的农场主为保障自己的经济而提出的要求。在俄国革命中,土地国有化本来应该成为农民群众的要求,成为渴望啄破中世纪蛋壳的农场主的口号。①

在资本主义条件下,土地国有化可以促进农民的分化,使农民分化出能够建立资本主义农业的农场主,并使他们在不受旧经济任何束缚的条件下自由地发展资本主义。"在俄国革命中,争取土地的斗争无非就是争取发展资本主义的革新道路的斗争。这种革新的彻底的口号就是土地国有化。"②这一口号"最忠实、最彻底、最坚决地表达了资本主义的要求,表达了在商品经济生产条件下尽量发展土地生产力的要求"③。

① 《列宁全集》第16卷,北京:人民出版社,1988年,第255页。
② 《列宁全集》第16卷,北京:人民出版社,1988年,第257页。
③ 《列宁全集》第16卷,北京:人民出版社,1988年,第245页。

（二）土地国有化"是资产阶级的措施"，"是土地关系方面的资产阶级民主改革的最高限度"

正如普列汉诺夫在1902年8月《曙光》杂志第4期撰文中指出的:"土地国有的要求远不是随时随地都是革命的。"1905年与1902年相比,土地国有化提出的背景已然发生了很大的变化。1905年爆发的民主革命必然使得当时俄国的社会阶级形势和政治形势发生重大的变化。蓬勃发展的革命形式震撼了统治阶级,专制制度和地主阶级竭力捍卫土地私有制的"神圣不可侵犯";而农民运动此时开展得如火如荼,农民巨大的革命热情和革命干劲在运动中得到激发,反地主土地所有制和土地占有制成为运动中斗争的焦点,废除全部土地私有制的要求已经被农民代表提出。总之,农民运动在革命中充分展现了其革命民主主义的性质。列宁指出,乡村中的农奴制残余"引起了全国性的农民运动,把这一运动变成了整个资产阶级革命的试金石"[1]。

农民运动的革命民主主义性质虽然不容置疑,但是农民对土地的愿望中依然包含许多空想甚至反动的成分,这些成分在民粹主义思想中得到了反映。作为无产阶级先进的政党——社会民主党有责任、也有能力清除"对这种思想所作的反动的和庸俗社会主义的歪曲"。同时列宁也认为,社会民主党在清除这种反动的成分时,不应该"把脏水和婴儿一起泼掉"。社会民主党人应该从中抽出革命民主主义的东西,而不能完全抛弃农民废除全部土地私有制的要求。他说:"我们应当开诚布公地和坚决地向农民说,土地国有是资产阶级的措施,这种措施只有在一定的政治条件下才是有益的,但

---

[1]　《列宁全集》第16卷,北京:人民出版社,1988年,第256页。

是我们社会主义者如果在农民群众面前干脆否定这项措施,那就是政治上的近视了。"①这里,列宁明确地指出了在俄国第一次资产阶级民主革命中所采取的土地国有化措施是"资产阶级的措施"。其显著的特征就是社会民主党当时协同全体农民反对君主制度,反对地主,反对中世纪残余。此时的土地国有化以消灭农民份地占有制和地主土地占有制为目标,是一种以"农民革命式"手段扫清资本主义农业自由发展障碍的土地措施,而这恰恰是资产阶级革命的使命。因此,把土地国有化当作资产阶级革命的口号就成为很自然而又十分合理的事情了。但是如果社会主义者不能正确地对待农民对土地国有化的要求,并且在农民群众面前否定这项措施,那就不只是政治上的"近视"了,列宁认为这种行为从理论上还是对马克思主义的"歪曲"。前文已经提到,马克思在《论土地国有化》这篇文章中曾明确指出:资本主义的发展"正在使土地国有化越来越成为一种'社会必然性',这是关于所有权的任何言论都阻挡不了的"②。这说明在资本主义制度下实行土地国有化在马克思主义看来不但存在"可能性",而且有"社会必然性";不但不会阻碍资本主义的发展,反而会促进其发展,它是土地关系方面的资产阶级民主改革的最高限度。③ 因此,在轰轰烈烈的革命形势下可以清楚看出农民土地要求的激进倾向与农民政治要求的激进倾向之间的联系,社会民主党人有必要向农民提出土地国有化这个资产阶级民主改革的最高限度的要求。

(三)"土地国有化不仅是资产阶级革命的'最高成就',

---

① 《列宁全集》第 12 卷,北京:人民出版社,1987 年,第 226—227 页。
② 《马克思恩格斯选集》第 3 卷,北京:人民出版社,1995 年,第 127 页。
③ 《列宁全集》第 12 卷,北京:人民出版社,1987 年,第 283 页。

而且是走向社会主义的一个步骤"

　　第一次俄国资产阶级民主革命期间，俄国土地问题主要表现为资本主义发展与土地占有制的一切中世纪关系之间的矛盾。在革命实践的检验下，列宁发现 1903 年社会民主党土地纲领中关于收回割地和归还赎金等主张与当时的革命形势和社会环境已经非常不相适应。于是，在 1905 年初，社会民主党摈弃了此前的错误主张，提出了没收地主土地的口号。在 1906 年斯德哥尔摩代表大会上，列宁认同大部分农民代表所提出的土地国有化主张，并提出在一定政治条件下实行土地国有。他认为，在资产阶级条件下，土地国有化是资产阶级革命的"顶峰"，它能够消灭土地占有制方面的一切中世纪关系，促进资本主义在农业中的发展。针对俄国农民被大量按份地面积、纳税数额等形形色色的方法划分成各种等级和类别①，列宁认为："资本主义要求把所有这些类别一概取消，要求土地上的任何经营一律适应市场的新条件和新要求，适应农业技术的要求。土地国有化就是用革命的农民的办法来实现这一要求，一下子使人民完全摆脱种种形式的中世纪土地占有制这类腐朽货色。无论是地主土地占有制还是份地占有制都不应该存在，应该存在的只是新的自由的土地所有制。这就是激进农民的口号。这一口号最忠实、最彻底、最坚决地表达了资本主义的要求（尽管激进农民处于幼稚，画着十字来抵御资本主义的侵袭），表达了在商品生产条件

----

　　① 俄国农民作为封建社会的一个阶级分为三大类：（1）私有主农民即地主农民，（2）国家农民即官地农民，（3）皇族农民。每一大类又分为若干在出身、占有土地和使用土地形式、法律地位和土地状况等方面互不相同的等级和特殊类型。1861 年的农民改革保留了五花八门的农民类别，这种状况一直继续到 1917 年。（《列宁全集》第 16 卷，北京：人民出版社，1988 年，第 517 页。）

下尽量发展土地生产力的要求。"①

从 1907 年列宁正式提出土地国有化纲领到 1917 年二月革命，十年间俄国社会发生了巨大的变动，土地问题也不例外。列宁 1917 年为《社会民主党在 1905—1907 年俄国第一次革命中的土地纲领》一书出版时所写的《跋》中明确指："目前，革命提出的俄国的土地问题已经比 1905—1907 年间要广泛、深刻、尖锐得多了。"②虽然二月革命推翻了沙皇的专制制度，但是由于社会革命党、孟什维克和君主立宪党匆忙建立了资产阶级政府，即李沃夫之流的"临时政府"；与其并存的另一个体现工农革命民主专政的工兵代表苏维埃"监督性的"政府。于是，"在革命胜利后的最初几天内形成了两个政权并存的局面"③。这种奇特的现象在列宁看来反映的是革命发展中的一个过渡时刻，这时革命已经超出了一般的资产阶级民主革命的范围，但是还没有到达"纯粹的"无产阶级和农民的专政。他认为，一个国家不可能同时存在两个政权，这种"交织"必然是暂时的，其中必定有一个要化为乌有。④

列宁认为，第一次世界大战给各交战国人民带来了深重的灾难，但同时它又大大加速了资本主义的发展。随着国家资本主义垄断的逐渐形成，无产阶级和革命的小资产阶级民主派的活动不再囿于资本主义范围之内，"实际生活已经超出了这种范围"。此时，"实行土地国有化、把一切银行和资本家的辛迪加收归国有或至少由工人代表苏维埃立刻加以监督等等措施，决不是'实施'社会主

---

① 《列宁全集》第 16 卷，北京：人民出版社，1988 年，第 245 页。
② 《列宁全集》第 16 卷，北京：人民出版社，1988 年，第 396 页。
③ 《列宁全集》第 29 卷，北京：人民出版社，1985 年，第 153 页。
④ 《列宁全集》第 29 卷，北京：人民出版社，1985 年，第 154 页。

义。应当绝对坚持实现这些措施，并尽量用革命方法来实现。这些措施只是走向社会主义的步骤，在经济上完全可以实现"①。列宁指出，正是垄断资本主义向国家垄断资本主义的转化使得"在全国范围内调节生产和分配、实行普遍劳动义务制、强迫辛迪加化（合并成为联合组织）等等提到日程上来了"，"在这样的情况下，土地纲领中的土地国有化问题也必然要有另一种提法。这就是说，土地国有化不仅是资产阶级革命的'最高成就'，而且是走向社会主义的一个步骤"②。列宁认为，这些措施能够"消除战争的灾祸"、能够"医治战争的创伤"、能够"防止即将临头的破产"。革命的无产阶级政党必定会通过革命的手段剥夺那些正是靠战争大发横财的资本家和银行家的空前的高额利润。一场更深刻更彻底更广泛的、为了俄国工人、农民和广大人民群众所渴望的和平、土地和面包的革命将不可避免地爆发。

三、资产阶级革命时代实现土地国有化的条件

（一）"认为国有化是高度发达的资本主义时代的事情，那就等于否认它是资产阶级进步的措施"

马克思在他写于 1872 年 3—4 月间的手稿《论土地国有化》中对土地国有化给予过充分的肯定，他写道："我确信，社会的经济发展，人口的增长和集中，迫使资本主义农场主在农业中采用集体的和有组织的劳动以及利用机器和其他发明的种种情况，正在使土地国有化越来越成为一种'社会必然性'，这是关于所有权的任何言

---

① 《列宁全集》第 29 卷，北京：人民出版社，1985 年，第 167 页。
② 《列宁全集》第 16 卷，北京：人民出版社，1988 年，第 396 页。

论都阻挡不了的。"①他还曾经主张在 1848 年德国资产阶级革命时期以及 1846 年的美国实行国有化。当然,马克思对这些国家实施国有化的条件是十分明确的,比如他认为美国当时之所以可以实行国有化,就在于该国工业的发展还"刚刚开始"。尽管马克思设想和主张过在一些国家中实行国有化,但是还没有一个资本主义国家实行过彻底的土地国有化。在年轻的新西兰虽然能看到类似比较彻底的土地国有化,却也并没有比较发达的农业资本主义。究竟是什么原因导致了这种情况的发生?答案就是这些资本主义国家并不具备实行土地国有化的条件。马克思认为,大规模的耕作从经济的观点来看,比分散的土地耕作更优越,所以采用全国规模的耕作会更有利于使用如灌溉、排水、蒸汽犁、化学处理等现代方法,会更有力地推动生产。但现实是,在 19 世纪中后期,象法国这样实行农民土地所有制的国家往往使土地国有化非常难以推行。马克思写道:"这种土地所有制形式以及小地块耕作的方式,不仅不能采用现代农业的各种改良措施,反而把耕作者本人变成顽固反对社会进步,尤其是反对土地国有化的敌人。"②

在俄国,一些马克思主义者也曾经思考国有化的实现条件,典型的例子就是在 1906 年召开的俄国社会民主工党第四次(统一)代表大会上党内一些同志所表达的土地国有化实现条件的观点。当时,不少的马克思主义者认为国有化只有在资本主义高度发展的阶段和"土地占有者脱离农业"条件成熟时才有可能实现。他们认为在实现土地国有化之前,资本主义大农业就已经形成了,这才是土

---

① 《马克思恩格斯选集》第 3 卷, 北京: 人民出版社, 1995 年, 第 127 页。
② 《马克思恩格斯选集》第 3 卷, 北京: 人民出版社, 1995 年, 第 128 页。

地国有化的实现条件。① 列宁认为这种论调是不对的,无论从理论上还是从马克思言论或者实际经验材料上要么找不到根据,要么被否定。从理论上来说,国有化与资本主义的迅速发展有着必然的联系,前者既是后者的结果又是后者的条件。用列宁的话来讲:"国有化就是资本主义在农业中得到'理想的'彻底发展。"②可见,国有化是资产阶级进步的措施。当然,国有化只有首先是资产阶级的措施,然后才能有"进步"这么一说。既然是资产阶级的措施就意味着它在两个对立的阶级(无产阶级和资产阶级)斗争激烈的条件下不可能实行。"这种措施在'年轻的'资产阶级社会中还比较可能实现,因为'年轻的'资产阶级社会还没有充分发展自己的力量,还没有彻底暴露自己的矛盾,还没有造成十分强大的、直接追求社会主义变革的无产阶级。"③也就是说,国有化在"年轻的"资产阶级社会中实现的可能性要比"高度发展的"资产阶级社会中的可能性要大。这是因为在资产阶级社会的"年轻"阶段,一切矛盾并不激烈,资产阶级自身的力量还比较孱弱,资产阶级的"掘墓人"无产阶级也没有完全形成。因此,在这种条件下实行土地国有化才有可能,这种条件下的土地国有化才是资产阶级"进步的"措施。而那种"认为国有化是高度发达的资本主义时代的事情,那就等于否认它是资产阶级进步的措施"④。

（二）土地国有化在资产阶级革命时代是可能实现的

列宁从马克思的《剩余价值理论》中提炼出马克思关于实现国

①　《列宁全集》第 16 卷,北京:人民出版社,1988 年,第 283 页。
②　《列宁全集》第 16 卷,北京:人民出版社,1988 年,第 283 页。
③　《列宁全集》第 16 卷,北京:人民出版社,1988 年,第 284 页。
④　《列宁全集》第 16 卷,北京:人民出版社,1988 年,第 284 页。

有化的条件,并对照当时俄国的具体情况进行了深入的研究。他认为,虽然"马克思所拟定的实现国有化的条件和人们通常所设想的不同",但是俄国当时已经具备马克思关于实行土地国有化的条件。

列宁认为,马克思所指出的实现国有化的两个障碍更能说明国有化在资产阶级革命时代是可能实现的。马克思所指的两个障碍是:

第一个障碍:激进的资产者害怕社会主义攻击一切私有制,即害怕社会主义变革,因此缺乏向土地私有制进行攻击的勇气。

第二个障碍:"资产者自己已经弄到土地了。"①

这两个实现国有化的障碍所涉及的主体无论是"激进的资产者"还是"资产者",他们都属于资产阶级。"显然,这里马克思所指的是资产阶级生产方式已经在土地私有制下巩固起来了","激进的资产者"害怕社会主义攻击的"这种私有制已经更多的是资产阶级性质而不是封建性质的了"②。在列宁看来,当土地私有制以资产阶级生产方式的形式固定下来以后,这种土地私有制更多地表现为资产阶级性质,而且当资产阶级已经"自己弄到土地了",资产阶级就会失去争取国有化的动力。其原因是作为拥有私有土地的既得利益阶级是不可能伤害自己的切身利益去攻击土地私有制,去争取所谓的"土地国有化",用列宁的话说就是:"因为没有一个阶级会自己起来反对自己。"③

从马克思所指出的实现国有化的两个障碍的环境可以看出,他所指的是资本主义高度发展的阶段。列宁认为,在资本主义十分发

① 《列宁全集》第16卷,北京:人民出版社,1988年,第285页。
② 《列宁全集》第16卷,北京:人民出版社,1988年,第285页。
③ 《列宁全集》第16卷,北京:人民出版社,1988年,第285页。

达的时代，"激进的资产者"害怕社会主义变革，所以他们大都会抵制革命而成为反革命；同样，在资本主义十分发达的时代，资产阶级必然是几乎全部已经"弄到土地了"。于是，马克思所指出的实现土地国有化的两个障碍都符合。由此推断出，在资本主义十分发达的时代实现土地国有化是不成立的。因为，"激进的资产者"在资本主义十分发达的时代是不可能有勇气的。[①]

根据马克思所指出的实现国有化的两个障碍，我们运用逆向思维就不难理解可能实现国有化的两个条件：

第一个条件：激进的资产者不害怕社会主义攻击一切私有制，即不害怕社会主义变革，因此拥有向土地私有制进行攻击的勇气。

第二个条件：资产者自己还没有弄到土地。

当然，关于这两个条件，列宁的论述更为精准，他写道：

在资产阶级革命时代，客观条件迫使"激进的资产者"很有勇气，因为在完成当时的历史任务时，就整个阶级来说，他们还不会害怕无产阶级革命。在资产阶级革命时代，资产阶级自己还没有弄到土地；在那样的时代土地占有制还带有极浓厚的封建主义的色彩。于是就可能出现这样的现象：大批资产阶级的耕作者即农场主起来为废除主要的土地占有形式而斗争，进而实现资产阶级的彻底的"土地解放"，即国有化。[②]

综上，列宁认为马克思所指出的实现国有化的两个障碍"只有在资本主义开始的时代而不是在资本主义终结的时代，只有在资产阶级革命时代而不是在社会主义革命前夜才可以消除"[③]。

---

① 《列宁全集》第 16 卷，北京：人民出版社，1988 年，第 286 页。
② 《列宁全集》第 16 卷，北京：人民出版社，1988 年，第 286 页。
③ 《列宁全集》第 16 卷，北京：人民出版社，1988 年，第 285 页。

比照实现土地国有化的条件,列宁认为"在所有这几个方面,俄国资产阶级革命都处在特别有利的条件下"。因为马克思所指出的这两个障碍在俄国当时的资产阶级民主革命中表现得不如其他资本主义国家那么突出。换言之,这两个方面在当时俄国革命中并不成立。其一,激进的资产者——俄国农民还没有"弄到土地",所以他们不会害怕无产阶级的攻击;其二,资产阶级自己还没有"弄到土地"。革命时期的地主土地占有制带有浓厚的封建主义色彩,"工业中比较发达的资本主义和农村中骇人听闻的落后状态之间的矛盾""推动人们去进行最深入的资产阶级革命,去创造农业取得最迅速进步的条件"①。因此,由于俄国实现土地国有化的障碍不存在,就为实现土地国有化提供了条件。

第三节 列宁土地国有化理论的时代特征

一、列宁土地国有化理论是一个革命的理论

与民粹派提出的土地"平均分配"和孟什维克提出的土地"地方公有"等主张不同,列宁的土地国有化理论是依据马克思主义基本原理,并将其与俄国革命具体实践相结合的产物。这个理论忠实于马克思主义,体现土地国有作为资产阶级民主革命的一部分的可能性及利益取向。换言之,土地国有化将加速由独立的小规模农业经营到较高级的资本主义农业的发展过程;土地国有化甚至能摧毁一个生产方式以私有财产为基础的重要范畴,使俄国社会各阶级的

---

① 《列宁全集》第16卷,北京:人民出版社,1988年,第286页。

特征表露无遗。

列宁土地国有化理论虽然具有资产阶级的性质，属于资产阶级的革命措施，但是这并不排斥其作为无产阶级领导下所形成的无产阶级革命理论。列宁的"无产阶级领导资产阶级革命"的理论曾经引起了强烈的反响，甚至在党内引起了广泛的争论以至于批评。对于1905—1907年革命的资产阶级民主革命的性质，各大政治派别基本上没有分歧，列宁甚至创造性地将这次革命称为"农民革命"。这归因于列宁对革命的客观条件有着准确的把握，他认为此次革命以破坏中世纪的土地所有制和为资本主义扫清道路为目的，以推动农民在革命中的独立性为手段。但是在革命领导主体的问题上，各大流派包括社会民主党党内出现了分歧，这种分歧主要来自列宁，因为列宁提出了看似"违背"马克思主义基本理论的观点，即无产阶级领导资产阶级革命。

从欧洲革命的实践来看，西欧早期的资产阶级革命确实是自由资产阶级领导农民通过革命从农奴制中获得了解放。马克思主义创始人生活在那个时期，即资本主义手工工场时期，他们通过观察，总结了资产阶级领导革命的斗争经验，也提出过资产阶级领导资产阶级革命的观点。然而，俄国资产阶级革命发生在"帝国主义时期"，无产阶级已经作为一支独立的政治力量登上了历史舞台并且领导了轰轰烈烈的革命。资产阶级当时对俄国革命的胜利并无兴趣可言，他们甚至与沙皇制度媾和，因为专制制度能够给资本家带来丰厚的利润，能够维护资产阶级的既得利益。这说明资产阶级不但不能领导革命，反而沦为了革命的反动势力。与其对立的无产阶级关心革命的胜利，并且积累了丰富的革命经验，成立了无产阶级的布尔什维克党。无产阶级有能力领导农民的革命斗争乃至整个资产阶级革命。列宁正是在俄国革命的过程中不断认识到无产阶级成为革命领导主体的重要性和可行性,才由原来的主张保持无产阶级的"独立性"上升到争取无产阶级的"领导权"。因此,在这种思想指引下所实行的土地国有化必然具有无产阶级革命的特点,所形成的土地国有化理论也必然属于无产阶级的革命理论,因为它是由无产阶级革命家总结提出并由无产阶级付诸实践的革命理论。

二、列宁土地国有化理论是一个发展的理论

列宁土地国有化理论从最初的提出到最后的确立并不是一成不变的,而是经过不断发展和完善的过程。在第一次俄国革命之前,土地问题还不是斗争的焦点,因为农民运动并没有广泛的开展,所以在这个阶段列宁对土地国有化基本上是持否定的态度。随着革命的爆发,列宁认识到革命前自己对俄国农业资本主义的发展程度评价过高、对农民的革命力量估计不足,特别是认为1902年社会民主党的土地纲领中关于"收回割地"的主张是错误的。所以在革命爆发不久,列宁就主张修改社会民主党的土地纲领,提出了"支持农民的革命行动,直到没收地主土地"的口号和在一定政治条件下实现土地国有的主张。1906年斯德哥尔摩代表大会上农民代表提出了土地国有的主张,列宁十分支持农民代表的主张。在此之前他就为大会的召开专门撰写了《修改工人政党的土地纲领》,阐明了自己的土地国有化思想。列宁此时的土地国有化理论更加的成熟,他把土地国有化当作资本主义条件下资产阶级民主改革的最高限度,认为土地国有化是最彻底的资产阶级措施。由于这个时期的土地国有化主张消灭阻碍农村生产力发展的根源、消灭阻碍农业发展的土地私有权的垄断、消灭俄国农奴制关系的残余,它意味着破坏

了作为资产阶级社会基础的生产资料和生产工具私有制原则。因此,布尔什维克在捍卫这个主张时并不是把它当作社会主义的措施来看待,而是把它当作资产阶级社会中最大可能的进步措施。

1905年革命的失败导致列宁土地国有的主张并没有付诸实践,尽管俄国革命进入低潮,但是列宁并没有完全放弃这一主张。随着十月革命前俄国新一轮的革命高潮的来临,以推翻资产阶级专政为目的的无产阶级社会主义革命被布尔什维克党正式提出,列宁再次提出土地国有化的思想。此时的土地国有化与1906年提出的又有所不同,因为革命已经超出了资本主义的范围,俄国革命已经由资产阶级革命过渡到社会主义革命。因此,列宁在延续以前"土地国有化是资产阶级革命的最高成就"的提法上,加入了土地国有化"是走向社会主义的一个步骤"的提法。

由此可见,列宁土地国有化理论并没有在革命形势不断变化的情况下一直保持不变,而是因应了革命进程和社会发展的需要,这说明列宁土地国有化理论是一个发展的理论,是一个不断进步的理论。

三、列宁土地国有化理论是一个辩证的理论

从客观上来看,土地国有的思想并不是列宁的原创,因为在列宁所处的那个时代还有许多流派、许多个人提出过这种主张。列宁的土地国有化理论是在同其他错误思想不懈斗争中逐渐发展起来的,斗争的对象有资产阶级反动势力,还有党内的其他派别。

立宪民主党为了巩固俄国资产阶级阵地、缓和农村的阶级斗争也曾经提出过土地国有的主张,但是他们提出的土地国有主张与列宁为首的布尔什维克党所提出的作为农民土地革命口号的土地国

有主张没有任何共同之处。立宪民主党人所谓的"土地国有"是由警察——农奴主国家为保存地主土地占有制所进行的一种改良。他们主张通过从该土地占有制上扫除某些农奴制特征,以及通过赎买促使农民破产,这是一种典型的"普鲁士式"的农业资本主义发展道路。而布尔什维克党主张用强力的手段无报偿地夺取地主的、皇室的、寺观的、官家的、教堂的土地,土地国有是彻底解决全部土地所有权问题的重要手段,这是"美国式"的农业资本主义发展道路。列宁十分重视土地国有与革命胜利之间的联系,他认为只有在由革命民主政府推翻专制制度之后才能实现土地国有化,这意味着布尔什维克党必须把土地国有的要求与推翻专制政权以及建立无产阶级和农民的革命民主专政紧密结合起来。只有在无产阶级领导下的农民胜利起义实现了政治制度上的完全民主化之后,土地国有才能实现,这是布尔什维克党的土地纲领中土地国有化思想与立宪民主党的土地国有化思想的本质区别。①

列宁土地国有化理论是无产阶级的革命理论,所坚持的必然是无产阶级的基本原则,但是坚持原则并不代表放弃灵活。如前所述,虽然立宪民主党和列宁都提出了"土地国有"的主张,但是二者由于所秉持的意识形态不同、所维护的利益群体不同、所采用的实现手段不同,因此所包含的实质肯定不同。列宁土地国有化理论既要通过强力把民主革命进行到底,又要考虑其实现条件(取得资产阶级民主革命的胜利,建立民主共和国),最终成为争取社会主义革命的一个必然步骤,体现出其辩证的思想。

---

① [苏]科切托夫斯卡娅:《苏联土地国有制》,莫斯科:外国文书籍出版局印行,1950年,第99—100页。

第五章

十月革命后列宁土地理论的发展与转变

　　1917 年二月革命后，列宁依然坚持此前自己所提出的土地国有化思想，指出废除土地私有制、夺取地主土地是土地国有化思想题中应有之义。这对于开创资产阶级民主革命新阶段具有极其重要的推动作用。这些观点在列宁当时所著的《论无产阶级在这次革命中的任务》，即《四月提纲》中得到了体现。

　　随着群众运动的不断高涨和新的革命高潮的到来，列宁提出以武装起义推翻临时政府、建立无产阶级专政的主张。认为这是摆脱因社会革命党人和孟什维克错失使苏维埃和平取得政权后所形成的颓势的唯一出路。于是，党的"全部政权归苏维埃！"的口号又被重拾，并为全国 250 多个苏维埃所拥护。1917 年 10 月 25 日（公历 11 月 7 日），布尔什维克党领导发动彼得格勒武装起义，伟大的十月革命取得了胜利。从十月革命胜利之初到国内战争时期、从"战时共产主义"到"新经济政策"、从努力建设社会主义经济的基础到为恢复国民经济而斗争，列宁领导的布尔什维克党经过坚韧不拔的探索，建立起世界上第一个社会主义国家，并且取得了社会主义建设的伟大成就。这一阶段列宁的土地主张随着革命与建设的发展脉络而不断发展，并且为了因应巩固苏维埃政权和社会主义建设的实际情况发生了一些转变。

第一节　十月革命胜利初期列宁采取的土地措施

十月革命胜利初期,面对资产阶级的疯狂反抗和反革命分子的进攻,列宁领导和采取了一系列的重要措施将资产阶级民主革命进行到底,使新生的苏维埃政权得到了巩固。为了使俄国农民"在土地上得到最大的满足",革命胜利伊始,列宁就采取了符合当时国情的土地措施,彻底地解决了俄国的土地问题。

一、《土地法令》的通过

1917 年 10 月 26 日(公历 11 月 8 日),即俄国十月革命胜利后的第二天,苏维埃第二次代表大会通过了《土地法令》。在革命形势如此紧迫的形势下,列宁领导的苏维埃就通过了与农民息息相关的《土地法令》,足见土地问题在俄国革命中的重要性以及以列宁为代表的苏维埃对土地问题的重视程度。

（一）242 份地方农民委托书是《土地法令》的基础

在代表社会革命党右翼观点的《全俄农民代表苏维埃消息报》1917 年 8 月 19 日第 88 号上,编辑部根据 242 份地方农民委托书拟定并公布了一份《农民的土地问题委托书》。该《委托书》开宗明义地指出:"土地问题只有全民立宪会议才能加以通盘解决。""解决土地问题的最公正的办法"应该含有 8 条具体的措施,包括"永远废除土地私有权""所有地下资源归国家专用""土地应当平均使用"

"一切土地转让后都归入全民地产"等。① 列宁在全俄工兵代表苏维埃第二次代表大会上所作的关于土地问题的报告中明确地指出："这个委托书的全部内容表达了全俄绝大多数觉悟农民的绝对意志,应立即宣布为临时法律,并应在立宪会议召开以前,尽可能立即实行,其中哪些部分必须逐步实行,应由县农民代表苏维埃决定。"②值得一提的是,由于这个《委托书》是社会革命党人拟订的,所以有人提出了反对意见甚至要求抵制这个《委托书》。列宁认为,下层人民群众的决定是不能漠视的,因为这是民主政府的基本要求。《委托书》一定程度上反映了当时农村的实际情况和农民的普遍愿望,这也是列宁当时为什么会采用社会革命党人土地主张的一种重要原因。"实际生活是最好的教师,它会指明谁是正确的;就让农民从这一头,而我们从另一头来解决这个问题吧。"③列宁在这个关于土地问题的报告中曾经两次说到"就让它这样吧",哪怕《委托书》是由社会革命党人所拟订的、即使农民愿意继续跟社会革命党人走、即使农民使社会革命党在立宪会议上获得多数。这充分说明了列宁对民主的遵从、对实践的重视和对理论、道路的自信,以及对农民自己来解决一切问题的充分信任。④

（二）《土地法令》的基本内容及影响

在 1917 年 10 月 26 日(公历 11 月 8 日)晚召开的全俄工兵代

① 《列宁全集》第33卷,北京:人民出版社,1985年,第18—20页。
② 《列宁全集》第33卷,北京:人民出版社,1985年,第20页。
③ 《列宁全集》第33卷,北京:人民出版社,1985年,第20页。
④ 列宁忠实的革命伴侣克鲁普斯卡娅认为,在这里表现了列宁的全部特色:"他没有所谓的自尊心——只要说得正确,至于是谁说的,则无关紧要;他考虑下层人民群众的意见;他了解革命创造的力量;他深深地了解群众最相信实际,最相信事实;他深信事实和生活会使群众认识到布尔什维克的观点是正确的。"参见[苏]娜·康·克鲁普斯卡娅《列宁回忆录》,哲夫译,北京:人民出版社,1960年,第349页。

表苏维埃第二次代表大会上,大会以绝大多数票(有1票反对,8票
弃权)通过了列宁起草的《土地法令》。《土地法令》包括5条基本
内容:1.立即废除地主土地所有制,不付任何赎金。2.地主的田庄以
及一切皇族、寺院和教会的土地,连同所有耕畜、农具、农用建筑和
一切附属物,一律交给乡土地委员会和县农民代表苏维埃支配,直
到召开立宪会议时为止。3.任何毁坏被没收的即今后属于全民的
财产的行为,都是严重的罪行,革命法庭应予惩处。县农民代表苏
维埃应采取一切必要的措施,保证在没收地主田庄时遵守最严格的
秩序,确定达到多大面积的土地以及哪些土地应予没收,编制全部
没收财产的清册,并对转归人民所有的、土地上的产业,包括一切建
筑物、工具、牲畜和储存产品等,用革命手段严加保护。4.下附农民
委托书是由《全俄农民代表苏维埃消息报》编辑部根据242份地方
农民委托书拟订的,公布于该报第88号(彼得格勒,1917年8月19
日第88号),在立宪会议对伟大的土地改革作出最后决定以前,各
地应该以这份委托书作为实行这一改革的指南。5.普通农民和普
通哥萨克的土地概不没收。[①]

　　从代表大会通过的这个《土地法令》来看,它涵盖了社会革命
党人根据242份地方农民委托书拟订的全国农民委托书的基本内
容。《土地法令》最核心的思想就是永远废除土地私有权,实行全
民的、国家的土地所有制,将地主的、一切皇族的、寺院和教会的土
地一律无偿地交给全体劳动者使用。《土地法令》的通过和实行使
农民从地主、资产阶级、皇室、寺院和教堂手中获得新的土地1.5亿
俄亩以上;农民免除了每年向地主交纳的地租达5亿卢布;所有的

---

　　① 《列宁全集》第33卷,北京:人民出版社,1985年,第18—20页。

地下矿藏(石油、煤炭、矿石等)、森林和水流都转归人民所有。[①]

二、列宁对土地政策的调整

(一)《答复农民的问题》的精神实质

十月革命胜利之初,新生的苏维埃政权为了赢得农民的拥护和支持,在列宁的领导下及时地颁布了关乎广大农民切身利益的《土地法令》,这是一种以最简单、最直接的方式来获取农民支持的有效路径。然而,由于俄国土地问题本身错综复杂,《土地法令》不可能一下子完全解决俄国的土地问题。因此,一些农民请愿代表给人民委员会送来了大量的请愿书。针对农民代表送来的请愿书,列宁于1917年11月5日写了《答复农民的问题》一文,并分发给请愿代表。在该文中,列宁表达了几个基本观点:第一,国家的全部政权已经完全转归苏维埃。这可以说是答复农民的许多问题的一个基本前提,这就需要农民应该从"政权已经掌握在工兵农代表苏维埃手中"这个现实出发去看待俄国的土地问题,农民考虑问题的出发点势必与"政权掌握在封建专制者手中"或者"政权掌握在资产阶级手中"完全不同,换言之,农民自己就是国家全部政权的掌权者;第二,工农政府反对地主和资本家。列宁指出,工人通过武装起义已经在彼得堡和和莫斯科获得了胜利,工人高涨的革命热情和昂扬的革命斗志正在使这种胜利延伸到俄国的其他地方。革命胜利后也不能忽略工人与农民之间的联盟。因此,工农政府要保证广大农民同工人结成联盟来反对地主,反对资本家,这也是新生的苏维埃政权所要面对的重大任务,它关系到能否保住革命胜利的成果;第三,

---

① 《联共(布)党史简明教程》,北京:人民出版社,1975年,第232页。

农民代表苏维埃是地方国家政权的全权机关。列宁明确地指出,从县苏维埃到省苏维埃的农民代表苏维埃是地方国家政权的全权机关。这个机关可以根据《土地法令》的规定支配地主的全部土地,因为全俄苏维埃第二次代表大会已经废除了地主土地所有制,所以从前属于地主的财产现在已经成为全民的财产,严格保护从前属于地主的财产就等于保护人民自己的财产。此外,列宁还着重强调了乡土地委员会的权威,他说:"乡土地委员会的一切命令,取得县农民代表苏维埃同意后,都是法律,应当无条件地立即执行。"①在当时的情势下,强调最基层的乡土地委员会的权威是十分必要的,它有利于维持良好的秩序,避免农村走向无序的状态。

（二）《土地社会化基本法》体现的土地政策的变化

1918年1月27日经全俄中央执行委员会批准的《土地社会化基本法》与此前的《土地法令》不同,不同之处主要体现在后者是以委托书的形式来表述,而前者是以正式的法律文本来体现的。《土地社会化基本法》的草案是由当时担任农业人民委员部部务委员会负责工作的社会革命党人拟定的,列宁一直关注着这项工作,并且曾经交由有列宁参加的代表大会特设的委员会审定,所以是得到了列宁最后认可的。该法令在土地委员会代表大会和苏维埃第三次代表大会农民代表的联席会议上进行了进一步详细的制定和修改,并于1918年1月27日经全俄中央执行委员会批准,2月15和2月16日在《士兵真理报》第25号和第26号上公布。②

在这个法令中所体现的与列宁以往土地主张不同之处,首先是规定平均分配土地,即按劳动土地份额或消费土地份额将土地分配

---

① 《列宁全集》第33卷, 北京: 人民出版社, 1985年, 第64页。
② 《列宁全集》第33卷, 北京: 人民出版社, 1985年, 第495页。

给农民,使劳动消费份额适用于土地使用制度、农户劳动能力和农民家庭条件。之所以规定这样的内容,是列宁和布尔什维克党根据当时俄国农业和农民的基本情况而对自己的土地政策所作出的进一步调整。在调整的过程中,列宁十分谦虚地听取了社会革命党人的意见。列宁后来在解释苏维埃国家为什么采用社会革命党人土地社会化主张的原因时说:"我们布尔什维克本来是反对土地社会化法令的。但我们还是签署了这个法令,因为我们不愿意违背大多数农民的意志。对我们来说,大多数人的意志永远是必须执行的,违背这种意志就等于叛变革命。"[1]这充分说明以列宁为首的布尔什维克党十分重视大多数农民的意见,在制定土地政策的时候把维护大多数农民的利益放在第一位。哪怕这种土地社会化主张是党曾经反对的,只要它能真正维护大多数农民的利益,党也愿意接受。当然,从另一个视角来看,这同时也体现出新生的苏维埃政权为巩固工农联盟而对中农作出的让步。

　　法令还在其他方面体现出重大的变化,如规定了国家垄断粮食贸易、垄断农业机器和种子贸易。提出了发展农业中的集体经济的任务,用均衡移民的办法来加速生产率不高的农业体制向生产率高的农业体制的过渡,以实现向社会主义经济过渡。强调了全力促进(文化的和物质的帮助)共同耕作,规定农业公社,农业劳动组合和农业协作社有使用土地的优先权,使共产主义劳动组合和合作经济优先于个体经济。这些变化说明了布尔什维克党在农业和农民政策上所作出的重大的调整。列宁认为这个法令是一种保证,"它保证工农现在团结得亲密无间,保证我们能依靠这种团结克服通往社

---

[1] 《列宁全集》第35卷,北京:人民出版社,1985年,第174页。

会主义的道路上的一切障碍"①。当然,客观地来讲,这个法令不乏
体现布尔什维克党在农村政策方面矛盾的一面,也体现出新的国家
试图通过国家力量和行政手段来干预农业发展的政策刚性的
一面。②

第二节　"战时共产主义"时期的"共耕制"思想

十月革命的胜利使俄国进入了新的历史时代。在苏维埃俄国
初期,列宁认识到小农经济已经不再适应当时生产力发展的要求,
主张对土地进行国有化,把土地提供给农民无偿耕种。然而,帝国
主义的武装干涉、国内战争的爆发影响了土地国有化的推行。迫于
国内战争所造成的艰难处境,苏维埃国家不得不实行了"战时共产
主义"政策。③ 在这个时期,列宁多次提出共耕制的主张,认为只有
实行共耕制才是出路,这体现了在特殊的战争形势下列宁为摆脱困
境所作出的努力。然而历史事实证明,共耕制实施的效果并没有达
到列宁所期望的状态,至少苏俄农民并不欢迎。

----

① 《列宁全集》第33卷,北京:人民出版社,1985年,第288页。
② 笔者比较认同闻一先生对这个法令变化的看法,他说:"这些变化反映出布尔什
维克党在农民与农业政策上矛盾的一面,即农民有按照劳动平等原则占用土地的实际可
能,但却没有选择土地使用形式的自由。分地和占用土地是农民愿意接受的,但法令规
定和国家大力推行的集体经营的方式却是农民所不熟悉的。内容和形式的脱离使农民的
个人利益和国家利益无法结合起来,必然影响到农民的生产积极性和农业的发展。"参见
闻一《十月革命与农民、农业问题》,《世界历史》,1987年第5期,第87页。
③ 列宁在1921年4月间所撰写的《论粮食税(新政策的意义及其条件)》这篇著作
中第一次使用了"战时共产主义"这个术语。在该文中,列宁用"战时共产主义"来概
括国内战争时期被迫采取的一整套措施。后来人们把这个时期称为"战时共产主义时
期",把这个时期采取的一系列政策称为"战时共产主义政策"。

一、国内战争与"战时共产主义"政策

（一）"布列斯特和约"的签订与苏维埃政权的巩固

十月革命胜利以后,作为执政党的布尔什维克党首当其冲地面临着建立和巩固苏维埃国家的艰巨任务,列宁带领俄国无产阶级在极其复杂和困难的环境下开始了社会主义建设的工作。在革命胜利之初,还存在为数众多的敌人的反抗,他们利用种种手段企图推翻新生的苏维埃政权。苏维埃国家采取了坚决的行动用武力镇压来自各方面敌人的反抗,取得了社会主义革命的伟大胜利,使新生的苏维埃政权不断地得到了巩固。但是,苏维埃政权的巩固显然并不仅仅取决于国内阶级力量的对比,国际环境的影响也是不容忽视的重要方面。在苏维埃国家建立后不久,所面临的最大威胁就是当时正处于同德国交战的状态。其实,在十月革命胜利之初列宁所起草的《和平法令》中就曾经提议一切交战国缔结民主的和约。他认为"推翻沙皇君主制以后俄国工农最明确最坚决地要求的和约,就是立即缔结的没有兼并(即不侵占别国领土,不强制归并别的民族)没有赔款的和约"①。但由于英法等协约国和美国并不同意列宁提出的和平谈判,所以想要缔结普遍的和约显然已不可能。以列宁为首的布尔什维克党为了尽早退出第一次世界大战、保存新生的苏维埃政权,开始主动地同德国及其盟国进行和平谈判。从 1917 年 11 月 20 日起,和平谈判在布列斯特-立托夫斯克开始进行(因此"布列斯特和约"又称为"布列斯特-立托夫斯克和约"——本书作者注)。从和平谈判的启动到"布列斯特和约"最终在全俄苏维埃

---

① 《列宁全集》第 33 卷, 北京: 人民出版社, 1985 年, 第 9 页。

第四次非常代表大会上得到正式批准经过了将近 4 个月的时间,经历了十分曲折的过程。首先,德国帝国主义提出了十分贪婪的带有掠夺性质的苛刻条件。他们力图奴役被军队所强占的波兰、立陶宛、爱沙尼亚的局部以及拉脱维亚和白俄罗斯的全部地区,还试图使乌克兰脱离苏维埃俄国,向苏维埃俄国提出赔款 30 亿卢布。其次,党内发生严重的分歧。德国提出的苛刻的条件在布尔什维克党内引起了严重的分歧,列宁主张苏维埃政权对德国帝国主义作出让步接受德国的条件,签订和约使新生的政权获得喘息的机会,以便建立一支抵抗帝国主义侵略的红军。季维诺也夫、斯大林等 6 名中央委员支持列宁。以布哈林为代表的"左派共产主义者"反对签订和约,他们希望对德国帝国主义继续进行战争。托洛茨基主张停战,但不与德国签订和平协议,即不战不和。可见,从与德国进行和平谈判开始就已经在党内出现了截然不同的三种主张,而这也必将导致列宁确立自己主张的过程中困难重重。

面对党内极其严重的境况和战争与和平的选择,列宁以足够的耐心和坚忍不拔的精神向党的干部说明接受苛刻条件以争得喘息机会的必要性,同时揭穿了布哈林和托洛茨基等人不顾苏俄实际情况的冒险主义策略。但是,列宁的努力一开始似乎并没有得到党内其他多数人的认同和支持。1918 年 1 月 2 日召开的苏俄政府中央与地方负责人会议上,支持列宁主张的仅为 1/4(参会 60 人,15 人支持列宁),而支持托洛茨基的占一半多(参会 60 人,32 人支持托洛茨基),因此列宁的主张没有被通过。1918 年 1 月 24 日,苏俄政府召开的中央会议再次对签订协议进行表决,托洛茨基与列宁以9∶7的得票使列宁的主张仍然因为处于少数而未能通过。1 月 27 日,谈判的德方代表发出最后通牒,要求苏维埃政府签订协议,但是苏方代表团的主要负责人托洛茨基把此前列宁的指示完全抛弃,拒绝根据德国提出的条件签署和约。托洛茨基这一行为给苏维埃政权带来了重大的灾难,1月28日,德军违反停战条件向苏发动全线进攻,由于疲惫不堪的苏军根本无法组织有力的抵抗,德军几天之内就占领了苏维埃国家的许多地区,并很快进逼彼得格勒。在如此紧急的情况下,2月18日召开的苏俄中央委员会紧急会议上,列宁的主张依然以6:7而不被采纳。在此种情况下,列宁最后以"辞职""退出政府和中央委员会"的态度抵制党内在签订和约上的继续空谈。为了防止因列宁辞职所导致的党内分裂,一些代表发生了动摇,在列宁的努力下,列宁的主张最终以7票赞成、4票弃权、4票反对获得通过。2月24日,苏俄政府重新派出代表团与德国进行谈判。3月3日,双方正式签订"布列斯特和约"。3月14日,在莫斯科召开的全俄苏维埃第四次非常代表大会上正式批准了"布列斯特和约"。

"布列斯特和约"是苏维埃政府在一个极其严峻的形势下所作出的主动妥协的结果,它的签订使苏维埃国家退出了帝国主义战争,巩固了新生的苏维埃政权,赢得了喘息的时机,使苏维埃国家有一定的时间来整顿国家的经济,建立红军,巩固无产阶级同劳动农民群众的联盟。

(二)国内战争的爆发

"布列斯特和约"带给苏维埃国家喘息的时间并没有持续多久,国内外敌人就千方百计地用战争迫使苏维埃国家停止和平的社会主义建设。在和约签订之前,连协约国的英法等国都试图借助德军的力量把新生的苏维埃政权扼杀在摇篮里,但是他们的计划因为苏德"布列斯特和约"的签订而告破产。于是1918年春,英、法、美和日本等帝国主义国家在没有宣战的情况下就分别派兵在摩尔曼斯克和符拉迪沃斯托克登陆,对苏维埃国家发动了武装干涉。英法两国更是占领了北部的阿尔汉格尔斯克和摩尔曼斯克,当地的白卫叛乱在他们的支持下很快推翻了苏维埃政权,成立了白卫的"俄国北方政府"。在北高加索、顿河一带,英法和德国帝国主义者分别支持叛乱,向苏维埃大举进攻。在伏尔加河中游和西伯利亚等地,英法利用俄国的捷克斯洛伐克军发动叛乱,叛乱军主要由战俘和部分自愿投到俄国的捷克人和斯洛伐克人组成。苏维埃政府允许他们经过西伯利亚和远东开回法国,但是他们却在武装干涉组织者的唆使下爆发了叛乱,这个军的叛乱成了一个信号,伏尔加河流域和西伯利亚的富农、沃特金斯克工厂和伊热夫斯克工厂同情社会革命党的工人跟着也举行叛乱。伏尔加河流域成立了萨马拉白卫——社会革命党人政府。鄂木斯克成立了西伯利亚白卫政府。[1]

爆发于 1918 年 5 月末的捷克斯洛伐克军的叛乱吸引了包括俄国军官、将领和上层哥萨克中的白卫分子的参加,由这些叛乱分子组成的叛军实力比较强大,叛军中装备精良的士兵和军官约有 6 万名,给苏维埃国家造成了很大的威胁。捷克斯洛伐克军的哗变鼓舞了国内反革命势力,已被推翻的剥削阶级发动了国内战争。这场战争一直持续到 1920 年底。

(三)"战时共产主义"政策

德国虽然没有参加英法日美联盟所进行的这次武装干涉,但是他们并没有放弃对苏维埃国家的孤立、削弱和进攻。他们违反"布列斯特和约"中关于不得干涉苏维埃俄国内政的条款,夺取了乌克

---

① 《联共(布)党史简明教程》,北京:人民出版社,1975 年,第 251 页。

兰。应乌克兰白卫拉达之请派兵进驻乌克兰,并把政权交给前沙皇将军、哥萨克首领斯克罗帕茨基,残暴地掠夺和压迫乌克兰人民,禁止他们同苏维埃国家保持任何联系。德国帝国主义者不仅占领了波罗的海沿岸地区和白俄罗斯,而且还侵入了顿河地区,在该地区,德国人为叛乱的哥萨克首领克拉斯诺夫提供了大量的援助,帮助他们建立军队,并且千方百计给予克拉斯诺夫武器和粮食的援助以使后者在叛乱中有足够的实力与苏维埃政权相抗衡。由于武装干涉者切断了苏维埃国家主要的粮食、原料和燃料的来源,苏维埃国家陷入了极其困难的境地。人民忍饥挨饿,食物十分匮乏,每人每天只能得到1/8磅的面包,甚至还有根本得不到面包的时候。工厂因为缺乏原料和燃料而停止了生产。外国帝国主义者勾结俄国国内反革命势力所策动的武装干涉和国内战争的爆发使新生的苏维埃国家陷入了困境之中。苏维埃政府宣布"社会主义祖国在危急中",列宁提出"一切为了前线"的口号,号召人民参加卫国战争,共同抗击外国武装干涉和剥削阶级的叛乱。此时,苏维埃国家与敌对分子的力量对比处于弱势,它的资源消耗得已经非常严重,要想收复已经失去的粮食、原料和燃料产区,苏维埃国家就必须做好进行长期战争的准备,这无疑要求苏维埃政府修改原来的经济政策,以使整个后方都来为前线服务。在这样的背景下,苏维埃政府开始实行"战时共产主义"的经济政策。

"战时共产主义"政策的主要内容包括国内贸易和全部工业国有化、余粮收集制以及劳动义务制等。苏维埃政府所实施的这种在应对外国武装干涉和国家经济破坏情况下通过采取带有军事性质手段为战争提供物质保障的"战时共产主义"政策是非常时期的临时性经济政策,它是一种建立在市场之外的能使城乡之间商品直接交换的经济模式。这种经济政策有助于苏维埃政府对整个国民经济进行严格的控制,并且建立起一种高度集权的经济体制。列宁认为在"当时所处的战争条件下,这种政策基本上是正确的"①。事实上也证明,"战时共产主义"政策使苏维埃国家在短时间内最大限度地集中了全国的物力和财力,为军队在战争中提供了强大的物质保障。为粉碎武装干涉者和白卫分子的进攻,捍卫十月革命的胜利果实提供了必要的物质前提。但是,"战时共产主义"毕竟不是社会主义革命发展中的必经阶段,在特殊时期应对及其复杂的困难时它是可行的、正确的经济政策,而把它当作是一条走向社会主义的道路就是不正确的了。关于此,后来列宁曾经深刻地指出:"但同样必须知道这个功劳的真正限度。'战时共产主义'是战争和经济破坏迫使我们实行的。它不是而且也不能是一项适应无产阶级经济任务的政策。它是一种临时的办法。"②

二、"只有实行共耕制才是出路"

十月革命之前,列宁就已经提出过共耕制的主张。1917 年 5 月,布尔什维克党召开了全俄农民第一次代表大会,在大会期间列宁作了"关于土地问题的讲话",其中就提出了布尔什维克党关于共耕制的建议。列宁说:"我们党所建议的第二个步骤,③就是尽可能迅速地把各个大农场,例如各个大的地主田庄——这种田庄在俄国有 3 万个——改建成示范农场,由农业工人和有学问的农艺师用

---

① 《列宁全集》第 41 卷,北京:人民出版社,1986 年,第 71 页。
② 《列宁全集》第 41 卷,北京:人民出版社,1986 年,第 208—209 页。
③ 第一个步骤是把农业雇佣工人和贫苦农民组织起来。参见《列宁全集》第 30 卷,北京:人民出版社,1985 年,第 152 页。

地主的牲畜和农具等来共同耕种。"①他还指出,俄国极端贫困的现象就是由于实行旧方式经营,如果继续依靠小经济来生活,即使人们是"自由土地上的自由公民",也不免要灭亡。在小块土地上经营,即使是"自由土地上的自由劳动",也不能走出困境。在谈到普遍义务劳动制时,列宁认为实行这种制度能够"逐渐地审慎地过渡到共同耕作"。虽然这并不是一件容易的事情,但是"必须过渡到大规模的示范农场中共同耕作,否则就不能摆脱俄国现在遭到的经济破坏,就不能摆脱这种简直是绝望的处境"②。因此,他认为工农代表苏维埃的一切组织都应该坚决地实行共同耕作,这样就能避免更多的人在这场可怕的战争(指第一次世界大战——本书作者注)中死亡。当然,这种共同耕作排除了资本家和地主的参加。列宁说:"只有走这条道路才能使土地真正转到劳动者手中。"③可见,列宁在十月革命前就把共耕制作为恢复和发展农业经济的一项重要制度。事实上,直到实行新经济政策以前,即 1921 年春以前,列宁在发展苏维埃国家农业社会主义的过程中首先采取的就是共耕制。

　　所谓共耕制,就是不但土地公有,而且农具公有、牲畜公有,整个集体共同耕作,集中经营,统一分配。按照共耕制组织起来的集体农庄包括共耕社、农业劳动组合和农业公社三种具体形式。十月革命胜利以后,列宁主张将共耕制更进一步地在农村推行。1918年 1 月,苏维埃政府所颁布的《土地社会化基本法》的一个重要内容就是减少个体经济,发展集体经济。在"战时共产主义"时期,列宁对解决苏(俄)土地问题的思路主要是在实行土地国有的基础上不

① 《列宁全集》第 30 卷,北京:人民出版社,1985 年,第 153—154 页。
② 《列宁全集》第 30 卷,北京:人民出版社,1985 年,第 155—156 页。
③ 《列宁全集》第 30 卷,北京:人民出版社,1985 年,第 156 页。

放松采取其他的措施。其中共耕制在这一时期比较受到他的推崇，他曾经在多个场合大力宣传和鼓励实行共耕制。1918 年夏，俄国农村发生了富农暴动以反抗苏维埃政府的粮食政策，全国各地农村在俄共（布）的组织下纷纷建立了贫农委员会，并且发动贫农向富农开展坚决的斗争。列宁在《庆祝十月革命一周年》的讲话中就曾经明确地指出，相对于比较先进的城市而言，"极其落后的农村"的建设将遇到很大的困难，"凡是了解农村生活、同农民群众有过接触的人都说：城市里的十月革命对农村来说，只是到 1918 年夏天和秋天才真正成为十月革命"①。列宁指出，在布尔什维克党领导无产阶级夺取政权的时候就已经意识到农村中的建设"必须更加稳重地逐步前进，在这里企图用法令和命令来实行共耕制是极其荒谬的，能够接受共耕制的只是极少数觉悟的农民，而大多数农民都没有这个要求"②。这说明列宁已经清楚看到，在十月革命胜利之初，还不具备普遍实行共耕制的条件。十月革命的胜利消灭了俄国地主–农奴主和大地产所有者，新生的苏维埃政权尊重农民关于平均使用土地的意愿，采用了社会革命党人土地社会化的主张，并将其写进了《土地法令》里。当苏（俄）农村普遍建立贫农委员会、当区域贫农委员会代表大会胜利召开、当贫农懂得同富农进行斗争的意义时，列宁认为"现在我们实行了农村社会主义革命第一个最重大的步骤……社会主义革命在农村已经开始……只是现在，才建立起这样的苏维埃和农村，它们力求有计划地实行大规模的共耕制，力求利用知识、科学和技术，懂得在黑暗反动的旧时代的基础上连简单的

---

①　《列宁全集》第 35 卷，北京：人民出版社，1985 年，第 140 页。
②　《列宁全集》第 35 卷，北京：人民出版社，1985 年，第 140 页。

初步的人类文化也不可能存在"①。列宁认为此时向大规模的共耕制过渡的条件已经成熟,十月革命胜利之初的平均分配土地的政策虽然表明土地从地主手中转到了农民手里,但是这显然不够,"只有实行共耕制才是出路"②。当然,列宁在大力宣传共耕制的同时又不乏谨慎和稳重。他曾经多次用表示,从个体小农经济过渡到共耕制,"绝对不可能一蹴而就",要经过"一系列渐进的预备阶段","只有经过长期的努力才能完成"。

1919年2月14日,《关于社会主义土地整理和向社会主义农业过渡的措施(条例)》正式颁布实施,这部《条例》的出台标志着苏维埃政府开始实施农业的社会主义措施,以实现向农业社会主义过渡。《条例》规定了对全部农业用地进行整理,即对土地进行重分。国家对全部土地的使用作出统一的规划,在重分的时候首先要满足苏维埃经济和公社的需要。其次满足劳动组合,共耕社和其他公共耕作的需要。最后满足个体农民生存的需要。《条例》以法律的形式规定了土地的使用从原来的单干形式向协作形式过渡,国家从农业技术和资金等方面大力支持和帮助实行共耕制的集体经济组织,这就使得集体农庄迅速地发展起来。

1919年3月18—23日,俄共(布)在莫斯科举行了第八次代表大会,301名有表决权的代表,代表了30多万党员。代表大会通过的新的、第二个党纲——《俄国共产党(布尔什维克)纲领》中关于"农业方面"的内容包括5条:1.建立国营农场(即社会主义大经济);2.支持共耕社;3.无论谁的土地,凡未播种的,一律由国家组织播种;4.由国家动员一切农艺人才来大力提高农业技术;5.支持农业

① 《列宁全集》第35卷,北京:人民出版社,1985年,第142页。
② 《列宁全集》第35卷,北京:人民出版社,1985年,第174页。

公社-农民经营公共大经济的完全自愿的联合。① 这说明以党纲的
形式确定了组织大规模的社会主义农业措施中包含共耕制的内容,
足以可见列宁对共耕制的重视。

三、共耕制的影响

"战时共产主义"政策的实施使直接向共产主义生产和分配过
渡的思想一时成为新生苏维埃国家巩固政权和发展经济的主导方
针,这种指导思想势必影响苏维埃政府对改造和发展社会主义农业
的政策取向。这一时期主要把摒弃小农经济、发展大经济和集体经
济作为一项重要的任务来抓,共耕制就是在这样的背景下所推行的
一项旨在完成从小农经济向集体经济过渡的经济制度。尽管列宁
曾经大力地宣传、鼓励推行共耕制,但是共耕制实际的结果却并不
理想。换言之,共耕制的实施没有达到预期的效果。

在国家政权的强力推动下,建国初期的苏维埃国家的集体经济
数目呈上升的趋势。从 1918 年的 1600 个增加到 1919 年的 6200
个,再增加到 1920 年的 10500 个。但是,从集体经济数目占农户总
数的百分比来看,农民显然对共耕制并无多大热情:1918 年全国集
体经济的数目仅占农户总数的 0.1%、1919 年占农户总数的 0.3%、
1920 年占农户总数的 0.5%。从实行共耕制集体农庄的土地面积来
看,其所占全国土地面积的比率也是极少的(仅占约 0.4%)。1919
年到 1920 年是建国初期社会主义大经济和集体经济发展最为迅速
的时期,但即使在共耕制最辉煌的时期里集体农庄为国家提供的余
粮仅为 25 万普特,占这两年国家余粮总数的 0.04%。这与实行共

---

① 《苏联共产党代表大会、代表会议和中央全会决议汇编》中文版第 1 分册,北
京:人民出版社,1964 年,第 544 页。

耕制的集体农庄所占的土地面积和人口形成强烈的反差,这个结果大大低于列宁此前预想的共耕制集体农庄为国家提供大量的余粮,使劳动生产率提高1—2倍的初衷。

共耕制之所以在推行的过程中受到农民的冷遇,以至于实施效果并不良好,它的原因是多方面的:第一,"战时共产主义"政策的弊端的使然。如前所述,"战时共产主义"是在国外敌对势力干涉和国内战争爆发的特殊背景下所实行的临时性的经济政策,它旨在通过国家强制力在短时间内将粮食、燃料、钢铁等资源集中起来用于战胜那些企图推翻新生苏维埃政权的内外的敌人。在农业上就是从小农经济向集体经济快速过渡,它倚靠一定的强制性集中各种资源支持军队在战争中取得胜利,因此"战时共产主义"又称为"军事共产主义"。"战时共产主义"政策在实施的过程中出现了一些偏差,尤其是在某些具体政策上甚至是严重的偏差。如,实施余粮收集制时不但把农民的余粮征收了,而且把农民必需的口粮和种子都征收了,农民的生产积极性被严重的破坏。再如,土地重分制度,国家通过土地整埋将个体农户进行合并,这就导致了农民的土地关系极不稳定,农民切身的利益受到了损害,农民对土地逐渐丧失了使用兴趣。第二,共耕制集体农庄的效率十分低下。为了能够顺利地将小农经济过渡到集体经济,当时苏维埃国家要求建立共耕制集体农庄,这种建立在共耕制基础上的农业组织的一个显著特点就是公有化。它不但生产资料公有,而且生活资料公有。集体农庄的农民不能拥有任何的私有财产;在生活上实行集体化,搞公共食堂;在分配制度上实行平均主义。第三,国家通过行政力量推行共耕制的做法使农民十分反感。客观地来讲,"战时共产主义"政策本身就有违背市场规律的地方,它试图在市场之外通过国家的"手"做市场的事。在共耕制上也是如此,使生产关系的变革与生产力发展水平出现脱节。国家以出台政策和下达任务等行政手段限制农民的生产经营活动,在违背农民生产自愿的前提下实行共耕制集体经济,并且征收农民的余粮、棉花、饲料甚至种子,使农民的处境十分困难。

共耕制的推行阻碍了农村经济的发展,扼杀了农民的生产积极性。多数农民纷纷起来抵制这种制度,反对建立共耕社和农业公社,他们甚至喊出了"拥护苏维埃,打倒'康姆尼'(共产主义)的口号"。面对共耕制在实践中所遇到的阻力和收效甚微的境况,列宁逐渐认识到依靠共耕制来大幅增加农产品的道路显然走不通了,共耕制也并不是改造农业的理想形式。1918年11月18日,针对一些地方在建立农业公社时急躁冒进和强迫命令的现象比较突出的情况,列宁《在全俄党的农村工作第一次会议上的讲话》中就指出,苏维埃国家"根本谈不上什么强迫向社会主义过渡",为了向中农说明这一点就必须把劳动组合和共耕制办成功。然而,尽管那两年这种经济组织形式发展很快,"但是冷静地观察一下事实,我们应当说,去建立公社、去从事农业的许多同志,对于农民生活经济条件的知识是很不够的。因此必须纠正由于急躁冒进、处理问题的方法不对而造成的大量错误"[①]。时隔不久,列宁《在农业公社和农业劳动组合第一次代表大会上的讲话》中又指出:"公社只是引起农民的反感,'公社'这个名词有时甚至成了反对共产主义的口号,而且这种情形不仅是在荒唐地强迫农民加入公社的时候才发生。"[②]可见,列宁对共耕制所出现的问题已经心知肚明。1920年他在总结共耕

---

① 《列宁全集》第37卷,北京:人民出版社,1986年,第308页。
② 《列宁全集》第37卷,北京:人民出版社,1986年,第362页。

制集体农庄工作时也指出,共耕制集体农庄已经处于名副其实的养老院的可怜状态,他道出了集体农庄凋敝的景象和无用状况。正是因为如此,列宁认为"集体农庄的问题并非当务之急……因此现在还不能设想向社会主义和集体化过渡"①。

第三节　新经济政策时期列宁对土地政策的调整

1918—1920 年是苏维埃俄国成立之初面临的最严峻考验的时期。国内经济、政治、文化等领域百废待兴,帝国主义者的武装干涉和国内战争威胁着新生的苏维埃政权。尽管如此,布尔什维克党积极发动了工人、农民和一切可以发动的力量与敌人进行了艰苦卓绝的斗争,粉碎了武装干涉者和俄国白卫分子的进攻,取得了卫国战争的胜利,保卫了十月革命的胜利果实。战争结束后的国民经济的恢复和社会主义建设也是在艰难和曲折中行进。"战时共产主义"政策尽管为赢得战争的胜利发挥了一定的积极作用,但是由于它同农民的利益发生了抵触,特别是国内战争结束以后,这种在武装干涉和国内战争时被迫采取的临时性政策已经与国家发展的需要格格不入。于是,1921 年春,列宁放弃了"战时共产主义",开始实施新经济政策。新经济政策的实施改正了过去三年在社会主义建设上所犯的错误,使苏俄工农联盟得以修补和巩固、经济得以发展、国家得以稳定。在新经济政策时期,列宁对土地政策也进行了系列的调整,这一时期的土地政策更加注重农民对土地选择权和使用权的

---

①　《列宁全集》第 40 卷,北京:人民出版社,1986 年,第 177 页。

保障,更加契合当时苏维埃国家社会主义经济建设的实际。

一、俄共（布）第十次代表大会与向新经济政策过渡

1920 年底,苏维埃政权领导俄国人民击败了国外的武装干涉和国内的反叛力量,结束了国内战争,维护了新生的苏维埃国家的独立。此时,"战时共产主义"政策依然在实行。随着国内战争的结束,国家政治经济环境随之发生变化,"战时共产主义"政策已经不适应国内新形势、新情况,其弊端日显。1921 年俄共（布）第十次代表大会的胜利召开,使党确立了从"战时共产主义"向新经济政策过渡的道路。

（一）结束武装干涉和国内战争后的苏维埃俄国

自 1918 年捷克斯洛伐克军的哗变拉开国内战争的序幕到 1920 年 11 月红军从敌人手里夺回克里木结束国内战争,武装干涉和国内战争给新生的苏维埃国家带来了重大的创伤,国民经济遭到了严重的破坏。1920 年大工业的产值比战前时期几乎减少了 6/7。冶金业处于非常困难的状态:生铁约等于战前产量的 3%,煤比战前减产 2/3,石油几乎减产 3/5,棉织品的产品减少 19/20。由于缺乏燃料和原料,大部分企业无法开工。居民最需要的工业品极度缺乏。由于缺乏粮食和其他食品,工人们常常挨饿,许多人为了逃饥荒跑到农村中去。1920 年产业工人几乎比 1913 年少了一半。[①] 三年的国内战争和罕见的恶劣天气还给农业带来了极大的破坏,与 1913 年相比,1920 年谷物播种面积减少 7.8%,棉花减少 85.8%,甜菜减

[①] ［苏］波诺马廖夫主编:《苏联共产党历史（上册）》,北京:人民出版社,1974 年,第 353—354 页。

少 69.8%。① 农产品的总量减少了 40%—50%,农村品中的商品部分减少了 3/4,一些重要农产品的单位面积产量减低了 1/4—1/3。

　　苏维埃国家在如此艰难的境况下还依然不合时宜地实行着"战时共产主义"政策,农民的反对情绪随着日益困窘的生活状态而不断高涨。特别是余粮收集制阻碍农民发展自己的经济,断绝了他们在市场上出卖自己的产品的出路。此时,反革命的残余利用了农民的不满情绪,组织农民反对苏维埃政权。1920 年,多地发生了农民骚乱。1921 年 3 月初,喀琅施塔得水兵发生了叛乱。尽管俄国共产党采取了紧急措施于 3 月 18 日平息了这场叛乱,但是喀琅施塔得的叛乱标志着国内政治出现了危机。列宁后来在提到这次危机时说:"到了 1921 年,当我们度过了,而且是胜利地度过了国内战争的最重要阶段以后,我们就遇到了苏维埃俄国内部很大的——我认为是最大的——政治危机。这个内部危机不仅暴露了相当大的一部分农民的不满,而且也暴露了工人的不满。当时广大农民群众不是自觉地而是本能地在情绪上反对我们,这在苏维埃俄国的历史上是第一次,我希望也是最后一次。"② 由此可见,列宁此时已经清醒地认识到"战时共产主义"政策与当时俄国社会形势的发展不相适应、与农民的利益需求相背离,亟需对这种临时性经济政策进行改革,否则将会影响到工农联盟的巩固甚至苏维埃政权的稳固。

　　(二)俄共(布)"十大"确立向新经济政策过渡

　　1921 年 3 月 8—16 日,俄共(布)第十次代表大会在莫斯科举行。此次代表大会的召开标志着苏维埃俄国决定停止实行不再适

---

　　①　苏联科学院经济研究所:《苏联社会主义经济史(第 1 卷)》,周邦新译,北京:生活·读书·新知三联书店,1979 年,第 403—404 页。
　　②　《列宁全集》第 43 卷,北京:人民出版社,1987 年,第 277—278 页。

应国家发展需要的"战时共产主义",改行新经济政策。列宁在大
会上作了《俄共(布)中央政治工作报告》《关于以实物税代替余粮
收集制的报告》和《关于党的统一和无政府工团主义倾向的报告》。
大会研究并通过了关于以实物税代替余粮收集制的决议,把改变粮
食政策作为当时工作的一个重要的突破口,希冀以此来吸引农民积
极参与到社会主义建设中来。在《关于以实物税代替余粮收集制的
报告》中,列宁开门见山地指出:"关于以实物税代替余粮收集制的
问题,首先而且主要是一个政治问题,因为这个问题的本质在于工
人阶级如何对待农民。"①这里,列宁将实行实物税当作了一个政治
问题来看待。这也是基于 1921 年 3 月初发生的喀琅施塔得叛乱所
得出的一个重要结论,因为这次叛乱在列宁看来是国内战争结束以
后苏维埃俄国内部所遇到的最大的政治危机。因此,继续实行余粮
收集制就不单单是一个经济问题,而且是一个政治问题。以实物税
代替余粮收集制的问题从本质上体现了工人阶级和农民阶级这两
个主要的阶级的关系。在列宁看来,建设社会主义的任务必须是先
进的工人阶级和占全国人口绝大多数的农民一起来完成,这两个阶
级的关系决定着俄国社会主义革命的命运。列宁认为,苏维埃政权
将工人阶级和农民阶级之间的关系看作是斗争的还是妥协的,这一
点非常的重要。在对待这个问题上,列宁的态度是十分谨慎的。他
指出,必须要对二者之间的关系作新的、甚至是更加深入和慎重地
补充考察,而且还要作出一定的"修正"。至于为什么要对其进行
"修正",这无疑是由于继续实行"战时共产主义"政策所导致的新
近发生的"好多事件"和"好多情况"使得农民的处境非常紧张,以

---

① 《列宁全集》第 41 卷,北京:人民出版社,1986 年,第 50 页。

至于加剧了这个阶级思想上的动摇,甚至导致他们"从无产阶级方面倒向资产阶级方面"①。

由于当时苏维埃俄国依然是一个典型的以小农生产者占人口大多数的国家,所以必须通过一系列特殊的过渡方法才能实行社会主义革命。列宁在此时论述社会主义革命取得胜利所必须具备的条件时,客观地反省了"战时共产主义"时期那种企图不通过任何过渡直接走向社会主义的思想是错误的。他认为,只有"在工农业雇佣工人占大多数的发达的资本主义国家里"不采取特殊的过渡办法才可以实行社会主义革命,完成从资本主义直接向社会主义的过渡。但是,俄国当时并不是发达的资本主义国家,俄国当时也没有相当成熟的农业雇佣工人阶级。所以,在俄国要取得社会主义的彻底胜利就必须具备两个条件:"第一个条件是及时得到一个或几个先进国家社会主义革命的支援……另一个条件,就是实现自己专政的或者说掌握国家政权的无产阶级和大多数农民之间达成妥协。"②列宁把这个具有广泛意缊的概念——"妥协"当作"一系列的措施和过渡办法"。他认为这种"妥协"既不是有些人认为的在政治手段上的"略施小计",更不是一种"欺骗",因为"阶级是欺骗不了的"③。他得出结论:"在其他国家的革命还没有到来之前,只有同农民妥协,才能拯救俄国的社会主义革命。"④列宁由此提出了建立工农联盟是无产阶级专政最高原则的重要观点,这是基于无法在短时期内改造小农的现实历史背景之下所必须采取的过渡办法。

此外,列宁还考察了农民的经济要求,认为工人阶级和农民阶

① 《列宁全集》第 41 卷,北京:人民出版社,1986 年,第 50 页。
② 《列宁全集》第 41 卷,北京:人民出版社,1986 年,第 51 页。
③ 《列宁全集》第 41 卷,北京:人民出版社,1986 年,第 51 页。
④ 《列宁全集》第 41 卷,北京:人民出版社,1986 年,第 51 页。

级的联盟必须建立在一定的经济基础之上,而这种经济基础的建立
又需要一定的流转自由。列宁认为,一定的流转自由,即给小私有
主一定的自由是满足小农的"两个东西"中的一个(另一个是需要
弄到商品和产品)。列宁通过对历史的检视,指出苏维埃俄国在商
业国有化和工业国有化方面,在禁止地方流转方面做得超过了理论
上和政治上所需要的限度。他说:"我们在这方面犯了很多错误,走
得太远了:我们在商业国有化和工业国有化方面,在禁止地方流转
方面走得太远了。这是不是一种错误呢? 当然是一种错误。"①事
实上,允许一定程度的地方自由流转不仅不会破坏而且会巩固无产
阶级政权。列宁说,在理论上不一定要认为国家垄断制从社会主义
观点看来是最好的办法,可以采用实物税和自由流转的制度作为一
种过渡办法。② 实质上,这种过渡办法就是从"战时共产主义"向新
经济政策过渡。

(三)《论粮食税》及其对新经济政策的理论价值

在俄共(布)第十次代表大会结束后不久的 1921 年 4 月,列宁
撰写了一篇从理论上论述新经济政策的重要著作——《论粮食税
(新政策的意义及其条件)》。在这篇著作中,列宁系统地阐述了与
执行粮食税有关的一系列的理论问题,深入剖析了在以小农占优势
的不发达的苏维埃国家中如何正确地向社会主义过渡的道路选择
问题。他认为,已经作为领导阶级的无产阶级首先要去解决的任务
就是从经济上结束"战时共产主义"一系列的政策,提高农民的生
产力,巩固工人阶级和农民的联盟,进而达到巩固无产阶级专政的
目的。要提高农民的生产力,首当其冲的就是要用粮食税代替余粮

---

① 《列宁全集》第 41 卷,北京:人民出版社,1986 年,第 56 页。

② 中央编译局:《列宁论新经济政策》,北京:人民出版社,1992 年,第 3 页。

收集制。"而这种代替是与交完粮食税之后的贸易自由,至少是与地方经济流转中的贸易自由相联系的"①。对于当时社会上非常流行的关于过渡的一些不正确观念,列宁认为是人们不深入研究过渡的实质,错误地将从"战时共产主义"过渡到新经济政策理解为"从共产主义过渡到资产阶级制度"。为此,列宁揭示了用粮食税来代替余粮收集制这一政策的实质:

> 粮食税,是从极度贫困、经济破坏和战争迫使我们所实行的特殊的"战时共产主义"向正常的社会主义的产品交换过渡的一种形式。而正常的社会主义的产品交换,又是从带有小农占人口多数所造成的种种特点的社会主义向共产主义过渡的一种形式。②

列宁在揭示用粮食税代替余粮收集制这一政策时,明确指出了粮食税是一种从特殊时期所被迫采取的临时性经济政策向正常的社会主义的产品交换过渡的一种形式。列宁所指的这种"正常的社会主义的产品交换"应该已经包含有新经济政策的意蕴,因为粮食税是从"战时共产主义"向新经济政策过渡的一种形式。由此可以推断,列宁还认为新经济政策是从带有小农占人口多数所造成的种种特点的社会主义向共产主义过渡的一种形式。在这里,列宁充分运用了马克思主义辩证法来分析新经济政策。对于粮食税而言,新经济政策是一个终点,粮食税是"战时共产主义"向新经济政策过渡的一种形式。对于共产主义而言,新经济政策不再是一个终点,它只是从不发达的社会主义向共产主义过渡的一种形式。

在《论粮食税》中,列宁另一个重大的理论贡献就是揭示了国家资本主义与社会主义的内在联系。在苏维埃俄国已经取得国内

---

① 《列宁全集》第41卷,北京:人民出版社,1986年,第207—208页。
② 《列宁全集》第41卷,北京:人民出版社,1986年,第208页。

战争胜利的情况下继续实行"战时共产主义"政策在列宁看来对党来说无疑是"愚蠢和自杀"。因此他认为有可能通过私人资本主义来促进社会主义,并且将资本主义的发展纳入国家资本主义的轨道。关于这一点,列宁的态度是十分明确的。他说:"苏维埃国家即无产阶级专政能不能同国家资本主义结合、联合和并存呢? 当然能够。我在1918年5月就反复论证过这一点,并且我相信在1918年5月就已经证明了这一点。"①国家资本主义作为向社会主义过渡的一个重要的"中间环节",应该要引起苏维埃政权的重视。列宁将国家资本主义的主要形式划分为租让制、合作制、代购代销制和租赁制四种,并分别对它们进行了详细的评述。对于当时那种认为"资本主义是祸害,社会主义是幸福"的论调,列宁认为是不正确的,"因为它忘记了现存的各种社会经济结构的总和,而只从中抽出了两种结构来看。"②对此,列宁认为应该辩证地来看待。之于社会主义,资本主义是祸害。之于由中世纪制度、小生产、小生产者涣散性引起的官僚主义,资本主义是幸福。所以,不能僵化地对待资本主义,而是要学会利用资本主义,向"资本家学习"。③

《论粮食税》为新经济政策的实行提供了重要的理论保障,它为接下来苏维埃俄国推行的新经济政策提供了坚实的理论基础。事实证明,在新经济政策时期,苏维埃俄国之所以能够迅速走出"战时共产主义"的阴影,与列宁在该文中所打下的理论基础密切相关。换言之,《论粮食税》在苏维埃俄国从"战时共产主义"向新经济政策顺利过渡中功不可没。同时,它也是探索落后国家从不发达的资

---

① 《列宁全集》第41卷,北京:人民出版社,1986年,第211页。
② 《列宁全集》第41卷,北京:人民出版社,1986年,第217页。
③ 参见《列宁全集》第41卷,北京:人民出版社,1986年,第220、232页。

本主义向社会主义过渡的理论经典著作。列宁将马克思主义与俄国实际结合起来,继承和发展了马克思主义的基本原理,使科学社会主义理论有了新的突破,丰富了马克思主义关于社会主义建设的理论。

二、新经济政策时期土地政策及其内容

自俄共(布)"十大"确立实行新经济政策以后,苏维埃国家以改革"战时共产主义"时期的余粮收集制为突破口,用粮食税代替余粮收集制。同时,通过允许贸易自由和实行国家资本主义等手段引领国家向社会主义顺利过渡。在土地问题上,列宁和他的领导班子在深入调查研究的基础上,通过颁布一系列的政策和法律来维护农民的土地权益和国家的土地安全。新经济政策时期的土地政策更加注重农民对土地选择权和使用权的保障,大大拓展了农民支配土地和劳动力的自由,使农民的生产积极性得到了极大的提高。

(一)苏维埃政府对土地关系的调整

新经济政策将农民和农业政策的调整作为一个重要的改革举措。其中改革粮食税成为新经济政策实施的重要标志,这种以粮食税代替余粮收集制以及允许贸易自由等手段成为新经济政策的具体措施。在新经济政策实施之初,农民的负担确实得到了大大的减轻,农民也得到了喘息的机会,这是列宁和俄共(布)对小农让步的结果。实际上,允许贸易自由是对商品经济的全面复辟,"而贸易自由就是倒退到资本主义"①。然而,在刚刚实施新经济政策时,"战时共产主义"的影响并没有一下就消失殆尽。事实上,产品交换的

① 《列宁全集》第41卷,北京:人民出版社,1986年,第54页。

失败、农民产品交换的范围十分有限等现象还依然存在,直到1921年10月这些问题还没有得到很好的解决。在这种情况下,农业能否进一步发展?工农之间紧张关系是否能够得到缓和?这些成为摆在苏维埃政府面前的现实问题。列宁和俄共(布)十分清醒地认识到,要解决上述问题,首先就要解决的是农民经营土地的形式以及稳定农村的土地关系等问题。正是在这种思想的指导下,1921年3月23日,苏维埃政府颁布了《关于保证农村居民正确地和稳定地使用土地》的法令,这是新经济政策实行后第一个有关调整农村土地关系的法令。这个法令提出了在土地国有化的基础上稳定现行的农民土地占有形式,并保持公用地的现状,要求国家机关不得以平均地产或组织集体农庄等理由收回农民占有的土地。法令规定,如果因特殊用途,如建立果圃、实验站等而需要占用农民土地,也必须给农民其他的同等份额土地相交换。国家可以通过财政形式鼓励农民合作,但绝不许强迫农民接受。① 由此可见,法令对农民土地的确权在态度上是十分坚决的。即使是国家因为需要而占用农民的土地,其条件也是十分优厚的,即必须以同等份额的土地与农民土地进行交换,并在财政上给予补偿,以寻求农民的合作,并且拒绝以强迫的形式要求农民接受这种土地的交换。

　　1921年12月19—22日,俄共(布)第十一次全国代表会议在莫斯科召开,会议通过了《党在恢复经济方面的当前任务》的决议,决议确定了土地政策的三个原则:(一)毫不动摇地保持土地国有化;(二)巩固农民的土地使用权;(三)给农村居民以选择土地使用

---

① 参见 L.沃林《俄国农业一百年:从亚历山大二世到赫鲁晓夫》,波士顿:哈佛大学出版社,1970年版,第170页。

形式的自由。① 从这三个原则可以看出,决议除了坚持土地国有化以外,给予了农民在使用土地上很大的选择空间,无论在使用权还是在使用形式上都保障了农民的自由,这在新经济政策之前是没有的。1921 年 12 月 23—28 日,全俄苏维埃第九次代表大会在莫斯科举行。大会通过自实行新经济政策的 10 个月的总结,把恢复和发展农业作为当时第一位的中心工作。大会还根据俄共(布)第十一次全国代表会议关于土地政策的原则通过了《关于恢复和发展农业》的决议。决议关于土地政策的内容包括:第一,决议强调各级苏维埃机构尤其是土地机构要坚决执行有关土地村团选择任何一种土地使用形式自由的决议,这些可供选择的形式包括合作社的、公社的、独立农庄的形式等;第二,决议还要求保证农民在使用土地上的稳定性,以此来保证农民生产的积极性,让农民有兴趣对土地进行不断的投资,即使农民要离开村社也可以带着土地重分时所得到的土地离开;第三,决议规定国家在发展国营农场时不得妨碍农民的土地使用权,从而保证农民在土地使用上所拥有的正当权利。

(二)对土地的劳动出租和使用雇佣劳动的规定

1922 年 5 月 22 日,第九届全俄中央执行委员会第三次会议公布了《关于土地劳动使用的基本法》。该法旨在建立科学的劳动土地使用制度,以恢复和发展农业生产,重申了选择劳动组合、农业公社、村社、独家农田等土地使用形式的自由。甚至允许土地的劳动出租,即允许临时转让土地使用权。当然,土地的劳动出租并不是很随意的,它在出租的前提条件、出租时限和禁止出租等方面都有具体规定。关于土地的劳动出租的前提条件,《基本法》规定了两

---

① 《苏联共产党代表大会、代表会议和中央全会决议汇编》中文版第 2 分册,北京:人民出版社,1964 年,第 139 页。

种情形允许土地的劳动出租:第一,自然灾害。这是由于一些外在的不可抗力导致的情形,如恶劣的气候导致歉收、火灾、牲畜倒毙等;第二,劳动力不足或减少暂时受剥削的劳动农户。由于在当时的生产条件下进行农业生产需要一定的劳动力,所以劳动力的不足和减少就会影响农民的生产。事实上,在当时因为劳动力不足或减少所导致一些劳动农户暂时受剥削的情形是存在的。因此《基本法》规定,如果因为劳动力的疾病、死亡、临时外出干活、应征入伍、服公役等情况都允许土地的劳动出租。在出租时限上,《基本法》规定"出租期限不得多于在承担地上实施一个轮作期所需要的时间,在缺少有规律的轮作期的情况下——期限不得多于三年",特殊情况可以延长至六年。① 在出租土地的数量上,《基本法》强调:"出租只允许是劳动的:根据出租合同归其使用的土地数量,谁也不能多于他在份地之外能够以自己农户的力量来耕种的土地数。"②这就要求承租人要严格按照出租合同规定的土地数量耕种,任何人不能超出自己农户力量耕种的土地数量。比如,一个家庭有 5 个劳动力,有 2 俄亩份地,每个劳动力有耕种 1 俄亩土地的能力,那么,这个家庭承租的土地就不能超过 3 俄亩。此外,《基本法》还规定了承租人要勤劳地在承租的土地上耕作,承租人无权将承租的土地再转租给他人。

《基本法》还规定了农民可以使用辅助性的雇佣劳动。十月革命胜利以后,苏维埃国家对于使用雇佣劳动曾经有着严格的限制,1917 年苏维埃第二次代表大会通过的《土地法令》就明令禁止在农

---

① 转引自闻一《苏联二十年代的土地租佃和雇佣劳动问题》,《世界历史》,1984 年第 1 期,第 33 页。
② 转引自闻一《苏联二十年代的土地租佃和雇佣劳动问题》,《世界历史》,1984 年第 1 期,第 33 页。

村中使用雇佣劳动。新经济政策实行以后，关于使用雇佣劳动的政策有所改变。《基本法》明文规定："农户以自己的劳动力或者农具不能及时完成必需的农活时，准予在劳动农户中使用辅助性雇佣劳动。"[①]这实际上提出了使用雇佣劳动所必须具备的前提条件，即劳动力和农具缺乏将影响必需农活的及时完成，在这种情况下被准予使用雇佣劳动。苏维埃政府之所以会放松此方面的政策，主要基于当时农村中相对剩余劳动力的匮乏和土地状况糟糕（种不上庄稼）的情形下所采取的必要措施。如果再不允许雇佣劳动，苏维埃国家的农业生产将无法得到进一步的发展。当然，对于使用雇佣劳动，《基本法》还有一些其他的规定，比如区分了在地少地区和地多地区使用雇佣劳动的期限。在地少地区，对于暂时受剥削的劳动农户在其力量单薄时期是完全准予使用雇佣劳动的，而其他农户只能在个别季节使用雇佣劳动。在地多地区，以及分户和迁居到新地方组织农户时，也准予使用雇佣劳动，但要以最快、最充分利用全部耕地需要为准。此外，《基本法》规定，雇主要与雇佣工人平等地参加劳动，他们在劳动中的地位是平等的。

（三）《土地法典》：新经济政策时期苏俄土地根本大法

1922 年 10 月 30 日，第九届全俄中央执行委员会第四次常会批准了《俄罗斯社会主义联邦苏维埃共和国土地法典》。这部《土地

---

① 转引自闻一《苏联二十年代的土地租佃和雇佣劳动问题》，《世界历史》，1984 年第 1 期，第 33 页。

法典》是在酝酿成立苏维埃社会主义共和国联盟(苏联)①期间所颁
布的一部重要的土地大法。《土地法典》基本反映了此前颁布的
《关于土地劳动使用的基本法》的精神,其在内容上许多方面都沿
袭了后者,比如巩固土地国有化、稳定农民的土地使用权、允许农民
自由选择土地占有和使用、国家如有需要占用农民土地须给予农民
相应的补偿、准予土地出租和使用雇佣劳动等。当然,《土地法典》
在某些方面也有一些变动,比如在土地的出租期限规定上就与《基
本法》就有所不同,在《基本法》中没有关于续租的规定,《土地法
典》中就有相关规定。《土地法典》第三十条规定:如果期满后,出
租人仍无力在出租土地上经营,需进一步出租,必须得到县土地机
构的同意,否则土地将归公,进行再分配。② 此外,在使用雇佣劳动
的范围上,《土地法典》比《基本法》的规定也更为宽松,前者不再区
分地少地区和地多地区的情形,而是规定"凡劳动农户以自己的劳
动力或者农具不能及时完成必需的农活时,都准予使用雇佣
劳动"③。

---

① 保卫苏维埃国家的主权、消除经济破坏现象、建设社会主义等任务,都迫切要求
各苏维埃共和国把经济力量、政治力量、军事力量最紧密地联合起来,要求它们采取一致
的外交措施。 1922年10—12月,乌克兰、白俄罗斯、阿塞拜疆、格鲁吉亚、亚美尼亚各
共产党的中央全会都赞成各苏维埃共和国联合成立苏维埃社会主义共和国联盟(苏联),
这一主张得到了各苏维埃共和国人民的一致赞成。 1922年12月30日在莫斯科举行了苏
维埃社会主义共和国联盟苏维埃第一次代表大会,大会通过了苏维埃社会主义联盟成立宣
言和联盟条约,选出了最高立法机关——苏维埃社会主义共和国联盟中央执行委员会。
在中央执行委员会第二次会议上成立了苏维埃社会主义共和国联盟人民委员会。 中央执
行委员会批准列宁为苏维埃社会主义共和国联盟人民委员会主席。 参见[苏]波诺马廖夫
主编《苏联共产党历史(上册)》,北京:人民出版社,1974年,第378—380页。
② 转引自闻一《苏联二十年代的土地租佃和雇佣劳动问题》,《世界历史》,1984
年第1期,第34页。
③ 转引自闻一《苏联二十年代的土地租佃和雇佣劳动问题》,《世界历史》,1984
年第1期,第34页。

《土地法典》是苏俄在新经济政策初期颁布的一部关于土地政策的重要法律。列宁认为关于土地问题的法律"与任何法律不同",正因为如此,在十月革命取得胜利的第二天就颁布了《土地法令》。"从那个时候起,不管我们在连年战争的这五年是多么艰苦,我们从来没有忘记农民在土地方面得到最大的满足……土地问题,即如何安排绝大多数居民——农民的生活问题,是我们的根本问题。"①相对于1917年的《土地法令》,1922年的《土地法典》显然更加进步。列宁认为1917年的《土地法令》"在技术上,也许还在法律上,是很不完善的"。《土地法典》对苏俄农村土地关系作出了新的调整,巩固了苏维埃国家土地国有化,同时给予农民在占有和使用土地上更大的支配空间,土地法典具有普遍的法律效力。这部土地法典更加体现苏维埃国家对于保障农民选择和支配土地占有和使用的自由,在稳定国家土地的基础上赋予广大农民自由选择土地占有和使用形式的权利。此外,进一步放松对辅助性雇佣劳动的规定,扩展了雇佣劳动的范围。在这一精神的指导下,在1923—1924年间苏俄农村土地的租佃逐年扩大,使用雇佣劳动的农户数也不断增加,农业得到了稳步的恢复和发展。随着新经济政策的进一步实行,农业经济的发展使得农村阶级分化日益明显。1927年12月俄共(布)十五大决定向富农展开进攻,苏维埃政府对富农所采取的限制和打击措施一定程度上削弱了农村中雇佣劳动的使用。1927年,全国农村短期雇佣劳动者有175.2万人,到1929年则减少到136.8万人,下降31%。② 这说明苏维埃政府对富农阶级因使用雇

---

① 《列宁全集》第43卷,北京:人民出版社,1987年,第245页。

② 转引自于群《20年代苏联农村生产关系性质辨析》,《东北师大学报(哲学社会科学版)》,1989年第1期,第54页。

佣劳动不劳而获的现象进行了打击,对土地出租和使用雇佣劳动等带有资产阶级性质的因素也进行了限制。

三、"政治遗嘱"中关于社会主义建设道路的构想

1921 年底,列宁病重,而且症状已经表现得比较明显。在党中央和医生的强烈要求下,他不得不开始放弃全天工作的状态。1922 年 5 月,列宁的病情进一步恶化,甚至出现了中风的症状,身体右部失去知觉,口齿失灵。12 月,列宁的健康状况十分糟糕,他自己已经意识到病情十分严重,预感留在人世的时日不多。因此,自 12 月 23 日起,列宁在病榻中口授了一系列札记,把他认为最重要的想法和考虑记录下来。形成了《日记摘录》《论合作社》《论我国革命》《我们怎样改组工农检查院》《宁肯少些,但要好些》五篇文章和《给代表大会的信》《关于赋予国家计划委员会以立法职能》《关于民族或"自治"问题》三封书信,后人将它们称为列宁的"政治遗嘱"。"政治遗嘱"是列宁在生命的最后时刻留下的宝贵财富,蕴含着丰富的思想,也引起了后人深入的解读甚至激烈的争论。

列宁在"政治遗嘱"中虽然没有十分明确地论述关于土地问题的内容,甚至很少出现"土地"这个字眼,但是他所提出的关于社会主义道路的构想中有关政治、经济、文化建设的内容必然涉及土地问题。换言之,对列宁晚期土地理论的理解不能就土地论土地,而是要从他对整个国家建设的思路上去把握。同时,研究列宁"政治遗嘱"中关于社会主义道路的构想有助于我们理解列宁在生命的最后时刻为苏俄乃至世界上经济文化落后的国家如何进行社会主义建设所作出的理论贡献。

(一)经济文化落后国家可以建设社会主义

自 1921 年苏俄政府改行新经济政策以后,苏俄经济迅速摆脱

此前"战时共产主义"政策所造成的负面影响。国家更加注重市场的规律,通过对农村市场的调整提高了农民的生产积极性,缩小了工农业产品的价格(即"剪刀差"),国家实际上已经步入社会主义建设的轨道。但是,在当时有一些自称马克思主义者的人对于在经济文化落后的国家建设社会主义持有怀疑甚至反对的意见。基于此,列宁在1923年1月口授的《论我国革命(评尼·苏汉诺夫的札记)》一文中明确地指出,在一个经济文化落后的小农国家是可以建设社会主义的。

在该文中,列宁认为苏汉诺夫等人对马克思主义的理解是十分肤浅的,"他们到目前为止只看到过资本主义和资产阶级民主在西欧的发展这条固定道路",并且以一种僵化的眼光来看待这条道路。而事实上,作为一个资本主义发育不成熟的、经济文化落后的小农俄国的情况与资本主义高度发达的西欧的情况大不相同,因此列宁指出不能教条地运用马克思主义革命和建设的理论,他认为"这条道路只有作相应的改变,也就是说,作某些修正(从世界历史的总进程来看,这种修正是微不足道的),才能当作榜样"①。随后,列宁从理论的高度得出深刻的结论:"世界历史发展的一般规律,不仅丝毫不排斥个别发展阶段在发展的形式或顺序上表现出特殊性,不仅丝毫不排斥个别发展阶段在发展的形式或顺序上表现出特殊性,反而是以此为前提的。"②这充分表现出列宁与苏汉诺夫等"怯懦的改良主义者"对待马克思主义理论的不同态度,后者虽然自称为马克思主义者,但是他们却并不理解"马克思主义的革命辩证法"。恰恰是列宁继承和发展了马克思主义革命和建设理论,在一个带有"特

① 《列宁全集》第43卷,北京:人民出版社,1987年,第370页。
② 《列宁全集》第43卷,北京:人民出版社,1987年,第370页。

殊性"的、经济文化落后的俄国将社会主义从理想变成了现实。针
对包括苏汉诺夫在内的第二国际的"一切英雄们"所支持的"俄国
生产力还没有发展到可以实行社会主义的高度"的论点,列宁持一
种否定的态度。事实上,俄国确实是在生产力并不发达、社会文化
水平比较低的情况下进行社会主义革命的。这与西欧那种在生产
力充分发展、社会文化水平较高的情况下再进行社会主义革命的道
路明显不同。但是,列宁认为俄国能够用与西欧其他一切国家不同
的方法来创造发展文明的根本前提,这是落后国家历史发展形式或
顺序的特殊性的表现,这并不会改变世界历史发展的总的路线。它
符合马克思所提出的在革命时刻要有极大的灵活性的论断。列宁
质问所谓的马克思主义者:"你们在哪些书本上读到过,通常的历史
顺序是不容许或不可能有这类改变的呢?"①显然,列宁继承了马克
思的关于灵活对待革命的思想,提出在俄国先为文明创造前提,然
后再建立社会主义建设所需要的文明。他说:"既然建立社会主义
需要有一定的文化水平……我们为什么不能首先用革命手段取得
达到这个一定水平的前提,然后在工农政权和苏维埃制度的基础上
赶上别国人民呢?"②

（二）合作企业建立在国家土地所有制基础之上

列宁历来对合作制比较关注。1917 年 12 月,他就亲自起草了
消费合作社的法律草案,在国内战争时期实施的余粮收集制就是利
用这种消费合作社对粮食和其他必需品进行分配,使国家度过了艰
难的时期。改行新经济政策以后,国家将合作从消费、分配环节扩
大到了交换环节下。此时,合作社已经起商业形式的作用了。列宁

---

① 《列宁全集》第 43 卷,北京:人民出版社,1987 年,第 372 页。
② 《列宁全集》第 43 卷,北京:人民出版社,1987 年,第 371 页。

认为"合作社这一商业形式比私营商业有利,有好处","合作社便于把千百万居民以至全体居民联合起来,组织起来,而这种情况,从国家资本主义进一步过渡到社会主义的观点来看,又是一大优点"①。列宁晚年关于合作社的思想集中体现在 1923 年 1 月口授的《论合作社》一文中。1923 年的俄国,工人阶级已经成为领导阶级,苏维埃国家通过强力结束了国外势力的干涉和国内战争,特别是 1921 年转行新经济政策以后,国民经济得到缓慢的恢复。此时,病重的列宁还十分关注合作社,在口授的《论合作社》中,他的第一句话就是"我觉得我们对合作社注意得不够"。他认为合作社对苏维埃俄国有重大意义,"在我国,既然国家政权操在工人阶级手中,既然全部生产资料又属于这个国家政权,我们要解决的任务的确就只剩下实现居民合作化了"②。列宁认为,无产阶级和千百万小农及极小农结成了联盟,使得无产阶级对农民的领导得到了保证,使得建成社会主义社会所必需的一切得到了保证。与《论粮食税》中把合作社看作"国家资本主义的一种形式"不同,③列宁在《论合作社》中认为"在我国的条件下合作社往往是同社会主义完全一致的"④。这可以看出,列宁后来对合作社的性质进行了修正,认为合作和与国家资本主义不同,具有社会主义性质。

列宁认为,谈合作社问题的时候可能要涉及国家资本主义或者至少与国家资本主义进行一个比较。他指出,在资本主义国家条件,合作社是"集体的资本主义机构",这是毫无疑问的。同样毫无疑问的是,在当时的经济现实中,把私人资本主义企业同彻底的社

---

① 《列宁全集》第 41 卷,北京:人民出版社,1986 年,第 214 页。
② 《列宁全集》第 43 卷,北京:人民出版社,1987 年,第 361 页。
③ 《列宁全集》第 41 卷,北京:人民出版社,1986 年,第 213 页。
④ 《列宁全集》第 43 卷,北京:人民出版社,1987 年,第 366 页。

会主义类型的企业连接起来的时候,就出现了第三种企业的问题,即合作企业的问题。而这种私人资本主义企业和彻底的社会主义类型的企业都有一定的前提条件,我们可以从列宁的论述中很清楚地看出二者的前提条件都涉及土地的归属:"私人资本主义企业必须是建立在公有土地上的,必须是处在工人阶级的国家政权监督下的。"在这里,列宁使用两个"必须"限制了形成第三种企业的"私人资本主义企业"的范围,即"公有土地""国家政权监督"缺一不可。另外一种彻底的社会主义类型的企业"无论生产资料或企业占用的土地以及整个企业都属于国家"。我们可以看出,在这里,土地是属于国有(生产资料和整个企业也属于国有)。只有分别满足了其前提条件的"私人资本主义企业"和"彻底的社会主义类型的企业"相连接的时候,才会出现合作企业,"这种企业以前是没有起过独立作用的"①。接着,列宁将合作企业与其他不同性质的企业进行了对比:

在私人资本主义下,合作企业与资本主义企业不同,前者是集体企业,后者是私人企业。在国家资本主义下,合作企业与国家资本主义企业不同,合作企业首先是私人企业,其次是集体企业。在我国现存制度下,合作企业与私人资本主义企业不同,合作企业是集体企业,但与社会主义企业没有区别,如果它占用的土地和使用的生产资料是属于国家即属于工人阶级的。②

这里,列宁将合作企业分别与资本主义企业、国家资本主义企业、私人资本主义企业进行了对比,并在对比时设定了基本的前提。即在私人资本主义下,将合作企业与资本主义企业对比;在国家资

---

① 《列宁全集》第 43 卷,北京:人民出版社,1987 年,第 366 页。
② 《列宁全集》第 43 卷,北京:人民出版社,1987 年,第 366 页。

本主义下，将合作企业与国家资本主义企业对比；在俄国"现存制度下"，将合作企业与私人资本主义企业对比。从对比的结论来看，合作企业在不同的条件下与不同的企业对比时所表现出来的特点并不完全一致，但是有一个特点是共同的，即在对比时，无论在什么前提下，合作企业都是"集体企业"。这说明通过私人资本主义企业同彻底的社会主义类型的企业连接起来所形成的合作企业具有集体主义的性质。

（三）要完全合作化就要有一场文化革命

在"政治遗嘱"中，列宁提出了从阶级斗争到文化建设的工作重心转移的思想。他认为，从当代的基本任务来看，社会主义的实现确实有赖于为争取国家政权的阶级斗争。但是，当工人阶级已经掌握国家政权，全部生产资料已经掌握在工人阶级手里以后，"情况就大不一样了"。"从前我们是把重心放在而且也应该放在政治斗争、革命、夺取政权等等方面，而现在重心改变了，转到和平的'文化'组织工作上去了。"①他甚至提出，要不是考虑到国际关系，"不是因为必须为我们在国际范围内的阵地进行斗争，我真想说，我们的重心转移到文化主义上去了"②。这充分说明列宁在十月革命取得胜利和在无产阶级掌握国家政权以后对苏维埃国家工作重心的转移有了新的认识，那就是强调文化教育工作的重要性。关于强调文化教育工作重要性的原因，列宁在稍早前口授的《日记摘录》中就有过阐述。他说："当我们高谈无产阶级文化及其与资产阶级文化的关系时，事实提供的数据向我们表明，在我国就是资产阶级文化的状况也是很差的……这也说明，我们现在还要进行多么繁重的

---

① 《列宁全集》第43卷，北京：人民出版社，1987年，第367页。
② 《列宁全集》第43卷，北京：人民出版社，1987年，第367页。

工作,才能在我国无产阶级所取得的成就的基础上真正达到稍高的文化水平。"①正是基于此,列宁总结的当时摆在国家面前的两个划时代的主要任务之一就是"在农民中进行文化工作",另一个任务是改造国家机关。

当时列宁的病情虽然已经非常严重,但是他依然十分清醒地认识到,在一个农民人口占绝大多数的小农国家要进行社会主义建设就必须担负起在农民中进行文化工作的重任。"这种在农民中进行的文化工作,就其经济目的来说,就是合作化。"②这表明,列宁以农民文化工作的经济目的为衡量标准,将"在农民中进行的文化工作"与"合作化"等同起来了。他指出:"要是完全实现了合作化,我们也就在社会主义基地上站稳了脚跟。"换言之,要是完全实现了在农民中进行的文化工作,"我们也就在社会主义基地上站稳了脚跟"。所以,完全合作化必然会包含有农民的文化水平问题(因为从在农民中进行的文化工作的经济目的来说,在农民中进行的文化工作就是合作化)。而事实上,当时苏维埃俄国农民的文化水平是非常低的。因此,列宁深刻地指出:"没有一场文化革命,要完全合作化是不可能的。"③在这里,包含着列宁这样一种思想,即,如果没有一场文化革命,要完全在农民中进行文化工作、要提高人数众多的农民的文化水平是不可能的。所以,从列宁的论述我们可以看出,当时他对文化建设的一个思路是:文化革命→完全合作化→社会主义,即以一场文化革命实现国家完全合作化,完全实现了合作化,"我们也就在社会主义基地上站稳了脚跟"。正是有着这样一

---

① 《列宁全集》第43卷,北京:人民出版社,1987年,第356—357页。
② 《列宁全集》第43卷,北京:人民出版社,1987年,第367页。
③ 《列宁全集》第43卷,北京:人民出版社,1987年,第368页。

个思路,列宁才得出结论:"现在,只要实现了这个文化革命,我们的国家就能成为完全社会主义的国家了。"①当然,列宁也认识到进行文化革命并不是一件简单的事情,事实上,当时的苏维埃国家在纯粹文化方面或物质方面还准备不足,面对的困难还很多。

---

① 《列宁全集》第43卷,北京:人民出版社,1987年,第368页。

第六章

列宁土地理论的贡献与启示

列宁土地理论是马克思主义与俄国实际相结合的产物,是列宁在领导俄国人民探索社会主义道路过程中所形成的关于解决土地问题的理论和实践成果,是列宁主义思想体系重要的组成部分。列宁土地理论继承和发展了马克思主义创始人关于土地问题的理论成果,将马克思主义土地理论运用到一个以小农为主的落后俄国,并在取得社会主义革命胜利的同时解决了俄国的土地问题。列宁土地理论为世界上与俄国相同(或相似)情况的落后国家争取民族独立、解决土地问题提供了有益范本,为科学社会主义的发展作出了巨大贡献,同时亦留下诸多启示。

第一节 列宁土地理论的思想贡献

列宁土地理论为俄国布尔什维克党推翻沙皇的反动统治、建立苏维埃政权所作出的贡献是毋庸置疑的。但我们不能将列宁土地理论的历史贡献仅仅囿于俄国革命的视域,这一思想为继承和发展马克思主义土地理论、为革命地解决土地问题、为指导世界上其他落后国家解决土地问题作出了巨大的理论贡献。

一、继承和发展了马克思恩格斯土地理论

　　马克思恩格斯在创立科学社会主义理论体系的过程中十分关注土地问题,他们支持农民通过革命夺取土地,他们主张实行土地国有化,支持发展大农业。列宁在革命探索解决俄国土地问题的过程中继承和发展了马克思恩格斯的土地理论,在与敌人进行斗争的时候捍卫了马克思主义的土地理论,具体说来,主要表现在:

　　第一,强调了土地问题的重要性。马克思在其著名的《论土地国有化》一文中开门见山地指出:"地产,即一切财富的原始源,现在成了一个大问题,工人阶级的未来将取决于这个问题的解决。"①从马克思的这一论述中可以显见,土地问题对于工人阶级具有极端重要的意义,土地问题的解决与否和工人阶级的未来息息相关。同时我们也可以看出,马克思对土地问题是十分重视的。列宁在早期完成了从一个民粹主义者向马克思主义者转变以后,开始步入革命的道路。他参加革命之初就已经开始关注俄国的土地问题,在迄今为止发现的他的最早文章《农民生活中新的经济变动》(1893年)一文中,列宁以一定的篇幅对俄国农民经济状况中的土地问题进行了比较深入的研究,并且运用马克思主义的基本观点、方法探讨俄国土地问题。与马克思一样,列宁对土地问题也是十分关注的,他在探索革命道路的过程中认识到土地问题的重要性。特别是在1905年革命以后,提出了"土地问题是俄国资产阶级革命的根本问题,它

---

　　① 《马克思恩格斯选集》第3卷,北京:人民出版社,1995年,第127页。

决定了这场革命的民族特点"的科学论断。① 无论是在民主革命时期,还是在社会主义革命时期,列宁对土地问题都是十分重视的。从他亲自起草的第一个土地纲领《社会民主党纲领草案》(1895 年)到他审定的新经济政策时期苏俄土地根本大法《俄罗斯社会主义联邦苏维埃共和国土地法典》(1922 年),对土地问题的探索可谓贯穿列宁的一生。

第二,运用了马克思主义基本方法。列宁在探索解决俄国土地问题的过程中充分运用马克思主义基本方法,用马克思主义方法论去对待复杂的俄国土地问题。比如,1905 年革命以后,列宁预见即将到来的土地革命从经济意义上来看,属于资产阶级民主主义革命。所以他认为,社会民主党应该对当时民粹派提出的"土地平分"的主张给予支持。而一些马克思主义者却十分反对,他们认为民粹派所提出的"土地平分"主张违背了马克思主义的基本理论,是落后的、反动的小资产阶级社会主义。列宁对于这些马克思主义者的意见提出了严厉的批评,他说:"某些马克思主义者的错误在于,他们批评民粹派的理论时,忽略了这种理论在反对农奴制斗争中所包含的从历史角度看来是现实的和合理的内容。"②在列宁看来,某些马克思主义者将马克思主义理论当作教条,他们简单地把民粹派所提出的"劳动原则"和"平均制"看成是落后的、反动的小资产阶级社会主义,殊不知民粹派的这种理论同时还反映着先进的、革命的小资产阶级民主主义,它对于消除农奴制残余具有一定的积极作用。因此,列宁深刻地指出:"一个马克思主义者在批判资产阶级口号的社会主义字句的虚伪性时,要是看不到这些最坚决的

---

① 《列宁全集》第 16 卷,北京:人民出版社,1988 年,第 387—388 页。
② 《列宁全集》第 16 卷,北京:人民出版社,1988 年,第 203 页。

资产阶级口号在反对农奴制斗争中的历史上的进步意义,那他就是一个蹩脚的马克思主义者。"①列宁正是充分运用马克思主义唯物辩证法,客观地对待民粹派所提出土地主张的合理性(当然列宁也十分清楚它的落后性和反动性),才能制定出合乎当时俄国国情的、受到农民欢迎的土地纲领。哪怕在十月革命取得胜利以后,苏维埃第二次代表大会通过的《土地法令》也是来自社会革命党人的土地纲领,这都说明了列宁在解决土地问题时运用了马克思主义唯物辩证法,并没有僵死地把马克思主义理论当作教条。

第三,捍卫了马克思地租理论。在列宁参加革命早期,就对一些资产阶级和小资产阶级理论家的一些土地理论提出了深刻的批判,这种批判主要缘于这些资产阶级和小资产阶级理论家曾经对马克思的一些土地理论提出的批评。在《土地问题和"马克思的批评家"》(1901年)这部著作中,列宁对以布尔加柯夫为代表的"所谓的批评学派"对马克思地租理论的批评给予了有力的回应。② 列宁对他们的批判一方面指出这些"马克思的批评家"的错误,另一方面捍卫了马克思的地租理论。

第四,发展了马克思恩格斯的土地理论。马克思恩格斯虽然建构了科学社会主义的理论体系,并且完成了社会主义从空想到科学的转变,但是客观地来讲,他们并没有开辟一条经济文化落后国家通向社会主义的现实道路,而开创这条道路的是列宁。因此,单从这个角度来看,列宁发展了马克思恩格斯的理论,在土地问题上也是如此。在土地国有化的理论上,列宁继承了马克思恩格斯关于社

① 《列宁全集》第16卷,北京:人民出版社,1988年,第204页。
② 关于列宁对"所谓的批评学派"歪曲、责难马克思地租理论的批判,见本书第二章第二节。

会大生产取代小农经济的主张,实行土地国有化。而且列宁在此基础上总结了农业资本主义发展的两条道路,即普鲁士式道路和美国式道路,并将这两条道路运用于土地问题上。列宁主张通过美国式道路(革命的方式)解决俄国的土地问题。事实上,列宁正是通过领导布尔什维克党以革命的方式取得了政权,而且解决了土地问题。在对待东方农民土地问题上,列宁同样发展了马克思恩格斯的相关理论,将他们关于解决落后国家土地问题的一般原理同俄国的实际结合起来,通过不断地试错、不断地总结、不断地改进,终于在一个经济文化落后的小农俄国解决了土地问题。

二、树立了用革命手段解决土地问题的典范

列宁用革命手段解决俄国土地问题的思想经历了一个发展的过程。在早期,面对农奴制残余和农民被割去土地的情况,列宁提出了自己的土地主张。我们从列宁在1895年提出的第一个土地纲领可以看出,列宁对争取农民的土地自由的态度还是比较温和的。从最初的"废除赎金"到写入党纲的"归还赎金";从"收回割地归还农民"到"收回割地归还社团",虽然在态度上逐渐强硬,但是在这个时期还并没有提出用革命的手段解决俄国的土地问题。

1905年革命以后,列宁对革命前的土地纲领进行了反思,甚至认为此前提出的"收回割地"的主张是错误的。在思考未来将采取什么样的手段解决俄国的土地问题时,列宁提出社会民主党要支持农民用革命的手段剥夺地主的土地。他亲自起草了一项关于支持农民运动的决议草案,并提交党的第三次代表大会通过。其中,决议中有这样的表述:"俄国社会民主工党,作为觉悟的无产阶级的政党,力求把所有劳动者从一切剥削下完全解救出来并支持一切反对

现在的社会制度和政治制度的革命运动。所以俄国社会民主工党
也最坚决地支持现在的农民运动，拥护能够改善农民状况的一切革
命措施，直到为达到这些目的而剥夺地主的土地。"①由此可以看
出，列宁此时已经重视运用革命手段剥夺地主土地了，换言之，列宁
已经开始重视土地革命了。正如他在不久之后的一篇著作《修改工
人政党的土地纲领》(1906 年)所指出的："俄国社会民主党人从党
的诞生之日起直到现在，始终捍卫着以下三个论点。第一，土地革
命将是俄国民主革命的一部分。使农村从农奴式奴役制下解脱出
来，将是这个革命的内容。第二，行将来临的土地革命，就其社会经
济意义来说，将是资产阶级民主革命；它不会削弱反而会加强资本
主义和资本主义阶级矛盾的发展。第三，社会民主党有充分根据用
坚决的方式支持这个革命，并且规定一些当前的任务，但它绝不束
缚自己的手脚，甚至对'土地平分'也绝不拒绝给以支持。"②在这
里，列宁已经十分明确地指出了土地革命的性质、内容以及社会民
主党对待土地革命的态度，这也是列宁本人对待土地革命的态度。
在稍后的另外一篇著作《社会民主党在 1905—1907 年俄国第一次
革命中的土地纲领》(1907 年)中，列宁再一次强调："俄国革命第一
个时期的经验已经彻底证明：俄国革命只有作为农民土地革命才能
获得胜利。"③可以说 1905 年革命以后列宁在探索解决俄国土地问
题的进程中迈开了一大步，他更加注重土地革命在清除农奴制残
余、剥夺地主土地上的重要作用，这从他的"土地国有化"主张中也
可见一斑。他甚至把"土地国有化"当作土地革命胜利的基本前

---

① 《列宁全集》第 9 卷，北京：人民出版社，1987 年，第 328 页。
② 《列宁全集》第 12 卷，北京：人民出版社，1987 年，第 216 页。
③ 《列宁全集》第 16 卷，北京：人民出版社，1988 年，第 392 页。

提,他说:"土地革命不实行土地国有化是不能全部完成其历史使命的。"①事实上,列宁在总结农业资本主义发展的两条道路时,也就提出了解决落后国家土地问题的两条道路,即普鲁士式道路和美国式道路。列宁明确地选择了革命解决土地问题的"美国式道路",认为"普鲁士式道路"是一条既要最大限度保存封建农奴制残余,又要适应资本主义发展的改良道路,这条道路不可避免地使广大农民长期受到封建主义和资本主义的双重剥削。

　　当然,实现土地革命胜利的条件除了前面讲到的"土地国有化"以外,还包括政治革命。列宁从来都没有把土地革命孤立地来看待,他一直认为政治革命是实现土地革命的重要前提。他认为在宣传农民革命和认真谈论土地革命的同时,必须重视实现真正的民主制度,重视政治革命。他说:"我们应当直截了当地、明确地告诉农民:如果你们想把土地革命进行到底,你们就必须把政治革命也进行到底;没有彻底的政治革命,就根本不会有土地革命或者不会有比较巩固的土地革命。"②"如果没有革命人民夺取政权这个条件,那就不是土地革命,而是农民骚乱或者立宪民主党的土地改良。"③这可以看出列宁对革命人民通过政治革命夺取政权是十分重视的,在列宁看来,土地革命与政治革命相辅相成、并行不悖,而政治革命甚至可以成为土地革命的重要前提。从十月革命的胜利布尔什维克取得政权然后解决俄国土地问题的事实也可以看出,政治革命的胜利对于土地革命的胜利有着深刻的影响,这也是列宁为什么重视政治革命的原因之一。

①　《列宁全集》第16卷,北京:人民出版社,1988年,第392页。
②　《列宁全集》第12卷,北京:人民出版社,1987年,第328—329页。
③　《列宁全集》第12卷,北京:人民出版社,1987年,第330页。

三、指导了落后国家解决土地问题的实践：以中国为例

列宁领导布尔什维克党取得十月革命的伟大胜利，建立起第一个无产阶级领导的社会主义国家，工人阶级成为统治阶级，共产党成为执政党。俄国十月革命的胜利极大地鼓舞了世界上其他追求民族独立的殖民地、半殖民地的解放运动。从这些落后国家进行无产阶级革命运动的过程中所开展的土地运动和土地革命来看，都不同程度地受到列宁土地理论的影响，留有列宁土地思想的印痕。列宁土地理论从思想上的贡献来看，是他在坚持马克思主义一般理论的基础上探索出一条符合俄国特殊国情的土地革命之路。这一思想还从理论上指导了其他落后国家土地革命的实践，具有普遍的国际意义。事实上，许多后来走上社会主义道路的国家在革命过程中几乎都开展了土地革命（或土地改革），把解决土地问题以争取农民的支持作为夺取政权的重要条件来考量，如波兰、保加利亚、印度、土耳其、越南等。中国在解决土地问题、争取民族独立的运动中无疑也受到了列宁土地理论的影响。

（一）中国共产党重视开展土地革命

"十月革命一声炮响，给我们送来了马克思列宁主义。十月革命帮助了全世界的也帮助了中国的先进分子，用无产阶级的宇宙观作为观察国家命运的工具，重新考虑自己的问题。走俄国人的路——这就是结论。"①毛泽东的这一段话体现了俄国十月革命对处于半殖民地半封建社会的旧中国在思想解放上的重要作用。从此中国人民开始接触并接受马克思列宁主义，正是在这种先进思想

---

① 《毛泽东选集》第 4 卷，北京：人民出版社，1991 年，第 1471 页。

的指导下,成立了先进的无产阶级政党——中国共产党。中国共产党自成立以来就十分注重农民的土地问题。在党的第一次全国代表大会上通过的《中国共产党纲领》中就提出了"废除资本私有制,没收一切生产资料,如机器、土地、厂房、半成品等,归社会所有"①。从中国共产党的第一个党纲我们不难发现,新生的中国共产党把没收包括土地在内的一切生产资料作为党的一项重要任务,这足以体现党对解决土地问题的重视。次年6月15日,中共中央执行委员会发表的《中共中央第一次对于时局的主张》中规定:"肃清军阀,没收军阀和官僚的财产,将他们的田地分给贫苦农民。"与前一年党成立时制定的党的纲领中没收一切生产资料不同,此时党把肃清军阀并且没收他们和官僚的财产加入到党的任务中,而且这也是中共中央的正式文件中第一次提出了把土地分给贫苦农民。1923年5月,共产国际执行委员会给即将召开的中国共产党第三次代表大会作出指示,要求党在进行民族革命和建立反帝战线的同时必须进行反对封建残余的农民土地革命,"没收地主土地,没收寺庙土地并将其无偿分给农民;歉收年不收地租";"建立农民自治机构,并由此机构负责分配没收的土地"。② 共产国际执行委员会是一个由列宁于1919年3月领导创建的国际联合组织,从该组织在中共三大前作出的指示可以非常清楚地看出,它在对待中国土地问题的策略上基本沿袭了俄国社会民主工党的做法,这充分说明中国共产党在探索解决中国土地问题的过程中必然会受到列宁以及他所在的俄国社会民主工党的影响。

_____

① 《中国共产党历次重要会议集(上)》,上海:上海人民出版社,1982年,第4页。
② 高熙:《中国农民运动纪事(1921~1927)》,北京:求实出版社,1988年,第12—13页。

1925 年 10 月召开的中共中央扩大会议通过了《中国现时的政局与共产党的职任议决案》，《议决案》中提出了党在解决土地问题的最终目标，即没收大地主、军阀、官僚、庙宇的田地交给农民。从党的这个《决议案》可以看出，党在当时的土地政策包含两个方面的基本内容：没收和发放。通过革命的手段没收大地主、军阀、官僚、庙宇的田地，并将没收的田地发放给农民，以争取农民对革命的支持。这是符合农民切身利益和愿望的，列宁就曾经指出，在资产阶级民主革命中把全部土地从地主手中夺过来平分给农民并不是空想。恰恰相反，它最坚决最彻底地表达了农民的愿望，他说："农民希望立即把土地从地主那里夺过来，加以平分，这不是空想，而是革命，而且是从革命这个词的最严格最科学的含义上说的。"①1925年 11 月，在中国共产党发布的《中国共产党告农民书》中明确指出："解除农民的困苦，根本是要实行'耕地农有'的办法。"在党发布的这个《告农民书》中提出了土地归属即所有权问题，按照党的意图，农民耕种的土地可以归个人所有，不再向地主缴纳租金，即所谓的"耕地农有"。

第一次国内革命战争的失败给党和革命的事业带来了巨大创伤，在关乎党和革命生死存亡的转折关头，中共中央于 1927 年 8 月 7 日在汉口秘密召开紧急会议，史称"八七会议"。会议正式确定了土地革命和武装反抗国民党反动派的总方针。"八七会议"提出，"土地的根本问题是土地国有"，②"现时主要的是用'平民式'的革

①　《列宁全集》第 15 卷，北京：人民出版社，1988 年，第 335—336 页。
②　中共中央党史资料征集委员会、中央档案馆：《八七会议》，北京：中共党史资料出版社，1986 年，第 74 页。

命手段解决土地问题"。① 从"八七会议"中关于土地革命的相关决议可以看出,中国共产党在对待土地问题上除了沿袭此前没收大地主等田地分给农民的做法外,在土地归属方面有所转变,由原来的"土地农有"转变为"土地国有",而"土地国有"不仅是马克思恩格斯的土地主张,而且也是列宁土地理论中十分重要的内容。

自"八七会议"揭开中国共产党领导土地革命的序幕,党对土地革命在整个中国革命中的重要性有了明确的定位。1927 年 11 月,党提出了成立以来的第一个土地问题党纲草案——《中国共产党土地问题党纲草案》,明确了"耕者有其田"的主张。1928 年 7 月,党的六大通过了《土地问题决议案》,提出"没收一切地主阶级的土地"主张。1928 年 12 月,湘赣边界特委制定和颁布党的历史上第一部土地法——井冈山《土地法》,提出了"没收一切土地归苏维埃政府所有"。1930 年 5 月,全国各苏维埃区域召开代表大会,制定了《土地暂行法》,提出一律无偿没收地主、祠堂、庙宇、教会、官产等土地归苏维埃政府分配给少地、无地的农民使用。第一次国内革命战争和土地革命时期,中国共产党的在支持土地革命的态度上是坚决的,这与俄国 1905 年革命以后列宁的态度有一定的相似。那时,列宁反对农民在争取土地问题上与地主达成妥协,主张农民通过革命取得全部土地,直到消灭地主土地所有制。这与党在 1947 年制定的《中国土地法大纲》中关于"废除封建性及半封建性剥削的土地制度,实行'耕者有其田'的土地制度,废除一切地主的土地

① 中共中央党史资料征集委员会、中央档案馆:《八七会议》,北京:中共党史资料出版社,1986 年,第 18 页。

所有权"①等相关规定也是相似的。中国共产党通过开展土地革命废除了旧中国封建的土地所有制形式,调动了农民的革命和生产积极性,为取得抗日战争和解放战争的胜利,为建立新中国立下了汗马功劳。

（二）中国共产党重视工农联盟的作用

工农联盟思想是马克思主义理论中重要的组成部分。马克思主义创始人十分注重无产阶级革命中工农联盟的问题,在他们的经典著作中对此有过许多深刻的论述。马克思在《路易·波拿巴的雾月十八日》这部著作中就曾深刻地阐述了农民与工人阶级结成联盟的必然性。他分析了在资本主义制度下,由于资产阶级的统治的加强,必然促使农民日益革命化,农民的利益与资产阶级的利益必然是对立的。因此,农民"就把负有推翻资产阶级制度使命的城市无产阶级看作自己的天然同盟者和领导者"②。同时,由于农民的支持,"无产阶级革命就会得到一种合唱,若没有这种合唱,它在一切农民国度中的独唱是不免要变成孤鸿哀鸣的"③。可见,马克思认为农民在无产阶级革命中是一支十分重要的力量。同时,工农联盟是十分必要的。恩格斯在《法德农民问题》这篇著作中也强调了工农联盟的重要性,他认为争取小农的支持是十分重要的,要为小农创造条件以获得他们的支持,"我们之所以要这样做,不仅是因为我们认为自食其力的小农可能来补充我们的队伍,而且也是为了党的直接利益。我们使之免于真正沦为无产者,在还是农民时就能被我

①　《中国共产党历次重要会议集（上）》,上海:上海人民出版社,1982年,第250页。
②　《马克思恩格斯选集》第1卷,北京:人民出版社,1995年,第681页。
③　《马克思恩格斯选集》第1卷,北京:人民出版社,1995年,第684页。

们争取过来的农民人数越多,社会改造的实现也就会越迅速和越容易"①。这充分说明恩格斯在争取农民支持、建立工农联盟上的态度是十分肯定的。

列宁继承和发展了马克思恩格斯工农联盟的思想,在领导革命的过程中十分重视工人阶级与农民阶级的联盟。列宁涉足革命之初就开始关注工农联盟,在《什么是"人民之友"以及他们如何攻击社会民主党人?》(1894年)这本著作中,他就确立了工农联盟思想,把它作为战胜专制制度、地主与资本家不可缺少的条件。他认为建立和巩固这个联盟是俄国从整个农奴制制度下解放出来的重要保证。资产阶级民主革命时期,列宁依然认为工农联盟对于取得革命的胜利是十分必要的,他曾经指出:"俄国资产阶级革命的胜利结局,只能是无产阶级和农民的革命民主专政。"②哪怕在取得十月革命胜利以后,他还是如此,他说:"工人革命已经在彼得格勒和莫斯科获得胜利,并正在俄国其他地方获得胜利。工农政府保证广大农民,即占农民多数的贫苦农民,同工人结成联盟来反对地主,反对资本家。"③

中国共产党在领导中国革命的道路上一向重视工农联盟。毛泽东在《论人民民主专政(纪念中国共产党二十八周年)》(1949年)一文中,对党在革命战争时期的工农联盟有过十分精辟的总结。他说:"人民民主专政的基础是工人阶级、农民阶级和城市小资产阶级的联盟,而主要是工人和农民的联盟,因为这两个阶级占了中国人口的百分之八十到九十。推翻帝国主义和国民党反动派,主要是

① 《马克思恩格斯选集》第4卷,北京:人民出版社,1995年,第500页。
② 《列宁全集》第14卷,北京:人民出版社,1988年,第149页。
③ 《列宁全集》第33卷,北京:人民出版社,1985年,第64页。

这两个阶级的力量。由新民主主义到社会主义,主要依靠这两个阶级的联盟。"①在这段论述中,毛泽东把"工人和农民的联盟"作为人民民主专政的重要基础,这两个阶级的联盟意味着占有全国80%—90%的人口,亦即占到中国总人口的绝大多数。他深刻地指出,这两个阶级是推翻帝国主义和国民党反动派的主要力量,是从新民主主义到社会主义的主要依靠。可以说,没有工人和农民的联盟就不可能实现民族的独立、就不可能结束内战的局面、就不可能建立起崭新的人民共和国。

　　作为中国共产党的主要领导人,毛泽东在我党成立之初就已经意识到工农联盟对中国革命的重要性。在他1926年发表的《纪念巴黎公社的重要意义》一文中指出了当时的革命形势与中国以前的革命形势大不一样,其中一个重要的方面就是革命"到现在已有多数农工民众参加,并且有左派的国民党党员作指导,有工农阶级专政的国家苏维埃俄罗斯作模范"②。此时的毛泽东已经十分清楚地认识到,与中国以前那种"少数人包办"的革命形式不同,"多数农工民众参加"的革命必然是一种进步。而且更让他感到自信的是,在地球上建立起来的第一个社会主义国家苏维埃俄罗斯本身就是一个"工农阶级专政的国家"。从这里我们也可以看出,当时苏联对毛泽东个人以及中国共产党的影响是非常大的。

　　"八七会议"以后,中国共产党开始进入创建工农民主政权的新时期,中国共产党领导的土地革命也由此拉开了序幕。在土地革命时期,工农联盟思想指导和帮助了中国共产党完成了许多重要的战略计划。尽管大革命的失败给党和革命的事业带来了很大的创

① 《毛泽东选集》第4卷,北京:人民出版社,1991年,第1478—1479页。
② 《毛泽东文集》第1卷,北京:人民出版社,1993年,第33页。

伤,但是以毛泽东为首的中国共产党人独创了"工农武装割据"的革命形式,并以此积聚起革命的力量。1931 年 11 月 7 日在江西瑞金召开的中华苏维埃第一次全国代表大会通过了《中华苏维埃宪法大纲》,《宪法大纲》明确规定:"中华苏维埃所建设的是工人和农民的民主专政的国家,苏维埃的全部政权是属于工人、农民、红军士兵及一切劳苦民众,所有工人、农民、红军士兵及一切劳动民众都有权选派代表参加政权的管理。"①中华苏维埃共和国的建立其实质是中国共产党对工农联盟巩固的成果,这个以工农民主为核心思想的国家政权,代表了广大工人阶级和农民阶级的广泛利益,这在有着几千年封建专制传统的中国无疑是一个伟大的创举,它的建立极大地激发了工农群众的参政意识和革命热情,也使得这两个占中国人口绝大多数的阶级对中国共产党的认同更进一步地加深。

(三)对毛泽东土地革命策略的影响

毛泽东是中国共产党的奠基人之一,他把马克思列宁主义的普遍真理与中国革命的具体实践相结合,丰富和发展了马克思列宁主义,创立了毛泽东思想。作为伟大的无产阶级革命家,毛泽东对马克思主义创始人和第一个社会主义国家的缔造者的思想非常重视,并善于学习。他曾经指出:"中国共产党所领导的人民革命,从来就是十月革命所开始的世界无产阶级社会主义革命的一个组成部分。中国革命有自己的民族的特点,估计到这些特点是完全必要的。但是不论在革命事业中和社会主义建设事业中,我们都充分地利用了苏联共产党和苏联人民的丰富经验。"②

---

① 韩延龙等:《中国新民主主义革命时期根据地法制文献选编》第 1 卷,北京:中国社会科学出版社,1981 年,第 149 页。

② 《毛泽东文集》第 7 卷,北京:人民出版社,1999 年,第 314 页。

　　毛泽东对列宁的思想是十分重视的,也喜欢阅读列宁的著作。"在马恩列斯的著作中,毛泽东尤其喜欢读列宁的著作。读得最多、下功夫最大的恐怕也是列宁的著作。"①列宁的革命和建设理论对毛泽东有着深刻的影响,这其中也就包括土地理论。

　　毛泽东曾经强调指出:"中国的革命实质上是农民革命……抗日战争,实质上就是农民战争。"②这说明中国革命要取得胜利就必须要解决农民问题,而要解决农民问题就必须要解决关乎农民切身利益的土地问题,因为农民问题主要是土地问题。中国革命、农民问题、土地问题这三者之间有着内在的逻辑联系。在毛泽东提出"农村包围城市、武装夺取政权"的道路后,党就把废除农村封建土地所有制和满足农民土地要求作为一项十分重要的任务。关于土地问题在整个革命中的重要性,毛泽东在早期就已经十分关注。他在《国民革命与农民运动》(1926年)、《毛润之同志视察湖南农运给中央的报告》(1927年)、《湖南农民运动考察报告》(1927年)等著作中都有过相关方面的论述。当时的毛泽东已经明确地指出,国民革命的中心问题就是农民问题,农民应该通过革命从乡村奋起打倒封建地主阶级的特权。他形象地说:"革命不是请客吃饭,不是做文章,不是绘画绣花,不能那样雅致,那样从容不迫,文质彬彬,那样温良恭俭让。革命是暴动,是一个阶级推翻一个阶级的暴烈的行动。农村革命是农民阶级推翻封建地主阶级的权力的革命。"③显然,毛泽东当时对农民革命的实质已经有着精准的把握,他认为不能把革命当作温情脉脉的"请客吃饭",不能把革命当作"文质彬彬"的"做

------

　　① 龚育之等:《毛泽东的读书生活》,北京: 生活·读书·新知三联书店,1986年,第23页。
　　② 《毛泽东选集》第2卷,北京: 人民出版社,1991年,第692页。
　　③ 《毛泽东文集》第1卷,北京: 人民出版社,1993年,第17页。

文章"和"绘画绣花",革命的实质就暴动。这与列宁在对待俄国革命的态度上是十分一致的,在探索解决俄国土地问题的时候,面对温情脉脉的改良的"普鲁士式道路"和暴烈的"美国式道路",列宁毅然地选择了后者。事实上,一个阶级推翻另一个阶级必然不会是"请客吃饭",十月革命的胜利也印证了只有通过暴烈的行动才能推翻反动的阶级统治,才能建立起代表广大农民利益的崭新国家。

1928年6月,中国共产党第六次全国代表大会在莫斯科召开。此次大会的顺利召开得益于共产国际和联共(布)的积极帮助,斯大林和布哈林等共产国际和联共(布)领导人对大会亲自给予了指导。大会通过了《土地问题决议案》,明确提出了"实行土地革命"的主张以及党在新形势下解决农民土地问题的路线和政策。同年12月,毛泽东总结土地革命的经验,主持制定了井冈山《土地法》,以法律的形式肯定农民分得土地的神圣权利,否定了封建土地所有制。这部土地法虽然是我党历史上第一个较完整的土地革命经验的总结,但是由于实践经验不足,它依然存在原则性的错误。如,在没收问题上,范围过大,规定没收一切土地。在土地所有权问题上,规定所有权属于政府而不是属于农民,禁止土地买卖。① 根据党的六大精神,1929年4月,毛泽东在总结赣南土地革命经验的基础上,主持制定兴国县《土地法》,将井冈山《土地法》中规定的"没收一切土地"改为"没收一切公共土地及地主阶级的土地"。同年7月,在毛泽东的指导下,闽西党的第一次代表大会通过的《政治决议案》对于没收土地的范围也进行了修改,大会还通过了《土地问题决议

---

① 中共中央党史研究室:《中国共产党历史(第一卷上册)》,北京:中共党史出版社,2002年,第357页。

案》,对分田原则进行了规定。① 从井冈山《土地法》到兴国《土地法》,我们可以很清楚地看出毛泽东对土地革命策略的部分修正。井冈山《土地法》之所以会出现一些原则性的错误,主要是由于毛泽东在主持制定该法的时候受到了当时中共中央关于没收土地和建立苏维埃问题的第三十七号通告的影响。这个通告明确一切土地于实行共有后,重新分给农民耕种,以县苏维埃政府名义发给土地证,旧时田契、佃约一概废除。由于后来认识到井冈山《土地法》在没收问题和土地所有权问题等方面存在原则性错误,毛泽东在主持制定兴国《土地法》时将相关错误纠正了过来。

在土地革命的实践中,毛泽东还和根据地其他同志,如邓子恢等一起,规定了党在土地革命中的阶级路线和土地分配办法。这主要是:坚定地依靠贫农、雇农,联合中农,限制富农,保护中小工商业者,消灭地主阶级;以乡为单位,按人口平分土地,在原耕地的基础上,实行抽多补少,抽肥补瘦。② 这可以看出,经过大革命的失败,通过农村革命根据地的创建以及对土地革命经验的总结,毛泽东的土地革命思想更加成熟,更加符合中国革命的现实要求。

抗日战争时期,为了建立抗日民族统一战线,共同抵御外来侵略,党的土地革命路线发生了转变。中国共产党主动地暂时停止了没收地主土地的政策,实行减租减息的政策,以联合国民党一起抗日。对此,毛泽东也曾明确地指出:"为了停止国内的武装冲突,共产党愿意停止使用暴力没收地主土地的政策,而准备在新的民主共

---

① 中共中央党史研究室:《中国共产党历史(第一卷上册)》,北京:中共党史出版社,2002年,第357页。
② 沙健孙:《毛泽东思想概论》,北京:北京出版社,2003年版,第133页。

和国建设过程中,用立法和别的适当方法去解决土地问题。"①这充分说明,在民族大义面前,毛泽东在对待土地问题上采取了"妥协"。这种"妥协"是基于中华民族整个民族利益上作出的让步,体现了毛泽东的革命智慧。1946 年,抗日战争结束以后,中共中央决定将抗日战争时期的减租减息政策改为"耕者有其田"政策。这个精神体现在中共中央于当年 5 月 4 日发布的《关于清算减租及土地问题的指示》(也称《五四指示》)中。

　　列宁在探索解决俄国土地问题的过程中十分注重处理党与不同性质的农民之间的关系。他曾经指出:"我们过去和现在都主张同富农进行无情的斗争,但是我们主张同中农妥协,同贫苦农民打成一片。"②关于此,毛泽东有着与列宁惊人相似的言论。③ 新中国成立前夕,毛泽东在一次公开讲话中指出了党在新民主主义革命时期土地改革的总路线。他说:"土地制度的改革,是中国新民主主义革命的主要内容。土地改革的总路线,是依靠贫农,团结中农,有步骤地、有分别地消灭封建剥削制度,发展农业生产。"④新中国成立以后,党和政府逐步完成消灭封建剥削制度的任务。1950 年 6 月30 日,中央人民政府颁布《中华人民共和国土地改革法》,规定废除地主阶级封建剥削的土地所有制,实行农民的土地所有制,以解放农村生产力,发展农业生产,该法一直实施到 1987 年才失效。在过渡时期,毛泽东运用马克思主义合作化思想,开辟了一条符合中国

---

①　《毛泽东选集》第 1 卷,北京:人民出版社,1991 年,第 260 页。
②　《列宁全集》第 35 卷,北京:人民出版社,1985 年,第 32 页。
③　坦率地讲,笔者无从得知毛泽东在总结党在新民主主义革命时期土地改革的总路线之前是否已经阅读了列宁于 1918 年 8 月写的《给叶列茨工人的信》。但是从对待贫农、中农、富农的态度上,可以看出二者思想有着诸多的一致。
④　《毛泽东选集》第 4 卷,北京:人民出版社,1991 年,第 1313—1314 页。

实际的社会主义改造道路,采取从互助组、初级社到高级社逐步过渡的形式,引导了农民走上了社会主义道路。对于合作社的思想,马克思、恩格斯、列宁等都有过专门的论述和相关的理论基础,毛泽东显然受到了他们关于合作社思想的影响。

（四）对邓小平土地政策的影响

邓小平是我国伟大的无产阶级革命家和改革开放的总设计师。在革命战争年代,他和毛泽东等老一辈无产阶级革命家一起带领中国人民取得了抗日战争和解放战争的伟大胜利,建立起新中国。党的十一届三中全会以后,他肯定和支持了家庭联产承包责任制,中国由此从农村拉开了改革开放的序幕。无论在革命战争年代,还是在改革开放时期,邓小平探索解决中国土地问题的过程中始终以马克思列宁主义为指导,但又不把它当作僵化的教条。关于这一点,邓小平本身也是很钦佩列宁的,他曾经说过:"列宁之所以是一个真正的伟大的马克思主义者,就在于他不是从书本里,而是从实际、逻辑、哲学思想、共产主义理想上找到革命道路,在一个落后的国家干成了十月社会主义革命。"①事实上,和列宁一样,邓小平不是一个"本本主义者"。他将马克思列宁主义与中国实际结合起来,在建设有中国特色社会主义进程中逐渐形成了邓小平理论。

作为党的第二代中央领导集体的核心,邓小平也十分重视土地问题。1929 年 12 月 11 日,邓小平等在广西百色组织领导了武装起义。"百色起义"是继南昌起义、秋收起义、广州起义后,我党历史上又一次著名的武装起义。它是中国共产党在少数民族地区实行的一次"工农武装割据"的重要实践,起义建立了中国工农红军第

---

① 《邓小平文选》第 3 卷,北京:人民出版社,1993 年,第 292 页。

七军。在邓小平的领导和主持下,红七军积极响应党中央土地革命的号召,立即颁布了《中国红军第七军目前的实施纲领》,把土地革命作为当时最重要的任务。纲领明确规定:"没收一切地主阶级土地归乡苏维埃,分给农民。"①随后,红七军、右江苏维埃政府相继颁布和印发了大量文件和材料,规定了右江革命根据地土地革命的目的、意义和手段等内容。邓小平还在革命根据地主持举办了党政干部训练班,印发土地革命的材料,宣传党的土地革命政策,为土地革命在右江革命根据地的顺利开展提供了思想保障。在邓小平的领导下,右江地区的土地革命取得了巨大的成就,"土地革命的开展,摧毁了封建的生产关系,右江各族劳动农民获得了土地,革命积极性大大提高,他们更加热爱苏维埃政府和红军,踊跃参军参战,支援前线及保卫红色政权"②。

新中国成立之初,邓小平在主持中共西南局的工作时积极投入到党的土地改革运动中。他领导广大西南地区农民有步骤、分批次地废除封建地主土地所有制,并且满足农民对土地占有的需要。经过土地改革,农民的生产积极性大大提高,农业的基础不断地夯实。正如邓小平后来所总结的:"凡属完成了土改的地方,农村基础更加巩固。"③

十一届三中全会以后,邓小平提出了党的工作重心从"以阶级斗争为纲"向以经济建设为中心的转移。指出社会主义的本质是"解放生产力,发展生产力,消灭剥削,消除两极分化,最终达到共同

---

① 《左右江革命根据地资料选辑》,北京:人民出版社,1984年,第178页。
② 简华春、韦元勇:《邓小平在右江革命根据地时期的土地革命思想》,《百色学院学报》,2009年第2期,第55页。
③ 《邓小平文选》第1卷,北京:人民出版社,1994年,第191页。

富裕"①。这是邓小平根据社会主义初级阶段的特点总结出来的社会主义本质,这个观点是符合列宁关于社会主义发展生产力的相关论述的。列宁在苏联社会主义建设初期曾经明确提出"社会主义的首要任务是恢复发展生产力""提高劳动生产率是一个根本途径""社会主义的根本任务就是提高劳动生产率"。随着中国改革开放大幕的拉开,邓小平关于新时期社会主义建设的理论不断地成熟和完善,在探索中国特色社会主义道路的过程中,邓小平继承和发展了马克思列宁主义,开创了"邓小平时代"。②

中国的改革首先是从农村开始的,其内容是农民自发地争取对土地的自主经营权。事实上,农民对农村土地的自主经营的倾向在我国高度集中的计划经济时期就已经出现。早在 20 世纪 60 年代初,我国部分地区的农民就提出了"包产到户"或"分田到户"的要求。但是,在"集体主义"的大背景下,这种包含着"单干"的"资本主义"内容的要求显然不但得不到肯定,反而受到打压。"文革"结束以后,邓小平总结了历史教训,重新恢复党的实事求是的思想路线。城市、乡村的社会主义建设的热情得到了极大的激发,人们的创造性得到了极大发挥。1978 年,安徽凤阳县小岗村 18 位农民冒着巨大的风险,立下生死状,在土地承包责任书上按下了鲜红的手印,开始实行"大包干"(即"包干到户")。小岗村农民的这一做法当时引起了激烈的争论,有肯定的,也有否定的。1980 年 5 月,邓小平在同中央有关负责人谈话时,肯定了小岗村农民的这一做法,他

①　《邓小平文选》第 3 卷,北京:人民出版社,1994 年,第 373 页。
②　基于邓小平在中国革命和建设事业中所作出的伟大历史贡献,国内外学者十分重视对邓小平生平及其理论的研究,他所开创的"邓小平时代"也为学界所共识。2013 年由美国著名学者傅高义撰写的邓小平生平传记《邓小平时代》中文版在三联书店出版发行。

说:"农村政策放宽以后,一些适宜搞包产到户的地方搞了包产到户,效果很好,变化很大……'凤阳花鼓'中唱的那个凤阳县,绝大多数生产队搞了大包干,也是一年翻身,改变面貌。有的同志担心,这样搞会不会影响集体经济。我看这种担心是不必要的。"①邓小平对大包干所持的肯定态度激发了农村将土地包产到户的积极性。同时在顶层设计上,党和国家也在不断地跟进。1980 年 9 月,中共中央发布了《关于进一步加强和完善农业生产责任制的几个问题》,明确肯定了包产到户。1982 年 1 月 1 日,中共中央向全国各地转发 1981 年底举行的全国农村工作会议的会议纪要。会议纪要提出包括包产到户、包干到户的各种生产责任制,只要群众不要求改变,就不要动。包干到户是建立在土地公有制基础上的,是社会主义农业经济的组成部分。1983 年 1 月 1 日,中央发布一号文件《当前农村经济政策的若干问题》,进一步肯定了联产承包责任制,认为这种农业生产责任制"使集体优越性和个人积极性同时得到发挥",这一制度的完善和发展必将使农业社会主义合作化更加适合我国的实际。1983 年中央一号文件关于农民对联产承包责任制的伟大创造是对马克思主义农业合作化理论在我国实践中的新发展。关于农业合作化理论,列宁一生都是十分关注的,即使在他重病期间所口授的"政治遗嘱"中都有农业合作化的专门内容。这可以看出邓小平和中国共产党不但继承了马克思列宁主义农业合作化思想,而且发展了这一思想,使它更加符合中国的实际,更加能够有效地解决中国的土地问题。

1990 年 3 月,邓小平在谈到我国农业改革和发展问题时提出了

---

① 《邓小平文选》第 2 卷,北京:人民出版社,1983 年,第 315 页。

"两个飞跃"的思想。他说:"中国社会主义农业的改革和发展,从长远的观点看,要有两个飞跃。第一个飞跃,是废除人民公社,实行家庭联产承包为主的责任制。这是一个很大的前进,要长期坚持不变。第二个飞跃,是适应科学种田和生产社会化的需要,发展适度规模经营,发展集体经济。这又是一个很大的前进,当然这是很长的过程。"①从邓小平"两个飞跃"思想我们可以看出,第一个飞跃是他对家庭承包经营形式的肯定。认为这种符合中国农业生产力发展的制度安排"要长期坚持不变",以保证制度的稳定性和使其在社会主义初级阶段发挥更大的作用。第二个飞跃是邓小平对我国未来农业改革和发展的规划。当我国农村生产力水平达到一定高度的时候,可以从相对分散的"家庭经营"走向"适度规模经营"。但这并不能一蹴而就,而是需要一个"很长的过程"。在这里,邓小平充分展现了他深厚的马克思主义理论功底,他灵活地运用了马克思主义辩证法来看待我国农业改革和发展的问题。无论是"家庭联产承包责任制"也好,还是"适度规模经营"也好,都不是绝对的。我国农业生产究竟采用哪一种形式,需要结合我国农村生产力的发展情况、结合农民的利益诉求、结合国家经济社会发展的现实状况而定。

第二节　列宁土地理论的当代启示

　　列宁在探索俄国革命和建设道路的过程中所形成的土地理论继承和发展了马克思主义土地理论。他用事实证明了在一个经济

---

① 《邓小平文选》第3卷,北京:人民出版社,1994年,第355页。

文化相对落后的国家可以通过与资本主义国家截然不同的方式解决土地问题。列宁土地理论是马克思主义理论与俄国具体实践相结合的产物,他所建构的土地理论体系为世界上落后国家探索解决本国土地问题提供了一个有益范本,亦留下许多启示。

一、土地问题之于革命与建设极其重要

从迄今发现的最早的列宁著作《农民生活中新的经济变动》(1893年)到列宁晚年"政治遗嘱"之一的《论合作社》(1923年),列宁几十年的革命历程几乎都能找寻到他对土地问题不断探索的痕迹。可以说,列宁对土地问题的关注贯穿了他的一生。事实上,当我们追随列宁一生的革命轨迹,也可以很清楚地发现,列宁是充分肯定土地问题在革命和建设中的重要性的。如果把农民问题比喻成一把锁,那么土地问题无疑就是这把锁的"锁芯"。

列宁刚刚涉足俄国革命之时,就已经认识到土地问题的重要性。《农民生活中新的经济变动》是他为了评介弗·叶·波斯特尼柯夫所著的《南俄农民经济》一书所写的至今发现的最早著作。在《南俄农民经济》的"序言"中,波斯特尼柯夫将农民经济中的性质和技术进行了对比,他认为"经济性质的条件在农民经济中比技术起着更重要的作用",对俄国农民经济来说,"根本的经济问题就是土地问题和地界问题"。正是基于此,波斯特尼柯夫明确指出,《南俄农民经济》一书"以较多篇幅说明的正是这两个问题,特别是土地问题"。对于波氏的这个观点,年轻的列宁是持一种认同的态度。他说:"我完全同意作者关于经济问题和技术问题孰轻孰重的见解,因此,在本文中(即《农民生活中新的经济变动》——本书作者注),我只打算对波斯特尼柯夫先生著作中从政治经济学方面研究农民

经济的那一部分加以论述。"①由此可以显见，列宁在早期就已经十分关注波斯特尼柯夫所说的"根本的经济问题"——土地问题。这也可以从列宁"完全同意"作者关于土地问题重要性的表述中看出来。

在俄国民主革命时期和社会主义革命时期，列宁依然十分重视土地问题。特别是在1905年革命以后，针对此前对俄国资本主义发展状况和农民革命性估计的偏差，列宁认识到土地问题在整个革命中的重要性。提出了"土地问题是俄国资产阶级革命的根本问题，它决定了这场革命的民族特点"的科学论断。在十月革命胜利的第二天，苏维埃第二次代表大会就通过了《土地法令》，这充分说明了土地问题在社会主义革命中同样是十分重要的。当俄国无产阶级夺取政权以后，社会主义建设成为列宁等苏俄领导人必须面对的首要问题。俄国尽管在社会主义建设初期也走了不少弯路，比如"战时共产主义"下的共耕制并没有让俄国农民领情，但是列宁后来及时地改行新经济政策，以粮食税代替余粮收集制，再一次赢得了农民，使国家发展的航线不至于发生巨大偏离。即使在列宁病重期间口授的"政治遗嘱"中，他依然挂念俄国的土地问题，他认为"私人资本主义企业"和"彻底的社会主义类型的企业"相连接的时候，会出现第三种企业——合作企业，合作企业应该建立在国家土地所有制基础之上。

列宁领导下的俄国社会主义革命和建设的伟大成就，证明了对土地问题重视的必要性。正是在列宁等俄国马克思主义者积极探索解决俄国土地问题的同时，取得了俄国社会主义革命的胜利。也

---

① 《列宁全集》第1卷，北京：人民出版社，1984年，第3页。

正是在取得俄国社会主义革命胜利的同时,才真正解决了俄国的土地问题。与俄国相比,中国的新民主主义革命的历程又何尝不是如此。在毛泽东等老一辈无产阶级革命家的艰辛探索下,通过建立农村革命根据地开展土地革命,实行"工农武装割据",赢得了占整个国家人口绝大多数农民的支持以后,中国共产党才带领全国人民完成了从旧中国向新中国的跨越。而要赢得广大农民的支持,以毛泽东为代表的中国共产党人首先也是从解决农民的土地问题着手的。在毛泽东看来,中国的农民问题最根本的就是土地问题,他说:"如果我们能够普遍地彻底地解决土地问题,我们就获得了足以战胜一切敌人的最基本的条件。"[1]在社会主义建设时期,特别是改革开放以后,以邓小平为代表的党的第二代领导集体同样重视土地问题。20世纪70年代末,中国部分农村以"大包干"的形式自发进行了土地经营权模式的改革,在邓小平的肯定和支持下,家庭联产承包责任制成为我国农村经济领域正式的制度安排。针对20世纪70年代末80年代初肇始于农村土地领域的改革,邓小平说:"这几年进行的农村的改革,是一种带革命意义的改革。"[2]后来,邓小平接受美国记者迈克·华莱士的采访时重申了这一观点,邓小平认为,改革"实质上是一场革命"[3]。

综上,充分认识土地问题在革命和建设中的重要性是取得社会主义革命和建设胜利的重要基础。事实证明,只有很好地解决土地问题才能赢得广大农民的支持,也只有解决好土地问题才能使社会主义不断地迈向前进。

---

① 《毛泽东选集》第4卷,北京:人民出版社,1991年,第1252页。
② 《邓小平文选》第3卷,北京:人民出版社,1994年,第78页。
③ 《邓小平文选》第3卷,北京:人民出版社,1994年,第174页。

二、绝不能放弃马克思主义的思想引领

作为一位坚定的马克思主义者,列宁终生信仰马克思主义。早在 1905 年,列宁就说过:"严格的无产阶级世界观只有一个,这就是马克思主义。"[1]他十分重视对马克思主义理论的学习和运用,对马克思主义理论有着精准的认识和把握。他认为马克思主义是革命的理论,是指导被压迫阶级开展解放运动的重要思想。他曾经强调指出:"没有革命的理论,就不可能有被压迫阶级的即历史上最革命的阶级的世界上最伟大的解放运动。革命理论是不能臆造出来的,它是从世界各国的革命经验和革命思想的总和中生长出来的。这种理论在 19 世纪后半期形成。它叫作马克思主义。"[2]在列宁参加革命的早期,就已经显露出他非凡的马克思主义理论功底和革命的领导才能。他在早期探索解决俄国土地问题的时候,就重视运用马克思主义的理论武器指导消灭俄国当时的农奴制残余。他指出,要用革命的手段消灭俄国农奴制残余,这是当时农村革命的要求,这个要求必须服从农村阶级斗争自由发展这一条件。因此,列宁把"农村阶级斗争自由发展"作为实现消灭俄国农奴制残余的一个重要条件。他说:"这个条件是革命马克思主义理论在土地问题方面的基本点和中心点。"[3]

1903 年 2 月初,列宁在巴黎俄国社会科学高等学校作了四次关于土地问题的讲演。根据讲演的提纲和第一讲的提要所形成的文章《对欧洲和俄国的土地问题的马克思主义观点》中阐明了列宁对

---

[1]　《列宁文集（论马克思主义）》,北京:人民出版社,2009 年,第 297 页。
[2]　《列宁全集》第 27 卷,北京:人民出版社,1990 年,第 15 页。
[3]　《列宁全集》第 6 卷,北京:人民出版社,1986 年,第 296 页。

土地问题所持有的马克思主义观点。在准备讲演时,列宁研究了大量有关土地问题的著作,摘译了恩格斯的《法德农民问题》,摘录了马克思的《资本论》和马克思发表在《新莱茵报》上的一些有关土地问题的文章。① 可见,为了向巴黎俄国社会科学高等学校的学员阐述和宣传土地问题的马克思主义观点,列宁对马克思、恩格斯关于土地问题的论著和思想进行了深入的研究。同时,通过讲演,他批驳了所谓的批评派的土地肥力递减规律,强调了马克思关于土地私有权垄断的论述。指出这是导致在资本主义农业中,除了级差地租外,还存在绝对地租的重要原因,由此进一步捍卫了马克思的地租理论。列宁在领导俄国革命过程中正是坚持以马克思主义为指导,才使他掌握了马克思主义批判和革命的理论武器。将马克思主义与俄国具体实践结合起来所形成的列宁主义本身也是马克思主义的延伸,但其源头依然是马克思主义。列宁在领导俄国革命和建设实践中证实了马克思主义理论的科学性,正如他在十月革命胜利以后所总结的:"被革命工人极其丰富的新鲜经验光辉地加以证实的马克思主义理论,曾经帮助我们懂得了当前事变的发展完全合乎规律。今后它还将帮助为推翻资本主义雇佣奴隶制而斗争的全世界无产者更加明确自己的斗争目的,更加坚定地沿着既定的方向前进,更加扎实地夺取胜利和巩固胜利。"②在这里,列宁对马克思主义未来将发挥的积极作用也进行了展望,而列宁的这一符合事物发展规律的展望后来被世界上其他许多马克思主义者所证实,其中就包括中国伟大的马克思主义者毛泽东、邓小平等。

俄国十月革命胜利以后,中国一批先进分子如李大钊、陈独秀、

① 《列宁文集（论资本主义）》,北京:人民出版社,2009 年,第 307 页。
② 《列宁文集（论马克思主义）》,北京:人民出版社,2009 年,第 297 页。

毛泽东等接受了马克思主义。他们积极宣传马克思主义，并将马克思主义与当时日益蓬勃发展的中国工人运动结合起来。1921 年 7 月，中国共产党第一次全国代表大会在上海召开，它的召开宣告了一个代表中国广大无产阶级的新型马克思主义政党的诞生。中国共产党始终把马克思列宁主义作为行动指南，无论是在革命战争年代，还是在社会主义建设时期，马克思列宁主义都是我党重要的指导思想。

　　一直以来，毛泽东十分重视马克思列宁主义，他认为马克思列宁主义是从客观实际抽出来又在客观实际中得到了证明的理论，这样的理论才是"真正的理论"。他说："马克思列宁主义是从客观实际产生出来又在客观实际中获得了证明的最正确最科学最革命的真理。"[①]从毛泽东对马克思列宁主义这一段评价时所使用的三个"最"字我们可以看出，他对马克思列宁主义是极其推崇的，事实上也是如此。正是毛泽东等老一辈无产阶级革命家坚持马克思列宁主义为指导，并将它与中国实际结合起来，才取得了抗日战争和解放战争的伟大胜利。新中国成立以后，在社会主义建设时期，党依然把马克思列宁主义作为指导思想。改革开放以后，党的第二代中央领导集体的核心邓小平始终强调要坚持马克思列宁主义和毛泽东思想，他说："我们搞改革开放，把工作重心放在经济建设上，没有丢马克思，没有丢列宁，也没有丢毛泽东，老祖宗不能丢啊！"[②]正如邓小平的这一段论述，改革开放四十年来，党一直没有丢掉"老祖宗"，也正是没有丢掉"老祖宗"，才使我国的改革开放取得了举世瞩目的伟大成就。

---

① 《毛泽东选集》第 3 卷，北京：人民出版社，1991 年，第 817 页。
② 《邓小平文选》第 3 卷，北京：人民出版社，1994 年，第 369 页。

　　无论在革命战争年代,还是在社会主义建设时期,坚持以马克思主义为指导,是共产党一项重要的行为准则。换言之,只有坚持以马克思主义为指导,共产党的事业才会兴旺发达,共产主义才能真正实现。相反,如果不坚持以马克思主义为指导,甚至抛弃马克思主义,共产党的事业就会出现危机,甚至被葬送,苏联的垮台就是前车之鉴。

三、尊重农民意愿是解决土地问题的逻辑起点

　　在探索解决俄国土地问题的过程中,列宁除了重视将马克思主义与俄国具体实践结合起来以外,还十分尊重农民的意愿。可以说,农民是最终解决俄国土地问题的力量和主体。沙皇政府两次改革的破产足以说明,在没有农民的参与下,即使统治阶级主动地发起自上而下的土地改革,依然解决不了俄国的土地问题。列宁很早就认识到农民在土地革命中的重要作用,因此他在探索解决俄国土地问题的过程中非常尊重农民的意愿。

　　列宁在 1905 年 11 月所著的《无产阶级和农民》一文中就表达了他尊重农民意愿的思想,他写道:"农民向革命要求什么呢？革命能够给农民什么呢？这是每一个政治活动家,特别是每一个觉悟工人(他是最好意义上,即没有被资产阶级政客庸俗化的意义上的政治活动家)必须解决的两个问题。"①从列宁提出的这两个问题我们可以很清楚地看出,列宁对农民的意愿是十分重视的。要解决"农民向革命要求什么",说明列宁重视农民的意愿;要解决"革命能够给农民什么"说明列宁重视革命是否能够完成农民的意愿,归根结

---

① 《列宁全集》第 12 卷,北京:人民出版社,1987 年,第 88 页。

底还是重视农民的意愿。事实上,列宁当时已经十分清楚,1905 年革命以后,农民的要求无非两个:土地和自由。为了满足农民对土地和自由的要求,他认为"所有的觉悟工人都希望并且竭力使农民取得全部土地和充分自由"①。作为觉悟的无产阶级的政党社会民主党在 1905 年 5 月举行的第三次代表大会上通过的一个决议中直接就表明了支持农民的革命要求,直到没收一切私有土地。这表明,觉悟工人的政党支持农民希望得到全部土地的要求。② 苏维埃政权刚刚建立时所颁布的《土地法令》就是社会革命党的土地纲领。面对一些人的指责,列宁坚持尊重农民的意愿,把社会革命党土地纲领的决议运用到实际中去,让农民自己去检验、自己去选择。他说:"即使农民还继续跟社会革命党人走,即使他们使这个党在立宪会议上获得多数,那时我们还是要说:就让他这样吧。"③这充分说明了列宁十分尊重农民的意愿。

十月革命胜利初期,面对国内和国外的双重威胁,列宁领导新生的苏维埃政权开始实行战时共产主义政策。战时共产主义时期所推行的共耕制由国家对全部土地的使用进行统一规划。1919 年 2 月,根据列宁的建议颁布的《关于社会主义土地规划和过渡到社会主义农业的措施》是推行共耕制的具体条例。根据条例,国家统一规划土地时"首先用来满足苏维埃经济和公社的需要;其次用来满足劳动组合、共耕社和其他公共耕作的需要,最后才是个体农民

① 《列宁全集》第 12 卷,北京:人民出版社,1987 年,第 88 页。
② 《列宁全集》第 12 卷,北京:人民出版社,1987 年,第 88 页。
③ 《列宁全集》第 33 卷,北京:人民出版社,1985 年,第 20 页。

的生存需要"①。可见,在战时共产主义时期列宁领导的苏维埃政权推行的共耕制并没有把个体农民的土地需求放在重要的位置,而是最后一位,这显然是与农民的意愿相悖的。实践充分说明,共耕制这种组织形式并不是改造农业的理想形式,共耕制并没有达到列宁预期的目标,反而遭到了许多农民的反对甚至抵制。后来,列宁不得不承认,实行共耕制,办集体农庄是"做了许多蠢事"。② 面对农民对生活必需品的需求和私人贸易自由的要求,列宁尊重了农民的意愿,改行新经济政策,用粮食税代替战时共产主义时期的余粮收集制。通过一系列措施,农民的生活状况得到很大的改善,新经济政策深得农民的拥护,这说明尊重农民意愿是非常重要的。列宁病重期间依然重视农民的意愿,在"政治遗嘱"中关于合作社、关于文化革命等论述中,都包含有他对农民意愿的重视。事实上,只有尊重农民的意愿,才能赢得农民的支持和拥护。

中国共产党在革命和建设时期一向都十分尊重农民的意愿,党在长期的革命战争中形成的群众路线就充分体现了尊重人民(农民)意愿的精神。以毛泽东为代表的中国共产党人在创立农村包围城市的革命道路过程中把农民当作革命取得成功的一支重要力量,毛泽东曾经说过:"没有贫农,便没有革命。若否认他们,便是否认革命。"③在土地革命时期,党为了满足农民对土地的需求,制定了"土地农有"的土地政策。到1950年6月,"土地农有"的土地政策在《中华人民共和国土地改革法》中得到了进一步确认,《改革法》

① 《党和政府关于经济问题的决议》(1917—1967)第1卷,第110页(1967年莫斯科俄文版)。 转引自杨承训、余大章《论列宁从共耕制到合作制的战略思想转变》,《中国社会科学》,1984年第2期,第75页。
② 《列宁全集》第41卷,北京:人民出版社,1986年,第377页。
③ 《毛泽东选集》第1卷,北京:人民出版社,1991年,第21页。

提出土地改革的目的是废除封建剥削的土地所有制,实行农民的土地所有制。这一精神在"五四宪法"中也得到了延续,其中第8条明确规定:"国家依照法律保护农民的土地所有权和其他生产资料所有权。"直到实行农业合作化以后,才对农民私人土地所有制进行了改造,完成了从"土地农有"向土地集体所有的转变。

　　进入改革开放新时期,中国共产党依然十分尊重农民的意愿,农村家庭联产承包责任制的确立就是党尊重农民意愿的经典案例。改革开放四十年来,党对农业、农村、农民问题十分重视,1982—1986年连续五个中央一号文件都是"三农"的主题。截至2017年,改革开放后中央发布了19个关于"三农"方面的中央一号文件。党的十八届三中全会通过的《中共中央关于全面深化改革若干重大问题的决定》明确规定:"稳定农村土地承包关系并保持长久不变,在坚持和完善最严格的耕地保护制度前提下,赋予农民对承包地占有、使用、收益、流转及承包经营权抵押、担保权能,允许农民以承包经营权入股发展农业产业化经营。"这充分说明了党在新时期新阶段对农民意愿的尊重,说明党赋予了农民更多的土地权益。

结束语

革命的列宁与列宁的革命

列宁,这位站在 20 世纪历史潮头伟大的无产阶级革命家,以其卓越的才能继承和发展了马克思恩格斯开创的无产阶级革命事业,把马克思主义科学地运用于一个落后的东方大国——俄国。他通过革命实践创立了俄国布尔什维克党,并且领导这个党建立起世界上第一个社会主义国家——苏联;将马克思主义推向一个新的阶段——列宁主义阶段。作为布尔什维克党的创立者和苏联的缔造者,列宁成功领导了俄国十月革命,推翻了资产阶级临时政府,建立了世界上第一个无产阶级专政的国家,结束了俄国人剥削人、人压迫人的资产阶级生产方式,在人类历史上第一次将社会主义从理想变为现实。

在艰辛探索社会主义道路的征程上,在继承和发展马克思主义的过程中,列宁从来都是一个孜孜不倦的实践者,这种实践因为实践本身所具有的特殊性必然蕴含着革命的精神特质。换言之,列宁在推动俄国社会的巨大的变动和将马克思主义理论付诸实际的过程中离不开一个重要的手段——革命。从"没有革命的理论,就不会有革命的运动"到"革命对沙皇制度的彻底胜利就是实现无产阶级和农民的革命民主专政";从"推翻资产阶级统治的社会革命是无产阶级革命"到"要进行社会主义革命应该由最有觉悟和最有组织的工人掌握政权";等等,无不彰显列宁的革命精神。列宁的一生是革命的一生,他有着炙热的革命情怀,有着系统全面的革命理论,有着优秀的组织领导革命的才能。无怪乎"西方马克思主义"的创始人和奠基人卢卡奇称列宁是"为革命而生"①。

列宁从投身于革命的洪流之初,就十分关注土地问题。在革命早期,他通过对俄国资本主义的考察和研究,揭示了在资本主义制度下,由于资产阶级对土地所有权的垄断,严重阻碍了俄国农业生产力的发展,也阻碍了生产积聚的形成。由此导致了俄国农业大大落后工业,农村和城市差距拉大,城乡之间出现严重不平衡。据此,列宁认为,俄国土地问题的实质"是农民为了消灭地主土地占有制,为了消灭俄国农业制度中以至俄国整个社会政治制度中的农奴制残余而进行斗争"②。列宁指出,为了消除农奴制残余、解决土地问题,就必须支持和鼓励农民革命,这也是1905年5月召开的俄国社会民主工党第三次代表大会上通过的《关于对农民运动的态度的决议》中所明确规定的。所以,究竟以什么样的方式解决俄国的土地问题?列宁的答案是十分明确的。他一向强烈反对以改良的方式去解决俄国的土地问题,主张用革命的方式剥夺地主的土地,消灭土地私有制。列宁在总结农业资本主义发展的道路时,将它归结为"普鲁士式道路"和"美国式道路",前者主要是改良的道路,后者主要是革命的道路。在实践中,列宁倾向于后者。

随着生产力的发展,小农经济所固有的弊端显然不能适应农业

---

① [匈]格(奥尔格)·卢卡奇著,姜其煌译:《访谈:列宁的性格》,《今日马克思主义》(Marxism Today)15卷第9期,1971年9月。

② 《列宁全集》第16卷,北京:人民出版社,1988年,第387页。

发展的需要,它必然会被社会大生产所取代,这也是马克思主义创始人的一个重要观点。对此,列宁继承了马克思主义创始人关于土地国有化的思想,甚至认为土地革命不实行土地国有化就不能全部完成其历史使命。客观地讲,列宁在对待土地国有化的态度上是发生过转变的,在 1905 年革命之前他对土地国有化基本是持一种反对的态度,但是经过 1905 年革命,他开始谨慎地接受,再到后来极力推行,这充分说明列宁土地国有化的认识不断深入,体现了他革命实践经验的不断丰富。

十月革命胜利以后,列宁领导的苏维埃政权依然没有放松土地问题,特别是在面对帝国主义武装干涉和国内战争的情况下,非常时期采取了非常手段。列宁当时试图通过"农村的社会主义革命"摆脱小农经济的弊病,实现由个体小农经济向"共耕制"过渡。事实上,个体小农经济向"共耕制"过渡不可能一蹴而就,它需要一个很长的时期。关于这一点,列宁本人是十分清楚的。然而,在当时特殊的历史背景下,急躁、轻率、冒进地向"共耕制"过渡的现象显然无法避免,加上这个政策本身的不切实际,最终导致"共耕制"收效甚微,甚至受到农民的极力反对。可以说,列宁的愿望是美好的,但事实证明这一政策是不切实际和违背农民意愿的。改行新经济政策以后,特别是以粮食税代替余粮收集制以后,农村经济和农民的生活状况得到了极大的改善,国民经济朝着恢复的方向发展,这说明列宁对苏维埃国家经济政策的战略调整效果明显。然而,正当新经济政策走上正轨、成效日渐凸显之时,列宁却开始患病。尽管如此,他仍然对新经济政策充满信心,坚信"新经济政策的俄国将变成社会主义的俄国"①。也许,令列宁没有想到的是,他的继任者斯大林在他去世后仅仅 5 年就公开宣称要抛弃新经济政策,并在全国开展农业全盘集体化和社会主义工业化运动。包含斯大林"一国建成社会主义"论的政策的实行,标志着以新经济政策为代表的列宁模式被抛弃,取而代之的是被称为苏联模式的斯大林模式。

　　列宁土地理论是在继承和发展马克思主义土地理论的基础上形成的,它虽然没有脱离俄国的国情,但是这并不代表它只适合于俄国。事实上,列宁土地理论具有深刻的国际意义,它在国际共产主义运动中发挥着重要的指导作用。中国改革开放四十年来的伟大成就证明了列宁土地理论是一个发展的思想。邓小平曾经说过,改革实质上是一场革命,这说明列宁土地理论既可以指导落后国家的革命实践,又可以指导它们的社会主义建设。智慧的马克思主义者从来不把马克思主义当作教条,列宁是这样,毛泽东、邓小平也是这样。

---

① 《列宁全集》第 43 卷, 北京: 人民出版社, 1987 年, 第 302 页。

参考文献

著作类

[1]《马克思恩格斯全集》(中文第 1 版,1—12、23—26、33—46 卷),人民出版社。

[2]《马克思恩格斯选集》(1—6 卷),人民出版社,1995 年。

[3]《马克思恩格斯文集》(1—10 卷),人民出版社,2009 年。

[4]《列宁全集》(中文第 2 版 1—60 卷),人民出版社。

[5]《列宁选集》(1—4 卷),人民出版社,1995 年。

[6]《列宁专题文集》(5 卷本),人民出版社,2009 年。

[7]《列宁全集补遗》,人民出版社,2001 年。

[8]《斯大林选集》(上、下卷),人民出版社,1979 年。

[9]《毛泽东选集》(1—4 卷),人民出版社,1991 年。

[10]《邓小平文选》(1—3 卷),人民出版社,1994、1993 年。

[11]《联共(布)党史简明教程》,人民出版社,1974 年。

[12]《苏联共产党代表大会、代表会议和中央全会决议汇编》中文版第 1 分册,人民出版社,1964 年。

[13]中共中央党史研究室:《中国共产党历史(第一卷上册)》,中共党史出版社,2002 年。

[14]中国人民大学马列主义发展史研究所:《马克思主义史》(1—4 卷),人民出版社,1996 年。

[15]中国人民大学马列主义发展史研究所:《列宁思想史》,上海人民

出版社,1988年。

[16]《中国共产党历次重要会议集(上)》,上海人民出版社,1982年。

[17]苏联科学院经济研究所:《苏联社会主义经济史(第1卷)》,周邦新译,生活·读书·新知三联书店,1979年。

[18]中央编译局:《列宁论新经济政策》,人民出版社,1992年。

[19]中央编译局:《俄国民粹派文选》,人民出版社,1983年。

[20]叶卫平:《西方列宁学研究》,中国人民大学出版社,1991年。

[21]韩延龙等:《中国新民主主义革命时期根据地法制文献选编(第1卷)》,中国社会科学出版社,1981年。

[22]高熙:《中国农民运动纪事(1921~1927)》,求实出版社,1988年。

[23]彭大成:《从列宁到邓小平的伟大探索》,湖南人民出版社,1997年。

[24]彭大成:《列宁的社会主义观》,湖南师范大学出版社,2002年。

[25]胡瑾:《从列宁到邓小平》,山东人民出版社,1998年。

[26]土元璋:《列宁经济发展思想研究》,武汉大学出版社,1995年。

[27]洪名勇:《马克思土地产权制度理论研究:兼论中国农地产权制度改革与创新》,人民出版社,2011年。

[28]高放等:《科学社会主义的理论与实践》,中国人民大学出版社,2008年。

[29]赵曜等:《马克思列宁主义基本问题》,中共中央党校出版社,2001年。

[30]薛汉伟等:《革命与不断革命研究》,甘肃人民出版社,1984年。

[31]金雁、卞悟:《农村公社、改革与革命:村社传统与俄国现代化之路》,中央编译出版社,1996年。

[32]金雁:《苏俄现代化与改革研究》,广东教育出版社,1999年。

[33]郑异凡:《天鹅之歌》,辽宁教育出版社,1996年。

[34]曹浩瀚:《列宁革命思想研究》,中央编译出版社,2012年。

[35]商德文:《列宁经济理论的形成和发展》,北京大学出版社,1983年。

[36]商德文:《列宁经济思想发展史》,经济科学出版社,1992年。

[37]俞良早:《列宁主义研究》,广西人民出版社,1993年。

[38]俞良早:《东方视域中的列宁学说》,中共中央党校出版社,2001年。

[39]俞良早:《创论"东方列宁学"》,南京师范大学出版社,2004年。

[40]俞良早:《列宁后期思想探要》,湖北人民出版社,1995年。

[41]陆南泉等:《苏联兴亡史论》,人民出版社,2002年。

[42]陆南泉:《苏联经济体制改革史论(从列宁到普京)》,人民出版社,2007年。

[43]周尚文等:《新编苏联史(1917—1985)》,上海人民出版社,1990年。

[44]周尚文等:《苏联兴亡史》,上海人民出版社,1993年。

[45]唐士润:《列宁的新经济政策与改革》,成都科技大学出版社,1992年。

[46]王长江:《苏共:一个大党衰落的启示》,河南人民出版社,2002年。

[47]刘祖熙:《改革和革命——俄国现代化研究(1861—1917)》,北京大学出版社,2001年。

[48]宋才发:《列宁社会主义建设理论与实践探究》,广西人民出版社,2004年。

[49]肖功达:《学习列宁关于落后国家建设社会主义的理论》,福建人民出版社,1983年。

[50]杨承训、余大章:《新经济政策理论体系》,河南人民出版社,

1985 年。

[51]杨承训等:《历史性的飞跃——列宁后期思想探索》,华中师范大学出版社,1989 年。

[52]王丽华:《历史性突破——俄罗斯学者论新经济政策》,人民出版社,2005 年。

[53]孔永松:《中国共产党土地政策演变史》,江西人民出版社,2004 年。

[54]《左右江革命根据地资料选辑》,人民出版社,1984 年。

[55]沙健孙:《毛泽东思想概论》,北京出版社,2003 年。

[56]龚育之等:《毛泽东的读书生活》,生活·读书·新知三联书店,1986 年。

[57]王东:《改革之路的真正源头》,北京大学出版社,1990 年。

[58]姜长斌:《苏联社会主义制度的变迁》,黑龙江教育出版社,1988 年。

[59]李永全:《俄国政党史》,中央编译出版社,1999 年。

[60]《第一、二次国内革命战争时期土地斗争史料选编》,人民出版社,1981 年。

[61]《土地革命纪事(1927—1937)》,求实出版社,1982 年。

[62]《传播真理,奋斗不息:中共中央编译局成立 50 周年纪念文集(1953—2003)》,中央编译出版社,2003 年。

[63]中共中央党史资料征集委员会,中央档案馆:《八七会议》,中共党史资料出版社,1986 年。

[64]中央编译局:《俄国民粹派文选》,人民出版社,1983 年。

[65][苏]伏罗诺维奇:《苏联共产党的土地纲领及其在苏联的实现》,朱文忠译,人民出版社,1956 年。

[66][苏]波诺马廖夫主编:《苏联共产党历史(上册)》,人民出版社,

1974 年。

[67][苏]科切托夫斯卡娅:《苏联土地国有制》,外国文书籍出版局印行,1950 年。

[68][俄]诺索夫:《苏联简史》第 1 卷,生活·读书·新知三联书店,1977 年。

[69][苏]娜·康·克鲁普斯卡娅:《列宁回忆录》,哲夫译,人民出版社,1960 年。

[70][日]冈本博之等:《马克思〈资本论〉研究》,刘焱等译,山东人民出版社,1993 年。

[71][美]Anna Rochester:《列宁论土地问题》,林伦彦译,中华书局,1950 年。

[72][美]罗伯特·文森特·丹尼尔斯:《革命的良心——苏联党内反对派》,高德平译,北京出版社,1985 年。

[73][德]卢森堡:《论俄国革命》,殷叙彝译,贵州人民出版社,2001 年。

[74][德]考茨基:《土地问题》,梁琳译,生活·读书·新知三联书店,1955 年。

[75][德]考茨基:《无产阶级专政》,何疆、王禺译,生活·读书·新知三联书店,1963 年。

[76][苏]弗·维·亚历山大罗夫:《列宁和共产国际》,郑异凡译,求实出版社,1984

[77][俄]尼·别尔嘉耶夫:《俄罗斯思想:十九世纪末到二十世纪初俄罗斯思想的主要问题》,雷永生、邱守娟译,生活·读书·新知三联书店,1995 年。

[78][俄]A.M.安菲莫夫:《1881～1904 年欧俄农民经济》,莫斯科:莫斯科大学出版社,1980 年。

[79][俄]Д.А.塔拉休克:《改革后俄国土地所有制:1877~1878 年调查的史料学研究》,莫斯科:科学出版社,1981 年。

[80][俄]В.Г.丘卡夫金:《大俄罗斯农民和斯托雷平土地改革》,莫斯科:历史思想文献出版社,2001 年。

[81][俄]Н.М.德鲁日宁:《1861~1880 年转折时期的俄国农村》,莫斯科:科学出版社,1978 年。

[82][德]赫尔曼·韦伯尔:《列宁》,王源译,河北教育出版社,1999 年。

[83][意]安东尼拉·萨洛莫尼:《列宁与俄国革命》,卡佳等译,生活·读书·新知三联书店,2006 年。

[84]Tone Cliff. *Lenin*. Pluto Press,1972.

[85]Hill, Christopher. *Lenin and the Russian Revolution*. Harmodsworth, Middlesex: Penguin Books, 1971.

[86]Robert Service. *Lenin: a Political life*. Macmillan,1985.

[87]D'encausse, Helene Carrere. *Lenin and the Cultural Revolution*. Longman Pr. , London, 1982.

[88]Lane, David. *Leninism: a Sociological Interpretation*. Cambridge University Pr. , 1981.

论文类

[89]赵振英:《浅析列宁对 19 世纪末 20 世纪初俄国土地问题的研究》,《辽宁师范大学学报(社科版)》,1996 年第 2 期。

[90]徐孝明:《1905 年革命中列宁的土地国有化理论》,《杭州师范学院学报》,1991 年第 4 期。

[91]王丽华:《国外列宁研究中的不同观点》,《当代世界与社会主义》,2005 年第 6 期。

[92]陈有进:《列宁著作在中国90年》,《中共云南省委党校学报》,2007年第5期。

[93]刘志明:《列宁文献在我国的整理、翻译和出版》,《湖南师范大学社会科学学报》,2009年第6期。

[94]李德硕:《简析三次革命期间俄共土地纲领的几个阶段》,《江西师范大学学报(哲学社会科学版)》,1993年第2期。

[95]柳植:《从争取"美国式的道路"到实行新经济政策》,《陕西师大学报(哲学社会科学版)》,1983年第2期。

[96]杨承训、余大章:《论列宁从共耕制到合作制的战略思想转变》,《中国社会科学》,1984年第2期。

[97]李庆曾:《共耕制和合作制一直是两个并存的体系吗?》,《中国社会科学》,1986年第2期。

[98]周仲秋、秦勃:《列宁克拉科夫时期文化思想研究》,《湖南师范大学社会科学学报》,2013年第1期。

[99]刘显忠:《试论第三届国家杜马》,《史学集刊》,1997年第3期。

[100]林锋、林秀琴:《国内外学术界的列宁晚年社会主义观研究综述》,《马克思主义研究》,2002年第1期。

[101]屈昭:《简论列宁的农业合作化思想》,《苏联东欧问题》,1991年第6期。

[102]高放、高敬增:《俄国劳动解放社的历史功绩——纪念劳动解放社成立一百周年》,《河南师大学报(社会科学版)》,1983年第4期。

[103]刘国华:《卡夫丁峡谷问题及其当代启示》,《理论建设》,2009年第6期。

[104]俞良早:《论列宁关于苏俄农村经济社会发展思想的演进》,《苏州大学学报(哲学社会科学版)》,1997年第2期。

[105]俞良早:《关于列宁国有化思想的历史考察》,《东欧中亚研究》,

1999 年第 2 期。

[106] 俞良早:《论列宁发展苏俄农村和农业的重要思想》,《马克思主义研究》,2006 年第 8 期。

[107] 俞良早:《关于列宁的新经济政策理论——评季诺维也夫对列宁主义的阐释》,《中共天津市委党校学报》,2003 年第 3 期。

[108] 卫兴华:《正确认识和对待资本主义——〈列宁专题文集·论资本主义〉学习笔记》,《高校理论战线》,2010 年第 6 期。

[109] 曾盛林:《资本主义的历史进步作用——读列宁〈俄国资本主义的发展〉》,《深圳大学学报(人文社会科学版)》,1995 年第 1 期。

[110] 闻一:《苏联二十年代的土地租佃和雇佣劳动问题》,《世界历史》,1984 年第 1 期。

[111] 闻一:《十月革命与农民、农业问题》,《世界历史》,1987 年第 5 期。

[112] 金雁:《村社制度、俄国传统与十月革命》,《陕西师大学报(哲学社会科学版)》,1991 年第 3 期。

[113] 秦晖:《社会民主主义 VS"警察民粹主义":"人民专制"论及其转向》,《社会科学论坛》,2008 年第 3 期(上)。

[114] 金雁、秦晖:《"无产阶级专政"与"人民专制"——1848～1923 年间国际社会主义政治理念的演变》,《当代世界社会主义问题》,2007 年第 3 期。

[115] 卢志渊:《1861 年以来俄罗斯农村生产关系的变革》,《西伯利亚研究》,2006 年第 2 期。

[116] 唐艳凤:《1861 年改革后俄国农民土地使用状况探析》,《北方论丛》,2011 年第 1 期。

[117] 谢双明:《马克思主义经典作家关于东方农民土地问题的论述》,《社科纵横》,2012 年第 2 期。

[118]谢宝利:《马克思主义创始人的现代化的农民问题观》,《社会科学家》,2009年第6期。

[119]张朝尊:《试论农业中的绝对地租规律和土地社会主义国有化》,《中国社会科学》,1987年第2期。

[120]解国良:《俄国社会革命党对土地问题的探索》,《石家庄学院学报》,2007年第1期。

[121]邢艳琦:《列宁、斯大林关于农业和农民问题的基本观点述要》,《马克思主义与现实》,2005年第5期。

[122]刘从德、向夏莹:《列宁时期苏俄土地纲领的演变》,《学术论坛》,2013年第1期。

[123]薛汉伟:《土地国有化、农业集体化、全面国有化》,《北京大学学报(哲学社会科学版)》,2002年第5期。

[124]张广翔:《俄国1861年改革新论》,《社会科学战线》,1992年第4期。

[125]张广翔:《斯托雷平农业改革的几个问题》,《史学集刊》,1996年第4期。

[126]张清:《1861～1924年俄国土地制度演进之法律社会学分析》,《金陵法律评论(2005年春季卷)》,2005年。

[127]张清:《1917～1924年俄国土地制度变迁的法社会学考察》,《扬州大学学报(人文社会科学版)》,2003年第2期。

[128]顾玉兰:《列宁关于落后国家农民组织形式现代化的思想》,《当代世界社会主义问题》,2003年第4期。

[129]许蓉:《列宁关于解决苏俄农民土地问题的重要思想》,《求实》,2008年第1期。

[130]许蓉:《列宁的农村社会发展思想及其当代启示》,《当代世界与社会主义》,2012年第2期。

[131]章前明:《列宁共耕制思想的由来和转变》,《杭州师范学院学报》,1992年第4期。

[132]朱荣:《列宁在十月革命后经济思想的演变》,《改革与战略》,1995年第3期。

[133]刘剑飞:《略论新经济政策的实质》,《河海大学学报(哲学社会科学版)》,2007年第9期。

[134]杨奎松:《十月革命前后列宁的社会主义主张与实践》,《俄罗斯研究》,2013年第1期。

[135]孙承叔:《列宁晚年对社会主义理论的发展》,《探索与争鸣》,1991年第5期。

[136]徐芹:《列宁早期俄国资本主义发展必然性和进步性的思想》,《湖北大学学报(哲学社会科学版)》,2011年第3期。

[137]徐芹:《批判错误思潮与列宁早期俄国资本主义发展思想》,《马克思主义研究》,2012年第9期。

[138]徐芹:《列宁早期俄国资本主义发展思想及当代价值》,《当代世界与社会主义》,2012年第1期。

[139]王思涛:《论列宁对俄国民粹派资本主义观的批判及其当代意义》,《党史文苑(下半月)》,2012年第9期。

[140]李述森:《论列宁资本主义观的主导倾向》,《山东社会科学》,2011年第10期。

[141]李述森:《列宁对待资本主义的立场:不同历史时期的比较》,《济南大学学报(社会科学版)》,2012年第1期。

[142]李述森:《列宁关于俄国革命性质看法的变化与说明的问题》,《东岳论丛》,2007年第6期。

[143]于群:《20年代苏联农村生产关系性质辨析》,《东北师大学报(哲学社会科学版)》,1989年第1期。

[144]戴迎华:《论孙中山、毛泽东、邓小平的土地思想》,《江苏大学学报(社会科学版)》,2003年第4期。

[145]刘国新、肖家赋:《毛泽东土地革命思想的实践性研究》,《吉林师范大学学报(人文社会科学版)》,2008年第2期。

[146]简华春、李元勇:《邓小平在右江革命根据地时期的土地革命思想》,《百色学院学报》,2009年第2期。

[147]于金富、徐祥军:《实践邓小平"两个飞跃"思想坚持发展集体经济》,《马克思主义研究》,2010年第10期。

[148]刘广栋、程久苗:《1949年以来中国农村土地制度变迁的理论和实践》,《中国农村观察》,2007年第2期。

[149]付世明:《论20世纪初期的俄国村社》(博士论文),北京大学,2000年。

[150]曹浩瀚:《俄国社会主义的思想起源——列宁革命思想研究》(博士论文),北京大学,2009年。

[151]张福顺:《20世纪初俄国土地改革研究》(博士论文),吉林大学,2008年。

[152]李桂英:《亚历山大二世1861年农民改革研究》(博士论文),吉林大学,2008年。

[153]许蓉:《列宁农民问题理论研究》(博士论文),南京师范大学,2008年。

[154]库金娜·安娜:《俄中土地法律制度比较研究》(博士论文),中国政法大学,2012年。

[155]张清:《解读列宁:法律与经济的互动——以俄国土地制度变迁和经济体制转型为中心的分析》(博士论文),南京师范大学,2002年。

[156]谢双明:《马克思主义经典作家东方农民问题理论研究》(博士论文),南京师范大学,2007年。

[157]李达:《论列宁关于俄国土地制度变革的思想》(硕士论文),山东大学,2007年。

[158]李国权:《列宁解决苏俄农民问题之探究》(硕士论文),内蒙古师范大学,2007年。

[159]王春红:《列宁关于执政党处理与农民关系的思想研究》(硕士论文),南京师范大学,2012年。

[160]俞敏:《苏俄经济社会政策与列宁的科学价值观》(硕士论文),南京师范大学,2007年。

[161]周雅敏:《列宁解决农民土地问题的思想及其现实启示》(硕士论文),曲阜师范大学,2012年。